"十二五"辽宁省重点图书出版规划项目

国家自然科学基金项目（71562014）
教育部人文社会科学研究青年项目（11YJC630009）
江西省高校人文社会科学重点研究基地招标项目 资助
"金融歧视、银行借款与商业信用研究"

三友会计论丛
第15辑
SUNYO ACADEMIC SERIES IN ACCOUNTING

U0674909

Financing Behavior and Strategy
Choice in Private Enterprises under
Financial Discrimination

金融歧视下的民营企业融资行为及策略选择研究

蔡吉甫●著

东北财经大学出版社
Dongbei University of Finance & Economics Press
全国百佳图书出版单位

图书在版编目(CIP)数据

金融歧视下的民营企业融资行为及策略选择研究/蔡吉甫著.
—大连：东北财经大学出版社，2015.12
　　(三友会计论丛·第15辑)
　　ISBN 978-7-5654-2196-9

　　Ⅰ.金…　Ⅱ.蔡…　Ⅲ.①民营企业-企业融资-经济行
为-研究-中国 ②民营企业-企业融资-经济策略-研究-中国
Ⅳ.F279.245

中国版本图书馆CIP数据核字(2016)第036916号

东北财经大学出版社出版
(大连市黑石礁尖山街217号　邮政编码　116025)
教学支持：(0411) 84710309
营 销 部：(0411) 84710711
总 编 室：(0411) 84710523
网　　址：http://www.dufep.cn
读者信箱：dufep@dufe.edu.cn
大连图腾彩色印刷有限公司印刷　东北财经大学出版社发行
幅面尺寸：170mm×240mm　字数：198千字　印张：14　插页：1
2015年12月第1版　　　　　　　　　2015年12月第1次印刷
责任编辑：李智慧　王　莹　　责任校对：王　莹　魏　巍
封面设计：冀贵收　　　　　　　版式设计：钟福建
定价：38.00元

随着我国以社会主义市场经济体制为取向的会计改革与发展的不断深入，会计基础理论研究的薄弱和滞后已经产生了越来越明显的"瓶颈"效应。这对于广大会计研究人员而言，既是严峻的挑战，又是难得的机遇。说它是"挑战"，主要是强调相关理论研究的紧迫性和艰巨性，因为许多实践问题急需相应的理论指导，而这些实践和理论在我国又都是新生的，没有现成的经验和理论可资借鉴；说它是"机遇"，主要是强调在经济体制转轨的特定时期，往往最有可能出现"百花齐放，百家争鸣"的昌明景象，步入"名家辈出，名作纷呈"的理论研究繁荣期和活跃期。

迎接"挑战"，抓住"机遇"，是每一个中国会计改革与发展的参与者和支持者义不容辞的责任。为此，我们与中国会计学会财务成本分会、东北财经大学会计学院联合创办了一个非营利的学术研究机构——三友会计研究所，力求实现学术团体、教学单位、出版机构三方的优势互补，密切联系老、中、青三代会计工作者，发挥理论界、实务界、教育界三方面的积极性，致力于会计、财务、审计三个领域的科学研究和专业服务，以期为我国的会计改革与发展作出应有的贡献。

三友会计研究所的重大行动之一就是设立了"三友会计著作基金"，用于资助出版"三友会计论丛"。它旨在荟萃名人力作及新人佳作，传播会计、财务、审计研究与实践的最新成果与动态。"三友会计论丛"于1996年推出第一批著作；自1997年起，本论丛定期遴选并分辑推出。

采取这种多方联合、协同运作的方法，如此大规模地遴选、出版会计著作，在国内尚属首次，其艰难程度不言而喻。为此，我们殷切地希望广大会计界同仁给予热情支持和扶助，无论作为作者、读者，还是作为评论者、建议者，您的付出都将激励我们把"三友会计论丛"的出版工作坚持下去，越做越好！

东北财经大学出版社

自 1978 年我国政府启动以市场化为取向的经济体制改革以来，民营企业发展迅速，自身实力不断增强，现已成为推动我国经济增长的重要力量和 GDP 的主要贡献者。然而，在我国经济转轨过程中，为了实现体制内以国有企业为代表的经济体的生存和发展，政府在金融领域采取了以金融压抑和所有制歧视为特征的强金融控制政策，这导致民营企业很难进入国有银行垄断的融资主渠道获得正规金融的支持。这一扭曲的制度安排已成为当前制约民营企业成长的最大障碍之一。当银行贷款因信贷配给和歧视变得不可获得时，对资金的需求迫使民营企业转而寻找其他替代性融资来源。商业信用作为实务中常用的非正规金融，在企业面临信贷配给和歧视时，因能够潜在地为难以获得银行贷款的企业提供及时和必要的资金支持而往往成为银行贷款的替代。然而，商业信用与产品购销有关，灵活性通常低于银行贷款，且存在融资规模小、期限短、使用成本高的缺陷，通过其筹集的资金难以很好地适应当前中国快速成长的民营企业的需要。因此，对民营企业来说，商业信用可能不是一种适宜的资金来源，直接获得银行正式借款对民营企业的持续发展而言仍是至关重要的。在正规融资渠道受阻的情况下，民营企业如何才能够从银行取得所需要的资金，减少对商业信用的依赖？如此一来，民营企业就面临一个融资策略选择问题。

本书以民营企业的融资行为和策略选择为中心议题，利用信贷配给理论、软预算约束理论、商业信用再分配理论、寻租理论和法与金融理论，结合我国转轨经济的制度背景，从金融歧视的逻辑视角对下列问题进行了系统的研究：（1）正规金融市场上的信贷配给和所有制歧视是否导致民营企业为缓解其资金短缺问题被迫转向成本较高的商业信用？（2）在可供民营企业选择的商业信用融资模式中，具有不同交易成本和风险的应付账款、应付票据和预收账款与银行借款之间的替代关系有何不同？（3）体制内以国有企业为代表的经济体如何将其获得的银行借款通过商业信用渠道再转贷给在正规金融市场上受到歧视的民营企业，从而构成民营企业非正规融资的一个重要来源？（4）为缓解正规金融市场上的所有制歧视带来的信贷资金供给不足问题，对商业信用存在较高融资需求的民营企业会采取何种措施以获取成本较低的商业信用模式？（5）商业信用和银行借款何者对民营企业的发展更重要，即非正规融资渠道能在多大程度上替代正规金融体系？（6）政治关联和法治、金融发展能否帮助民营企业克服正规金融市场上的信贷配给和所有制歧视，提高银行借款的可获得性，减少企业对商业信用的依赖？（7）市场化融资策略（法治、金融发展）和非市场化融资策略（政治关联）的效果有何不同，即哪种融资策略效果更好？

研究结果显示：（1）在信贷配给、银行歧视与商业信用方面，正规金融市场上的信贷配给和所有制歧视，以及经济转型期法律对私有产权保护的缺失，导致民营企业从银行获得的贷款显著低于国有企业。民营企业为缓解其资金短缺使用了更多的基于隐性契约关系的商业信用，并在不同商业信用模式的选择上表现出一定的融资偏好，即当银行资金因信贷配给和所有制歧视变得不可获得时，民营企业会优先选择预收账款，其次是应付账款，选择应付票据的可能性较低。（2）在银行借款、金融漏损与商业信用方面，体制内以国有企业为代表的经济体在正规金融市场上获得的银行借款并没有完全转化为产出，其中一部分则是以商业信用的形式被漏损了，从而为民营企业间接获得正规金融的支持提供了可能。上述金融漏损效应主要来自于应收账款和预付账款，并受到公司盈利能力的影响。只是

2

盈利能力低或经营业绩差的国有企业的银行借款以应收票据的形式发生了金融漏损；相反，盈利能力高或经营业绩好的国有企业获得的银行借款与应收票据却呈现出一种替代关系。（3）在财务报告质量、银行借款与商业信用模式选择方面，高质量的财务报告能够显著增加企业应付账款的可获得性，减少应付票据和预付账款的使用。且从作用效果来看，高质量财务报告对商业信用模式选择的影响在新会计准则实施之后和民营控股公司中表现得更强烈。说明高质量的财务报告不仅能够缓解企业的代理问题，而且还能够向供应商传递有关企业质量的信号，降低企业对交易成本较高的商业信用（预付账款和应付票据）的依赖。（4）在商业信用、银行借款与公司绩效方面，民营企业在正规金融市场上获得的银行借款对公司的全要素生产率有显著的正面影响，但对行业超额价值和总资产净利率的影响则分别是负面和较弱的。应付账款对民营控股公司行业超额价值的影响是恶化的，对全要素生产率和总资产净利率的影响则较弱。相反，预收账款对民营控股公司的全要素生产率、行业超额价值和总资产净利率的影响均是负面的，而应付票据对公司经营业绩的影响整体而言则较弱。这说明商业信用还难以有效替代银行借款，民营企业的成长最终仍然离不开正规金融的支持。（5）在政治关联、银行借款与商业信用方面，政治关联能够显著地提高民营企业银行借款的可获得性，降低其对成本较高的商业信用的依赖，说明总体而言政治关联融资策略是有效的。从商业信用融资的具体构成来看，政治关联所带来的银行借款的增加会显著降低民营企业对预收账款的使用，其次是对应付账款的使用，但与应付票据则表现出一种互补关系。（6）在法治、金融发展、银行借款与商业信用方面，法治和金融发展水平的提高所带来的银行借款的增加会显著减少民营企业对应付账款的使用，但对应付票据和预收账款的可获得性则没有明显影响。而在金融体系较为发达的地区，银行借款的增加会显著减少预收账款的使用，增加应付账款的使用，但对应付票据的可获得性则没有影响。进一步研究发现，法治和金融发展对银行借款和商业信用的影响是不对称的。其中，在法治水平高的地区，民营企业银行借款增加的速度要快于商业信用（应付账款、应付票据和预收账款）。而在金融发展水平高的地区，银行借款增加的速度则表现出低于应付账款、高于应付票据，但与预收账款增加的速度是无差异的。（7）在政治关联、法治、金融发展、银行借款与商业信用方面，政治关联带来的银行借款的增加会显著降低民营企业对商业信用的依赖。相反，法治和金融发展对银行借款和商业信用替代关系的影响则是不显著的。从商业信用的具体构成来看，政治关联在提高民营企业银行借款的可获得性、降低其对应付票据和预收账款的使用上是有效的，但在减少其对应付账款的依赖上则是无效的。法治在提高民营企业银行借款的可获得性、降低其对应付账款的使用上是有效的，但在减少其对应付票据和预收账款的使用上则是无效的。而金融发展在提高民营企业银行借款的可获得性、降低其对预收账款的使用上是有效的，但在减少其对应付账款和应付票据的需求上则是无效的。进一步研究还发现，政治关联对民营企业银行借款和商业信用（应付账款、应付票据和预收账款）的相对重要性没有影响。法治对民营企业银行借款可获得性的影响要高于其对商业信用（应付账款、应付票据和预收账款）的影响。而金融发展对民营企业银行借款可获得性的影响低于应付账款，但高于应付票据，并与预收账款是无差异的。

综上可知，尽管商业信用的存在可使民营企业间接获得正规金融的支持，有效缓解了民营企业遭受的资金紧张的困境，客观上促进了受正规金融歧视的体制外经济的发展，并部分纠正了融资禀赋差异所导致的信贷资金初始配置的效率失衡问题，但是，在现代市场经济中，商业信用对民营企业的资金支持并不是独立于正规融资渠道，其作用很大程度上是通过正规金融体系实现的。与此同时，在制度缺失条件下，虽然政治关联能够给民营企业带来一系列的融资便利，减少企业对其他成本较高的替代性资金来源的需求，然而政治关联在金融资源的配置过程中常常伴有高昂的寻租成本，造成新的资源配置的扭曲和不公，并破坏银行与企业之间的自由签约之精神。所以，仅仅通过政治关联这种非市场化融资策略并不能完全解决民营企业面临的贷款难问题，企业在很大程度上仍须依赖市场机制来获取资源。对民营企业来说，提升银行借款能力，减少自身对商业信用等非正规融资依赖的关键仍然在于制度环境的改善。鉴于一个运行良好的正规金融体系对于一国经济的持续发展亦是必需的，本书的政策建议是：改革我国现行不合理的国有垄断的金融体系，加大私

前　言

有产权的法律保护力度，同时降低和弱化政府对金融的过度干预，取消国有和民营资本的区别，停止对民营企业的政策性歧视，努力为每个企业营造一个更加市场化的外部融资环境，并在建立真正的法治社会和转变政府职能上下功夫。

作　者

2015 年 10 月

目录

目　录

第 1 章

导 论

1.1 ——————— 研究背景与选题意义 ———————

1.1.1 研究背景

自 1978 年我国政府启动以市场化为取向的经济体制改革以来，民营企业[①]发展迅速，自身实力不断增强，现已成为推动我国经济增长的重要力量和 GDP 的主要贡献者（Allen、Qian 和 Qian，2005；黄孟复，2011）。然而，在我国经济从计划向市场转轨的过程中，为了实现体制内以国有企业为代表的经济体的稳定发展，政府在金融领域采取了以金融压抑和所有制歧视为特征的强金融控制政策（辛念军，2006）。强金融控制

[①] 本书的"民营经济"或"民营企业"主要是指私有企业和个体经济，以及由私有企业发展而来的公司制企业，不包括由国有企业或集体企业通过产权转让演变而来的民营化企业。

政策下的金融压抑和所有制歧视以及由此带来的信贷配给①和双重软预算约束问题，造成民营企业与国有企业在银行资金的获取方面出现很大差别。我国银行业将大部分信贷资源都投放给了效率低下且缺乏自生能力的国有企业（卢峰和姚洋，2004；刘瑞明，2011），而经营绩效更好、资金使用效率更高且对整个社会发展做出了重大贡献的民营企业却很难从银行获得所需要的贷款（Allen、Qian 和 Qian，2005；黄孟复，2011）。②银行的信贷资金出现了"逆配置"，③造成民营企业在正规金融市场上的融资面临诸多制度性障碍（白重恩、路江涌和陶志刚，2005）。

　　企业的成长离不开资金的支持，当银行借款因金融压抑和所有制歧视变得不可获得时，对资金的渴求迫使民营企业转而寻求其他替代性融资来源。Allen、Qian 和 Qian（2005）推测，我国可能存在一个主要基于声誉和信任的非正规融资机制，此机制为私有部门的发展提供了必要的资金支持。Ge 和 Qiu（2007）认为，在一个正规金融发展相对落后的经济体中，企业可以借助主要依赖隐性契约关系的非正规融资渠道支持其成长。商业信用形式的隐性借款作为实务中被企业广泛使用的非正规融资来源，在企业面临信贷配给和所有制歧视时，因能够潜在地为难以获得银行借款的企业提供及时和必要的资金支持而往往成为银行借款的替代。在国内，有些学者甚至把商业信用视为一种间接地向快速成长的民营企业提供银行借款的手段，而商业信用的净提供者通常为易于从银行取得借款的国有企业

2

---

① 信贷配给指的是由于银行报出的贷款利率低于市场出清利率，存在对贷款的超额需求。在没有政府管制的情况下，贷款人自愿将贷款利率确定在市场出清利率之下而造成的信贷配给被称作均衡信贷配给（张文路，2006）。由于政府管制使得银行等机构报出的贷款利率低于瓦尔拉斯市场出清利率而产生的信贷配给现象即非均衡信贷配给（Disequilibrium Rationing）。因此，非均衡信贷配给理论主要侧重于制度对信贷配给的影响，它假定制度是内生的，认为在市场经济体制变迁的过程中，制度因素将对金融机构的信贷行为产生重要影响，甚至起决定性作用（刘艳华和王家传，2008）。显然与本书相关的信贷配给概念是非均衡信贷配给。非均衡信贷配给理论随着金融压抑理论（McKinnon，1973；Shaw，1973）的产生与发展而逐渐趋向成熟。金融压抑本质上是政府高度管制金融市场，利率被政府规定低于市场均衡的水平，导致市场存在对贷款的过度需求，因而对信贷资源采取配给的办法以保证政府的目标集团的金融资源。实际上这是信贷的行政性配给（廖肇辉，2005）。董意凤和曹倩（2006）认为，我国民营企业存在信贷配给的原因在于我国银行业的"二元"市场竞争结构：一方面，四大国有商业银行垄断了绝大多数的金融资源，彼此缺乏竞争；另一方面，众多的中小商业银行和金融机构却在有限的金融市场上展开了激烈的竞争。

② 有学者指出，在中国经济转轨过程中，金融资源通常是按照"政治主从次序"配置的，即先给政治地位最高但最无效率的国有企业，然后给政治地位次高的集体企业，最后才是最有效率的私有企业（黄亚生，2005；刘瑞明，2011）

③ 卢峰和姚洋（2004）指出，金融压抑和低效率的国有银行垄断造成银行业严重的信贷歧视，非国有经济部门深受其害。虽然非国有部门对中国 GDP 的贡献超过了 70%，但是它在过去十几年里获得的银行正式贷款却不到 20%，其余的 80% 以上都流向了国有部门。

（卢峰和姚洋，2004；刘瑞明，2011）。[①]我国经济增长主要是靠金融数量而非效率推动的，体制内低效率的金融资源未完全转化为产出（辛念军，2006），而是其中一部分沉淀下来，形成闲置资金。在制度缺失、市场力量和资本逐利三方因素共同作用下，这部分闲置的资金有可能通过商业信用渠道以应付账款、应付票据和预收账款的形式漏损到民营企业，成为民营企业非正规融资的一个重要来源，这有效缓解了民营企业资金紧张的困境（卢峰和姚洋，2004；辛念军，2006）。Demirgüç-Kunt 和 Maksimovic（2002）指出，在信息不对称的信贷市场中，受信贷约束较低的企业向受信贷约束较高的企业提供商业信用的行为，相当于在市场上发挥一种"金融中介"的功能。这种融资渠道的存在，使受到较强信贷约束的企业能够从金融机构间接获得银行借款（刘民权、徐忠和赵英涛，2004）。Fisman 和 Love（2003）研究发现，在金融发展水平较低的国家或地区，商业信用能够替代银行借款支持企业的成长。商业信用及其传导机制的存在，降低了企业从无效的金融市场筹集资金的需要，同时仍允许有利可图的交易发生（Frank 和 Maksimovic，2004），是减轻发展中国家或转型经济体金融体系落后和效率低下问题、推动一国或一个地区经济增长的重要原因之一（刘民权、徐忠和赵英涛，2004）。

　　然而，商业信用与产品购销有关，灵活性通常低于银行借款（Ge 和 Qiu，2007），且存在融资期限短、所筹资金规模小、使用成本高和附加条件苛刻的缺陷（Danielson 和 Scott，2004）。因此，从适宜性角度来看，商业信用是一种次优选择，除非面临信贷配给和歧视，企业一般不会以商业信用再转贷的方式满足自身的资金需求。所以，尽管商业信用能使民营企业间接获得正规金融的支持，客观上促进了受正规金融歧视的体制外经济的发展，并部分纠正了融资禀赋差异所导致的信贷资金初始配置的效率失衡问题（王彦超和林斌，2008），然而，对民营企业来说，商业信用可能是银行借款一种代价较高的替代。因此，作为一种典型的非正规融资来

---

　　① 在我国，商业信用的重要性可以从 1989、1993 年两次因企业对商业信用的过度依赖而导致的"三角债"危机中得以管窥（樊纲，1996）。另外，时任中国人民银行研究局处长的许国平曾向《财经时报》透露，根据国家信息中心的统计资料，2002 年 5 月底，企业间相互拖欠货款的金额已经相当于银行不良贷款的 80%，是 1993 年解决"三角债"问题的 15 倍（余明桂和潘红波，2010）。康志勇（2013）指出，社会信用制度发育和金融体系发展的双重滞后，造成企业间正常的商业信用正逐步演变为金融压抑条件下企业融通短期资金的一种制度性安排。

源，商业信用并不能有效替代银行借款，仅仅依靠商业信用很难满足当前中国快速成长的民营企业的资金需要，直接获得银行正式借款对民营企业的持续发展而言，仍是至关重要的（Ge和Qiu，2007）。民营企业的巨大潜能与其相对有限的正规金融支持表明，民营企业的信贷资源亟须拓展。然而，歧视性的金融生态环境导致民营企业很难在市场化的条件下公平地获得银行借款。[①]在正规融资渠道受阻的情况下，民营企业如何才能从银行取得成长所需的资金、减少对商业信用的依赖，就面临一个融资策略选择问题。Peng和Heath（1996）认为，对于转轨经济体，虽然市场发挥了一定的作用，但由于政府的干预且掌握着包括银行等在内的关键资源的分配，使得企业的发展很大程度上仍要依赖非市场机制获取资源。Choi、Lee和Kim（1999），Li和Zhang（2007），姜翰、金占明、焦捷和马力（2009）指出，在经济转轨过程中，由于缺乏良好的价格体系和完善的法律制度，政府在资源配置、整体经济政策导向和规范市场行为等方面依然有着极为重要的影响。因此，转轨经济中的企业更倾向于把人际关系网络作为自身经营战略的一部分，而不是完全通过市场去获取成长所需要的资源（张建君和张志学，2005）。

发展至今，我国仍被看作是一个乡土型社会，"人情"或曰"关系"在其中所扮演的角色远比法律和其他正式规则来得重要（费孝通，1947）。在相关制度仍不尽完善的情况下，关系可以起到补充制度缺位的作用（Xin和Pearce，1996）。而与政府这一规则制定者与资源分配者的良好关系由于最为靠近整个社会网络的价值核心，对企业而言必然具有更高的价值（姜翰、金占明、焦捷和马力，2009）。因此，在银行信贷决策依然受到各级政府控制或干预的背景下，与政府建立一定的政治关联，取得类似于国有企业的待遇，可能是当前制度环境下民营企业能够选择的克服正规金融歧视、增加银行借款的可获得性、减少对商业信用依赖最为有效的融资策略之一。政治策略通过影响政府政策和金融资源的分配机制，最终可给民营企业带来更多银行借款方面的好处。然而，民营企业建立政治关联的过程实际上亦是其向政府官员寻租的过程。高昂的寻租成本决定了

---

① 郭广昌（2011）指出，当前民营企业和国有企业最大的不公平，就是在金融资源的分配上不成比例。国有企业有政府背书和担保，所以融资门槛和成本较低，而民营企业则恰恰相反。

并非所有民营企业都具备同等的与政府官员建立政治关联的实力和条件。所以，仅仅通过政治关联这种非市场化融资策略并不能完全解决民营企业面临的贷款难问题，企业的发展很大程度上仍须依赖市场机制来获取资源。对民营企业来说，提升银行借款能力、减少自身对商业信用等非正规融资依赖的关键仍然在于制度环境的改善。因此，呼吁政府加大私有产权的法律保护力度，创新和完善正规金融体系，消除国有银行垄断和歧视，减少政府对金融的不当干预，使市场在资源配置中真正发挥决定性作用，进而努力为每个企业营造一个公平的外部资源获取机会便构成了可供民营企业选择的第二个融资策略（市场化融资策略）。

　　基于以上分析，本书拟利用信贷配给理论、产权理论、软预算约束理论、商业信用再分配理论、寻租理论和法与金融理论，试图从金融歧视的逻辑视角对转型期民营企业的融资行为及策略选择进行研究：（1）正规金融市场上的信贷配给和所有制歧视是否导致民营企业为缓解其资金供给不足问题被迫转向成本较高的商业信用？（2）在可供民营企业选择的商业信用融资模式中，具有不同交易成本和风险的应付账款、应付票据和预收账款与银行借款之间的替代关系有何不同？（3）体制内以国有企业为代表的经济体如何将其凭借特权获得的银行借款通过商业信用渠道再转贷给在正规金融市场上受到信贷歧视的民营企业，从而构成民营企业非正规融资的一个重要来源？换言之，国有企业金融漏损效应产生的动机和条件是什么？（4）为缓解正规金融市场的信贷配给和所有制歧视带来的银行资金供给不足问题，对商业信用有着较高融资需求的民营企业会采取何种措施以期获取成本较低的商业信用模式？（5）商业信用和银行借款何者对民营企业的发展更重要，即非正规融资渠道能在多大程度上替代正规金融体系？（6）政治关联和法治、金融发展作为两种性质不同的融资策略，能否帮助民营企业克服正规金融市场上的信贷配给和所有制歧视，提高银行借款的可获得性，减少企业对商业信用等非正规融资的依赖？（7）政治关联和法治、金融发展对应付账款、应付票据和预收账款与银行借款之间的替代效应的影响存在何种差异？（8）市场化融资策略（法治、金融发展）和非市场化融资策略（政治关联）的效果有何不同，即哪种融资策略的效果更好？通过对上述问题的研究，旨在为缓解我国民营企业的融资难问题、提高信贷资金的配置效率、促进经济发展方式根本转变和经济结构成功转型提供理论依据和政策建议。

1.1.2 选题意义

我国经济改革的成功很大程度上是通过大力发展主要由家族企业构成的私有部门实现的（Li、Meng 和 Zhang，2006）。同时改革开放的历史亦表明，民营企业的发展不仅是改变一个地区经济水平相对落后的重要原因，而且也是支撑中国经济增长速度和市场化进程的根本力量。在我国获得银行资金仍是一种特权而非每个企业公平享有的基本权利的格局下（张维迎，2012），采取何种措施消除民营企业成长过程中面临的融资障碍日益受到理论界、实务界乃至政府高层的强烈关注。2011 年，温州、鄂尔多斯等地爆发的民间借贷危机，以及被社会各阶层广泛热议的吴英和曾成杰等民营企业家的"非法"集资案，背后折射出来的依然是近年来一直困扰我国民营企业健康发展的融资难问题。在当前国有企业效益普遍不佳，民营企业成为推动我国经济增长重要力量且在其生存环境严重恶化的背景下，从金融歧视的逻辑视角深入研究民营企业的融资行为及策略选择具有很强的理论价值和现实意义。第一，有助于加深对民营企业遭受的融资困境和国有银行资金错配的理解，正确认识正规金融（银行借款）和非正规金融（商业信用）二者之间的关系及在企业成长乃至一国经济发展中的作用和相对重要性，丰富和细化现有的商业信用文献。第二，通过对市场化融资策略（法治、金融发展）和非市场化融资策略（政治关联——其背后所折射出来的是政治权力）的微观机理和效果的比较与分析，本书不仅拓展和深化了政治关联和法与金融理论的研究，而且也为正式制度在有效解决民营企业融资难问题中所能发挥的重要作用和基础性功能提供直接的经验证据和支持，对增进和引导人们就建设法治中国和创造一个公平竞争的市场环境的必要性的认知，也有一定的益处。第三，本书的研究亦是对党的十八届三中全会提出的全面深化经济体制改革，实现民营企业持续健康发展和坚定不移地使市场在资源配置中发挥决定性作用的一个响应，因而具有很强的实践意义。

1.2 ———————————— 相关概念界定 ————————————

1.2.1　非正规金融的内涵

国外对非正规金融的研究，最早可以追溯到 20 世纪 50 年代，是由人类学家和社会学家进行的。当时人们关注的更多的是非正规金融的消极影响，从而政策制定者试图通过发展正规金融来替代它（左臣明，2005）。到了 20 世纪 80 年代后期，更多的经济学家加入到研究非正规金融的行列。随着对非正规金融的调查和案例研究的增多，人们对非正规金融的看法有了极大改变（左臣明，2005）。然而，关于非正规金融的界定，学者之间存在很大分歧，至今尚未达成一致，主要是范围大小的差别和侧重点的不同。学者一般从金融立法和金融监管的角度对非正规金融进行界定。Kropp（1989）认为，非正规金融和正规金融是在一个国家中同时并存的，却是相互割裂的。正规金融处于国家信用和相关金融法律控制下，而非正规金融则在这种控制之外进行运转，二者利率不同、借款条件不同、目标客户不同，更为重要的是，借贷资金不能跨市场流动。Krahene 和 Schmidt（1994）认为，非正规金融和正规金融之间的区别在于交易执行所依靠的对象不同。正规金融活动依靠的是社会法律体系，而非正规金融活动则依靠社会法律体系以外的体系。世界银行（1997）认为，非正规金融可以被定义为那些未被中央银行监管当局所控制的金融活动。Schreiner（2001）将非正规金融定义为没有法律体系来保障实施的现金回报合同或契约。Atieno（2001）认为，非正规金融是游离于正规金融体系之外的，不受国家信用控制和中央银行监管的内生的存款、贷款以及其他金融交易。Isaksson（2002）将非正规金融描述为发生于官方监管之外的金融活动。亚洲开发银行（2002）则认为，非正规金融是指不受政府对于资本金、储备金和流动性、存贷款利率限制、强制性信贷目标以及审计报告等要求约束的金融部门。

国内学者对于非正规金融的界定也没有形成一个统一的认识。张宁

（2002）认为，非正规金融是指未得到法律、法规及其他正式形式认可或直接认可的金融活动，它不仅包括犯罪金融、违法金融、地下金融等，还包括正式金融主体未被法律、法规正式或直接认可的金融以及暂未被法律法规认可的金融创新。其基本特征是隐蔽性，或形式的公开性而实质的隐蔽性。这种界定表明，非正规金融和正规金融之间是彼此渗透的，在一定条件下可以通过一定的形式相互转化。姜旭朝（1996）指出，应当以是否符合法律的规定来判断是否属于非正规金融。凡是未经过国家工商管理部门注册登记的各种金融形式都为非正规金融，在我国特指游离于国家有关机关批准设立的金融机构之外，广泛存在于城乡个体经济之间、个体经济与城乡居民、城乡居民与城乡集体、乡镇经济之间的融资活动的总和。左臣明（2005）认为，非正规金融是指处于中央银行和金融监管当局监管之外的金融活动。换言之，正规金融指的是那些经中央银行批准的，受金融监管当局监管的金融机构或金融活动，而除此之外的金融机构或金融活动为非正规金融。郑筱、王龙锋和肖云（2006）认为，所谓非正规金融泛指个体、家庭、企业之间通过绕开官方正式的金融体系直接进行金融交易活动的行为，它是尚未纳入政府监管的、未取得合法地位的金融形式。亦有学者以"是否为国有"作为非正规金融的判断标准，即非正规金融是所有权不归国家的，或者其最大股东不是国家的金融机构的资金融通活动。据此，非正规金融分为体制内和体制外两部分。体制内包括农村信用社、城市信用社、城市商业银行及被关闭的合作基金会；体制外则是指私人（企业间）借贷、民间集资、互助会、私人钱庄等。杜朝运（2006）认为，非正规金融是一种资金融通活动，其处在国家宏观调控和金融当局监管之外，未进入官方的统计报表，在正式金融体系的会计条目中得不到反映，也不向政府有关部门申报纳税的金融活动，具有非法性和隐蔽性。

1.2.2 非正规金融的生成逻辑和体制动因

很多学者认为，金融压抑和制度歧视是非正规金融产生的体制性根源。也就是说，非正规金融是在政府金融管制即金融压抑下形成的。所谓金融压抑，是指一国的金融体系不健全，金融市场机制未充分发挥作用，经济生活中存在过多的金融管制措施，而受到压抑的金融反过来又阻碍了经济的成长和发展。金融压抑政策往往会造成存贷利率过低、社会资金配置低效率以及资金供给与潜在需求量之间出现巨大差额（信贷配给）等后果（Shaw，1973）。Mckinnon（1973）认为，一些发展中国家的政府为了推进工业化，对正规金融部门采取了金融压抑政策，而这种金融压抑主要来自于政府的干预。"金融压抑"造成发展中国家的金融市场总是处于"割裂"状态，导致信贷资源配置的扭曲，致使资本与投资机会相互分离，大量的中小企业、个体经济等被排斥在有组织的金融市场之外，资金在特权阶层低效率使用，而急需资金进行投资活动的中小企业等却得不到足够的资金，只能通过"内源性融资"进行技术创新和发展。结果，非正规金融作为一种制度创新发展起来以弥补正规金融留下的空白。概言之，正是金融压抑使得部分经济主体的融资需求无法通过正规金融渠道获得满足，非正规金融应运而生。Fry（1995）指出，非正规金融是对政府采取的扭曲的金融压抑政策的理性回应。金融压抑下的政府信贷配给以及体制内金融机构的所有制偏见和制度歧视，导致了民营企业对非正规金融的强烈的制度需求（陈蓉，2006）。

9

Hoff 和 Stiglitz（1990）从信息不对称、交易成本的差异的角度解释了非正规金融产生的原因。他们指出，对于发展中国家的二元金融结构（即现代化的银行业与传统的金融形式并存），存在严重的信息不对称以及高昂的信息收集成本。在这种情况下，正规金融与非正规金融之所以并存，是因为它们在交易成本上的各自的比较优势。在非正规金融中，由于交易主体常常是有血缘或地缘关系的个人或企业，贷款人对借款人的经营状况、还款能力、信誉和道德品质等私人信息非常了解。长期沉淀下来的这些近乎免费的信息，使非正规金融具有较低的交易成本。因此，从交易成本的角度看，正规金融与非正规金融具有各自的比较优势，这是非正规金融得以存在和兴起的逻辑前提。

Bell（1990）以印度农村为例，从需求和供给两方面解释了非正规金融产生的条件。由于正规金融机构金融产品供给不足，因此对金融产品的超额需求便"溢出"到非正规金融市场，这从需求方面解释了非正规金融产生的原因。另一方面，由于在现有条件下，非正规金融在信息、担保、交易成本等各个方面具有正规金融无法比拟的优势，因此，它也有能力供给部分金融产品以弥补正规金融供给不足造成的缺口，这就从供给方面解释了非正规金融产生的原因。

Besley（1995）从私有产权法律保护缺失的视角考察了非正规金融的产生。他指出，发展中国家司法体系具有不确定性，人力资本水平较低，基础设施（特别是通讯设施）欠发达，这些原因会导致市场契约的建立和执行相当困难。所以，通过保险和信用来应对风险的市场组织（正规金融）则会发展不足，这样就会导致一些非正规金融组织发展起来以提供保险和信用（唐化军，2006）。

对于中国的金融市场而言，非正规金融的出现也是政府实行金融压抑和所有制歧视政策所导致的正规金融发展不足的结果（唐化军，2006；卢峰和姚洋，2004）。由于正规金融具有向国有企业授信的内在偏好，而对民营企业授信则具有歧视性，这就导致民营企业在正规金融市场上的融资难以得到满足。这样，非正规金融便应运而生，并为民营企业提供信贷支持（Kellee，2002）。

1.2.3　非正规金融的形式和特征

从已有的文献看，非正规金融随着经济发展经历了两个发展阶段：一是属于初级阶段的无组织非正规金融，其交易特点是一次性和分散化；二是属于高级阶段的有组织非正规金融，其交易特点是连续性、集中性和专业化。在这两个发展阶段，产生了形式多样的非正规金融，主要包括私人借贷（Private Lending）、贷款经纪（Loan Broking）、储金会（Saving Groups）、地下银行（Underground Banks）或私人钱庄①、轮转会（Rotating Savings and Credit Associations）、商业信用（Trade Credit）、典当行（Pawn Shop）（刘民权、徐忠和俞建拖，2003）。

非正规金融市场的特征主要包括以下几个方面：非正规金融市场与正规金融市场相互分割；其利率一般高于正规金融市场的利率，并且在同一个地区，利率相对稳定；一般不要求抵押品；借款合约的执行主要不是依靠国家的法律体系，而是依靠当地的某种社会机制，非正规金融市场的履

---

① 地下银行或私人钱庄是指那些没有经过政府授权且不受政府相关管制约束的经营存贷款以及其他业务的银行。

约率往往高于正规金融部门（林毅夫、孙希芳，2005）。

Kropp（1989）分析了非正规金融与正规金融市场的区别，主要有：正规金融市场是高度集中的，而非正规金融则是由大量小型机构组成的；两个市场相对独立，有各自的机构、客户、运营模式、利率等；正规金融市场的目标客户群一般是高端阶层，而非正规金融的服务对象既可以是高端人群，也可以是较为低端阶层，但以后者为主；获得正规金融市场的信用或者其他服务受到更多的限制，因而非正规金融可能会成为一些低端人群获得金融服务的唯一方式（龚明华和王剑，2005）。此外，非正规金融可以视为对正规金融"市场失灵"的一种补充，是人们面临信息、制度、技术等局限条件的理性回应（卓凯，2006）。这种古典的、自发形成的民间金融市场在社会经济体系中一直绵延存续着，执行着提供信贷支持和保险机制、分散风险等重要的经济功能，构成了整个金融体系一个有意义的部门（卓凯，2006）。此外，正规金融与非正规金融的联结不但能够有效降低交易成本，而且能够促进非正规金融的发展、提升以及正规金融向下的制度适应。[①]

与正规金融相比，非正规金融存在如下优势：一是信息优势。非正规金融的信息优势反映在贷款人对借款人还款能力的甄别上。非正规金融市场上的贷款人对借款人的资信、收入状况、还款能力等相对比较了解，能够在一定程度上解决正规金融机构面临的信息不对称问题，避免或减少了因信息不对称所带来的信贷配给问题（Braverman 和 Guash，1986）。非正规金融的信息优势还反映在它对贷款的监督过程中，这种信息上的便利使得贷款人能够较为及时地掌控贷款按时足额归还的可能性。二是担保优势。由于借贷双方居住的地域相近并且接触较多，不被正规金融机构视为担保品的财物、关联契约和社会担保或称隐性担保都可成为一种担保，从而有效缓解了民营企业面临的担保约束。三是交易成本优势。非正规金融机构本身小巧灵活，操作简便，对参与者的素质要求不高，合同的内容简单而实用，契约执行也往往通过社区法则得以实现，避免通过正规法律途

11

---

① 世界发展报告（1989）指出，正规金融与非正规金融的联结是金融体系发展的一个有前途的战略。正规金融和非正规金融联结的形式主要有两种（Bell，1990；Kochar，1992）：水平联结和垂直联结。水平联结是指正规金融和非正规金融在资金提供上展开直接的竞争。这种观点认为，借款人首先向正规金融申请贷款，对于无法满足的部分则求助于非正规金融。垂直联结是指非正规金融从正规金融取得贷款，然后将其再转贷给急需资金的借款人。

径进行诉讼所需的高昂费用（刘民权、徐忠和俞建拖，2003）。

关于非正规金融的不足，吕伟（2006）认为，一是非正规金融的业务活动只能针对特定的区域展开，每一个非正规金融组织都有自己特定的客户群。如果非正规金融业务范围超出了原有的地域范围和客户群，就会对非正规金融的管理和运行机制提出更高的要求，这意味着交易成本的上升，亦即丧失了原有的成本优势。二是非正规金融组织制度不规范，内部经营管理较为混乱。非正规金融组织缺乏规范的内部控制制度，没有严格的财务管理及审计稽核制度，管理人员素质不高。三是非正规金融缺乏有效的风险防范机制，无法对每笔贷款进行贷前、贷中、贷后严格的调查。在贷款者对借款者的信誉及贷款用途难以控制时，便会增加非正规金融的风险。此外，非正规金融还会干扰中央银行对信用和资金的总量监测与控制，导致资金盲目流动，削弱了国家金融调控和货币政策的效果（毕德富，2005）。张杰（2003）认为，金融中介的产生和发展过程实际上就是金融市场上层组织的产生和发展过程。非正规金融的信用系统之间由于缺少健全的市场和法律等要素相沟通而无法联结成一个大的信用系统，因此，非正规金融无法形成更高一级的上层组织，从而处于非正式、不规范的状态中（余秀江、潘朝顺和陈润华，2007）。按照这一逻辑，如将非正规金融的各种组织形式按照规范化和组织化的程度进行排序，私人借贷处于发展序谱的最低端，而信用社则处于最高端。

1.3 ——————研究目标与拟解决的关键科学问题 ——————

1.3.1 研究目标

与研究内容相对应，本书的研究目标可概括为：

（1）通过对民营企业在正规金融市场上面临的信贷配给和所有制歧视，以及国有银行资金错配现实状况的分析，诠释民营企业使用商业信用的原因及在缓解民营企业融资困境中可能发挥的作用。

（2）通过对经济转型期国有企业和民营企业银行借款获取能力与使用效率差异的探讨，揭示体制内金融资源经由商业信用渠道从国有企业向民营企业非正规转移的漏损效应产生的动机和条件。

（3）通过对商业信用和银行借款相互关系及其对民营企业经营绩效的影响和相对重要性的考察，分析非正规融资替代正规金融的程度和可能性。

（4）通过对市场化融资策略（法治、金融发展）和非市场化融资策略（政治关联）提升民营企业银行借款可获得性、减少对商业信用等非正规融资依赖的微观机理及效果的梳理和比较，明确正式制度在解决民营企业融资难问题中所具有的重要作用和基础性功能。

1.3.2 本书拟解决的关键科学问题

要顺利实施上述研究，本书需要解决如下四个关键问题：

（1）理论框架的构建。理论的作用在于指导研究，确保研究能够顺利进行。因而，理论分析正确与否将对研究结论产生重要影响。构建一个完整的便于本书研究顺利实施的理论框架是一个复杂的系统工程，会涉及信息经济学、会计学、财务学、政治学和法与金融学等多个学科。如何运用相关学科的基本原理，结合我国经济转型时期特殊的制度背景，经过系统的分析进而提炼出本项目赖以依存的理论框架，构成了本项目拟解决的第一个关键问题。

（2）经济计量模型的设定。如何利用相关理论（信贷配给理论、产权理论、软预算约束理论、商业信用再分配理论、寻租理论和法与金融理论），在融入制度变迁影响因素后，通过最优化分析推导出一个既在理论上有充分说服力，同时又具备良好实证表现的经济计量模型对研究假设进行严格检验，构成了本书拟解决的第二个关键问题。

（3）关键测试变量的选取和衡量。如何在所构建的经济计量模型中为金融歧视、商业信用、银行贷款、公司绩效、政治关联，以及法治和金融发展水平等关键测试变量选取适宜的替代指标，且消除变量中可能存在的测量误差，构成了本书拟解决的第三个关键问题。

（4）研究结论的提炼。如何根据对实证结果的分析，提炼出具有真知灼见的研究结论，并在此基础上有针对性地提出一些切实可行的能够有效解决民营企业融资困境的措施和相关政策建议，构成了本书拟解决的第四个关键问题。

1.4 —————————— 研究方法 ——————————

任何一门学问都离不开研究方法，甚至可以说，学问就是方法。方法的枯竭便是学问的停滞，方法的繁荣则是学术的发展（许家林，2005）。在科学研究中，研究方法是指研究主体为取得理论研究成果而作用于研究客体（特定的实践活动对象）所凭借的途径、方式或手段的总称。不同的研究方法既体现了研究主体不同的理论思维模式，也体现了最终所得到的理论研究成果上的差异（劳秦汉，2002），所以，经济理论的研究离不开研究方法的选择。不同研究方法的运用，往往会对同一经济问题做出不同的逻辑证明，或得出相反的研究结论。因而，理论研究方法的选取异常重要。而作为经济学研究方法论中所涉及的方法体系虽然多种多样，但概括起来，不外乎发现和证实两大类（Etheidge，1988）。根据本书研究问题的类型，可把研究方法论的这两个方面具体化为三个"相结合"方法综合加以运用，即规范研究与实证研究相结合、历史分析与逻辑分析相统一、比较与归纳相协调。这三个"相结合"的研究方法，分别适用于本书的不同部分，但又交相融合、贯穿于全书研究的始终。

1.4.1 规范研究与实证研究相结合的研究方法

理论研究的方法尽管有很多种，然而目前在理论研究中占据主流地位的，则只有规范研究方法和实证研究方法。规范研究方法涉及理论"应该是什么"的问题，因而蕴含着价值判断，认为理论研究应该从具有普遍指导意义的一套前提或命题出发，通过逻辑推理导出一些科学合理、应用于衡量实践活动的标准或概念作为处理实务和分析问题的准则，并以此作为构建理论研究前提的研究方法（劳秦汉，2002；许家林，2005）。然而，科学不是逻辑游戏，科学研究是用假说来解释现象，科学研究必须满足两个"一致性"：一是逻辑上的一致性，即假说在逻辑上是成立的；二是经验上的一致性，就是假说的逻辑推论必须与观察到的经验现象一致（林毅夫，2001；赵世勇，2010）。经济学属于社会科学，这就意味着经济学的研究不能仅仅满足于逻辑游戏，必须对提出的理论假说进行验证，检验假说的真伪性，提供可能的政策含义（赵世勇，2010）。这就是实证研究方法存在的逻辑基础。实证研究方法则只涉及理论"是什么"和"为什么"的问题，并不蕴含价值判断问题，认为理论研究应以事实和现象作为出发点，力求对其存在和未来发展提供正确解释和预测（劳秦汉，2002）。在理论发展和完善过程中，这两种方法各有优劣，各有所长，且二者的对立在一定意义上也只是相对的，是可以协调的，只有将两种研究方法有机地结合起来才能相得益彰、各展所长而避其所短。本书首先综合运用信贷配给理论、产权理论、软预算约束理论、商业信用再分配理论、寻租理论和法与金融理论的基本原理，结合我国转型经济的制度背景，采用规范的研究方法，对我国民营企业在正规金融市场上面临的信贷配给和所有制歧视产生的制度性根源、表现形式、融资行为、经济后果、融资策略选择等问题展开系统的理论分析，在此基础上提出相关待检验的假设。然后，借助实证研究方法，利用我国沪深证券交易所2003—2011年非金融类A股上市公司的观测数据，对各章提出的研究假设进行实证检验。最后，本书又运用规范研究方法，依据实证研究方法得出的检验结果，通过对我国民营企业融资现状、体制内金融资源外向漏损产生的动机和条件、财务报告质量对企业商业信用模式选择的影响、商业信用和银行借款相对重要性比较，以及市场化融资策略和非市场化融资策略的效果进行基于我国经济转型期的制度背景分析，并就如何改进和完善我国正规金融体系、增加民营企业银行借款的可获得性、减少其对非正规金融的依赖提出一些可资参考的政策建议和措施。

1.4.2 历史分析与逻辑分析相统一的研究方法

所谓历史，按照《现代汉语词典》的解释，是指"自然界和人类社会的发展过程，也指某种事物的发展过程和个人的经历"，因而历史研究方法就是通过追溯研究对象的发展过程，来探求研究对象发展变化规律的一种思维方法。具体而言，历史分析方法是按照所研究事物的历史顺序，把该事物在历史上发生的具体事实以一定的方式组织和揭示出来，从而概括出其历史发展规律或得出一定的历史结论（劳秦汉，2002）。显然，按照历史分析方法的定义，仅描述历史事实或现象是不够的，需要运用一定的逻辑方法，找出所研究事物的历史发展的客观规律，亦即历史分析方法需要与逻辑分析方法相结合，这样才能实现科学研究的目的。本书利用历史分析方法，对商业信用产生的背景、影响、未来发展演变及在企业成长中的作用进行深入考察；然后采用逻辑分析方法，通过对其在一国经济发展和企业成长中作用的规律性总结，分析并预测基于不同理论所设定的回归模型的有效性和预期可能达到的效果。

1.4.3　比较与归纳相协调的研究方法

比较法就是通过对属于同一范畴的两个或两个以上有相互联系的事物或对象之间的相似性或相异程度的考察和判断，研究事物存在、变化的共同条件以及不同特点，以探求其普遍规律与特殊规律的科学研究方法（李鑫，2008）。通过对事物"求同存异"的分析比较，可以使我们更好地认识事物发展的多样性与统一性。归纳法则是通过对大量同类事物或现象的观察，采用归纳推理找出其共性或一般规律，从而形成具有普遍意义与理论的科学研究方法（许家林，2005）。其优点在于判明因果联系，然后以因果规律作为逻辑推理的客观依据，并以观察、试验和调查为手段，所得结论一般是可靠的。由于国有企业和民营企业在正规金融市场上面对的信贷配给和歧视等不同，导致其在银行借款的获取能力和使用商业信用的动机上存在很大差异。因此，要使本书研究能够顺利展开，需要大量运用比较和归纳的研究方法，通过对国有企业和民营企业银行信贷资金使用效率及由此带来的金融漏损效应、可供民营企业选择的融资策略效果的比较和分析，找出其差异和共同之处，然后在此基础上，运用归纳方法概括和总结出其可能存在的共同规律和特殊性，从而有针对性地提出相应的完善措施和可行的政策建议。

1.5 —————— 研究内容与可能的创新 ——————

1.5.1　研究内容

本书包括导论和研究结论在内共 10 章，各章研究内容如下：

第 1 章，导论。作为开篇，本章主要探讨了本书研究背景和选题意义、相关概念界定、研究目标、研究方法和内容，以及可能的创新。

第 2 章，文献综述。作为本书以后各章研究的理论基础，本章在对商业信用发展演变过程进行简要回顾的基础上，从商业信用使用动机，法律、金融发展与商业信用，商业信用、银行借款与公司绩效，政治关联与银行借款和制度环境与银行借款等视角勾勒出本书拟研究问题的理论框架，为以后章节结合我国经济转型期的制度背景探讨民营企业融资行为及其策略选择提供必要的理论依据和支撑。

第 3 章，信贷配给、银行歧视与商业信用。本章利用信贷配给理论和产权理论，主要对民营企业的融资现状和使用商业信用的动机加以系统考察。拟研究的问题主要有两个：其一，正规金融市场上的信贷配给和所有制歧视是否导致民营企业为缓解其资金供给不足问题被迫转向成本较高的商业信用？其二，在可供民营企业选择的商业信用融资模式中，应付账款、应付票据和预收账款与银行借款之间的替代关系存在何种差异？

第 4 章，银行借款、金融漏损与商业信用。本章主要在已有研究的基础上，利用软预算约束理论和商业信用再分配理论，着重探讨体制内金融资源外向漏损的可能性。拟研究的内容有两个：其一是考察体制内金融资源从国有企业向民营企业非正规转移的漏损效应产生的动机及条件；其二是在体制内金融资源出现以商业信用的形式外向漏损的情况下，探讨其非正规转移的渠道。

第 5 章，财务报告质量、银行借款与商业信用模式选择。本章结合我国转型经济的制度背景，利用信息经济学的信号传递理论，试图对财务报告质量在企业商业信用模式选择中的作用加以研究，拟研究的问题有三个：第一，高质量的财务报告能否缓解企业与供应商之间的信息不对称，从而减少企业对交易成本较高的商业信用模式的依赖？第二，为降低正规金融市场上的融资困境，对商业信用存在较高融资需求的民营企业是否比国有企业有更强的动机向供应商提供高质量的财务报告以期获取成本较低的商业信用模式？换言之，财务报告质量对商业信用模式选择的影响是否在民营企业中表现得更显著？第三，与2006年之前的旧会计准则相比，基于2007年之后以增强会计信息价值相关性和决策有用性为目标的新会计准则编制的财务报告，其披露的会计信息质量是否显著高于按照旧会计准则编制的财务报告披露的会计信息质量，从而能够更有效地提高企业商业信用模式选择的效果？

第6章，商业信用、银行借款与公司绩效。本章将利用融资比较优势理论，通过对银行借款和商业信用及其特定形式在提升公司经营绩效中作用的研究，分析和考察商业信用和银行借款两种资金来源的相对重要性，以此探讨非正规融资渠道替代正规金融体系的可行性。

第7章，政治关联、银行借款与商业信用。本章基于政治关联的寻租理论，结合我国转型经济的制度背景，考察非市场化融资策略——政治关联的微观机理和作用效果，所要研究的问题主要有两个：（1）政治关联能否帮助民营企业克服正规金融市场上的信贷配给和所有制歧视，增加银行贷款的可获得性，从而降低民营企业对成本更高的商业信用的依赖？（2）政治关联对应付账款、应付票据和预收账款与银行贷款之间的替代效应的影响有何不同？

第8章，法治、金融发展、银行借款与商业信用。本章利用法与金融理论，拟从制度层面就市场化融资策略——法治、金融发展缓解民营企业在正规金融市场上遭受的信贷配给和所有制歧视，增加其银行借款的可获得性，减少对商业信用使用的微观机理及作用效果加以探讨，所要研究的问题主要有两个：第一，一国或一个地区法治、金融发展水平的提高能否使民营企业在市场化的基础上公平地获得更多的银行借款，降低对商业信用的需求。第二，考察法治和金融发展对银行借款和商业信用可获得性影响的相对重要性。

第9章，政治关联、法治、金融发展、银行借款与商业信用。本章主要对市场化融资策略和非市场化融资策略的效果加以比较和分析，拟研究的问题是：政治关联和法治、金融发展两种融资策略的效果存在何种差异，即哪种融资策略的效果更好？

第 10 章，全书总结。内容包括研究结论、政策建议、研究不足与未来研究展望。

1.5.2　本书可能的创新

（1）研究视角创新

本书最大的创新之处是借助于民营企业融资困境这一主题将商业信用融资（非正规金融）和银行借款（正规金融）与政治关联（非市场化融资策略）和法治、金融发展（市场化融资策略）有机地整合到同一研究框架内，通过对金融歧视下的两种融资模式的相互关系及其在促进民营企业成长中所发挥作用的考察，以及两种融资策略提升民营企业银行贷款可获得性、减少对商业信用融资依赖的微观机理和效果的比较与分析，从另一个侧面论证了正式制度在解决民营企业融资困境中的关键作用和基础性功能，为政府相关部门全面了解建立支持市场的制度的重要性和必要性提供了直接的理论依据和经验支持。

（2）研究内容创新

在现有研究中，学者常用应付账款衡量企业商业信用融资情况。事实上，来自企业间商业信用形式的隐性借款除了应付账款外，其他可供企业选择的融资性商业信用还有应付票据和预收账款。不同于已有的研究，本书不仅从总体上研究了商业信用融资的影响，而且进一步将商业信用融资细分为应付账款、应付票据和预收账款，通过对具有不同性质和风险的商业信用融资方式效率的差异化分析，深入探讨了特定商业信用融资的影响。此种做法弥补了已有研究仅仅采用应付账款作为商业信用融资替代的缺陷，保证了研究结论的准确性，并使研究内容进入精细化阶段。

（3）研究思路创新

本书所设计的研究思路可简要概括为：正规金融市场上的信贷配给和所有制歧视→民营企业商业信用融资的生成逻辑和体制动因→国有企业软预算约束和银行借款的财政补贴性质→体制内金融资源的外向漏损→商业信用和银行借款相对重要性分析→民营企业融资策略选择及其效果比较→

制度创新：提升民营企业融资能力的路径和措施。上述研究思路不仅使本书所确定的研究内容呈现出内在一致的层层递进关系，而且亦有着较为清晰的技术路线。

本书的内容框架和结构安排如图1-1所示。

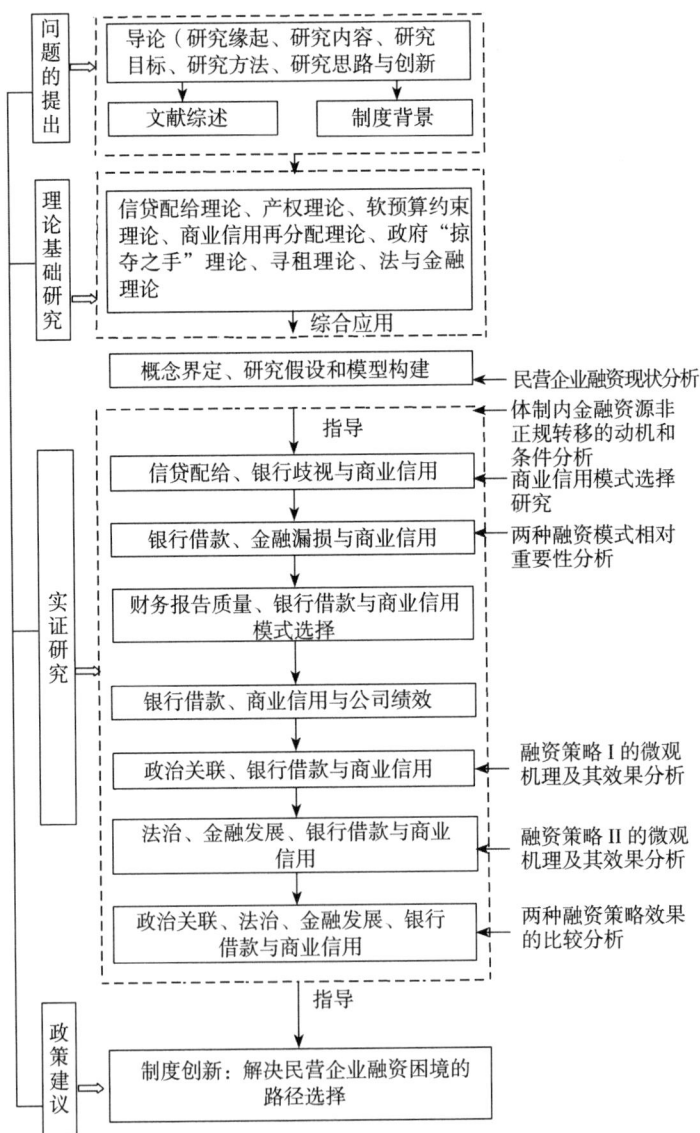

图1-1 本书的内容框架和结构安排

第 2 章

文献综述

按照本书导论部分所构建的研究框架，本章主要对与本书研究主题有关的国内外文献加以综述。作为本书以后各章节研究的理论基础，本章将在对现有文献梳理的基础上，从商业信用使用的动机，法律、金融发展与商业信用，商业信用、银行借款与公司绩效，政治关联与银行借款，制度环境与银行借款等方面对国内外研究现状及发展演变轨迹进行回顾，并简要加以述评，指出现有研究存在的不足和本书未来研究需要着重改进的地方，为后文结合我国经济转型期的制度背景探讨民营企业融资行为、体制内金融资源外向漏损、民营企业融资策略选择及其作用效果提供必要的理论依据和支撑。

2.1　与商业信用相关的研究

2.1.1　商业信用使用动机的研究

商业信用的使用具有悠久的历史。在中国，周代已出现赊买赊卖的借贷关系，产生了商业信用的萌芽。秦汉时期，随着商业活动规模的扩大，商业信用也明显增多，表现为商业信用对象种类增多、遍及地域比较广、交易方式有所规范（刘民权、徐忠和赵英涛，2004；张远为和严飞，2013）。而到了宋代，商业信用得到广泛发展（孙智英，2002），并形成了较为完善的信用体系。在欧洲，商业信用的使用可以追溯到中世纪。在集贸市场上，商人允许顾客先得到商品，然后在规定的期限内进行支付（Elliehausen和Wolken，1993；刘民权、徐忠和赵英涛，2004）。不过，按照授信的用途划分，上述商业信用都可归为消费信用。然而，随着经济和社会的进一步发展，尤其是在工业革命机器取代手工业之后，企业与企业之间的经济活动则变得更加频繁，彼此间以商品让渡的方式相互提供商业信用成为一种更为普遍的现象（刘民权、徐忠和赵英涛，2004）。由此商业信用便以一种盈利信用或投资信用的形式出现了。经过数百年的发展，目前商业信用已成为一种应用广泛的短期融资形式，是非金融性企业总负债的重要组成部分（刘民权、徐忠和赵英涛，2004；张远为和严飞，2013）。

22

　　一般来说，商业信用具有二重性，它既是借贷行为，也是买卖行为。即伴随着商业信用的发生，交易双方不但形成了买卖关系，同时也由于交易中的延期付款或预收账款而形成了借贷关系，这种借贷关系的实质是授信方与受信方之间的信用关系。而且，这种信用关系比较简单、直接，信用关系的双方都是工商企业或商品交换者。商业信用是社会再生产过程中一种内在的信用形式，它在市场经济中发挥着润滑生产和流通的作用。一方面，商品交易的卖方通过信用销售，可以扩大销售，提高市场占有率，降低库存成本，树立市场形象；另一方面，商品交易的买方借助商业信用的交易方式，可以增加购买力，繁荣市场，扩大内需（周蕊硕，2005）。大量研究表明，商业信用作为一种重要的融资方式，在各国企业间得到了普遍使用。

　　尽管商业信用产生历史悠久，并在企业中日益居于非常重要的地位，但经济学家对它进行系统的理论研究和探讨却仅仅肇始于20世纪60年代，源自于当时人们对货币政策有效性的质疑，发现企业间相互提供商业信用一定程度上削弱了货币政策的实施效果（Meltzer，1960；刘民权、徐忠和赵英涛，2004）。自此之后，商业信用的使用动机引起了学者广泛的关注，对该领域的研究日渐繁荣起来，并取得了极为丰硕的成果（刘民权、徐忠和赵英涛，2004；张远为和严飞，2013）。根据学者们已有的研究成果，理论上常见的解释商业信用存在及被企业广泛使用的动机有两个：一是经营性动机；二是融资性动机（刘民权、徐忠和赵英涛，2004；张远为和严飞，2013）。

（1）商业信用的经营性动机

商业信用的经营性动机指的是企业为降低成本、扩大销售或平滑市场波动，以实现近期利润最大化目标乃至远期经营目标，依据市场条件变化而做出的行为反应（刘民权、徐忠和赵英涛，2004）。商业信用的经营性动机具体包括：降低交易费用、价格歧视、质量担保、市场竞争和避税等动机。

①降低交易费用动机。商业信用的存在能够有效地降低企业日常经营中的交易费用。由于交易的不确定性，因此，在资产不易变现或变现成本很高的情况下，买方为了使交易能够顺利完成，必须在一个完整的周期内始终持有足额的现金，即预防性资金。这自然会增加买方企业的现金管理成本和财务负担。商业信用的使用使得经济交易中的商品交换与货币交换在时间上相分离——货币交换可以在商品交换完成之后的一段时间内进行，或者在某些固定时间或期间内对发生的所有交易进行集中结算。因此，买方在商业信用使用过程中获得了准确的付款时间并减少了结算次数，从而能够减少对预防性资金的需求并能更加有效地管理资金，节省交易费用。同样，卖方企业由于获得了货款回流的准确时间，也有利于对自身资金进行管理及合理安排预防性资金，减少经营费用（Schwartz，1974；Ferris，1981；Cunat，2007）。Emery（1984）认为，当企业有短期流动性资金时，通过提供商业信用的方式管理这些资金，既可以在急需资金时通过出售这些应收账款来满足流动性的需要，同时，与持有活期存款或短期有价证券相比，又可以获得更高的收益（张远为和严飞，2013）。

②价格歧视动机。经济学理论对生产企业的一个合理假设是利润最大化，在企业的定价决策中，它反映为企业试图通过制定歧视性价格，获取最大化的利润。然而，在现实经济中，直接实行价格歧视多被法律所禁止。商业信用的存在能够绕过这些法律的限制，允许卖方对具有不同信誉的客户实施价格歧视以获得超额利润（刘民权、徐忠和赵英涛，2004）。

Brennan、Maksimovic 和 Zechner（1988）借助模型对企业利用商业信用实施价格歧视的动机进行了解释。其模型假设不同的买者对同样的商品有着不同的保留价格，并且卖者对不同买者的保留价格非常清楚。但是，由于法律禁止卖者向不同的买者收取不同的价格以实行价格歧视，卖者可以利用商业信用差别化策略来绕开法律的限制。这样，从表面上看，卖者向所有购买企业商品的买者收取了相同的价格，但是，对保留价格低的买者，通过向他们提供商业信用，允许他们延期支付，给予其一定的补贴（等同于降价）；对保留价格较高的买者，则要求他们用现金进行支付，从而达到实行价格歧视和扩大交易、增加利润的效果（Petersen 和 Rajan，1997；Pike、Cheng、Cravens 和 Lamminmaki，2005；张远为和严飞，2013）。

③质量担保动机。商业信用可在客户无法观察到产品特征时为产品质量提供担保（Long、Malitz 和 Ravid，1993；Lee 和 Stowe，1993；Wei 和 Zee，1997；Emery 和 Nayar，1998；Deloof 和 Jegers，1999；Bastos 和 Pindado，2007）。一般来说，有关产品质量的信息在企业和客户之间是不对称的。信息不对称会导致企业逆向选择行为，如企业对产品质量不敢保证时会提高货款现期支付的折扣率，诱导客户现期支付以转移质量风险（Lee 和 Stowe，1993）。提高现期支付的折扣率相当于降低了价格，低价格会导致企业进一步降低质量以节省成本，这会改变消费者自身对产品质量的预期，要求进一步降低价格，以至于恶性循环，使交易最终消失。商业信用的存在可以克服由于信息不对称而导致的逆向选择问题，它给予客户一种担保机制，若在交易之后的一段时间内产品质量出现问题，或者企业没有履行所做出的服务承诺，客户可以拒绝支付货款。因而，提供商业信用也可以被看作企业对产品质量自信的表现，它通过提供商业信用向客户传递了对产品质量自信的信号。这种机制能够有效地克服企业的逆向选择行为和机会主义行为（刘民权、徐忠和赵英涛，2004）。Ng、Smith 和 Smith（1999）研究发现，商业信用的期限和折扣条款是解决产品质量、买方信用等信息不对称问题的有效手段。信息不对称从两个方面影响商业信用的期限和折扣条款。首先，缺乏声誉的卖方可以通过延长货款的支付时间来保证产品质量。其次，买方还款时间和利用折扣的情况可以揭示买

方的信用状况。卖方会对不同类型的买方提供期限不同、折扣不同的商业信用。对于信用状况良好的企业，卖方所提供的商业信用折扣和使用成本较低；而对于信用状况一般的企业，卖方所提供的商业信用折扣和使用成本较高。因此，商业信用更像是一种监督条款，卖方据此来了解买方违约的风险（余明桂、罗娟和汪忻好，2010）。

④市场竞争动机。市场竞争动机认为，商业信用可以作为企业锁定客户、赢得市场竞争的重要策略（Soufani，2002；Fisman 和 Raturi，2004；Neeltje，2004；Van Horen，2005；Fabbri 和 Klapper，2008；Giannetti、Burkart 和 Ellingsen，2011）。当供应商面对的同行业竞争者较多时，客户能够很容易找到替代性的供应商。在这种情况下，客户能够施加可置信的威胁转移到其他供应商。因此，为了避免失去客户，供应商愿意提供商业信用来锁定客户（余明桂和潘红波，2010），避免客户转向同行业竞争对手，并与客户建立长期关系（Summers 和 Wilson，2002）。Schwartz（1974）指出，商业信用条款以及条款的保障执行措施是产品有效价格的组成部分，当市场竞争激烈时，企业可以通过提供优惠的商业信用（等同于降价）而从竞争中胜出，所以可以用来实现营销的目的。Emery（1987）证实，商业信用的使用还可以减缓商品需求的季节性差异。当市场需求减少时，企业通过修改信用条款（类似于降价）来扩大商业信用的供给以刺激需求；而当市场需求旺盛时，企业则通过修改信用条款（类似于涨价）来紧缩商业信用的供给以抑制需求，从而减小需求的季节性波动幅度。同时，企业也可以利用商业信用的差别化以维护优良客户，优化企业与客户之间的关系，增强其忠诚度，从而保持市场的稳定（Schwartz 和 Whitcomb，1978；Summers 和 Wilson，1999；刘民权、徐忠和赵英涛，2004）。

⑤避税动机。Brick 和 Fung（1984）认为，合理避税也是企业使用商业信用的一大动机。其通过模型分析发现，商业信用的使用方向（买方使用或者卖方使用）取决于买卖双方的边际税率。边际税率较高的一方可以灵活使用商业信用，以将应税款项转移到边际税率较低的一方（既可以是买方，也可以是卖方），在课税时点上降低应税款项，从而达到合理避税的目的（刘民权、徐忠和赵英涛，2004）。

（2）商业信用的融资性动机

在企业短期资金来源中，商业信用占很大比重。关于商业信用的融资性动机，有几个令人困惑的问题需要得到解释。在很多时候，当企业对外提供商业信用时，其收取的显性利率为零。第一个困惑是：企业并不是专门的金融中介机构，其竞争优势不在提供信用上，然而它为什么愿意扮演金融中介的角色来提供信用呢？事实上，商业信用并非像想象的那样成本比较低。通常，企业取得的商业信用条款中隐含的利率要比银行借款的利率高许多。即便如此，商业信用的存在仍然令人困惑。如果银行作为专业的贷款机构是更有效率的，企业的客户可以先从银行取得贷款，然后再以现金方式向企业进行支付。从而引出第二个困惑：为什么银行不愿意向这些客户提供贷款，进入这个潜在的有利可图的市场呢？换句话说，如何解释商业信用与银行借款的共同存在呢（张远为和严飞，2013）？

商业信用的融资性动机指的是从资金需求和供给的视角，探讨在银行等专业金融机构存在的条件下，企业使用商业信用的原因，主要有融资优势理论和信贷配给理论。融资性需求已成为企业商业信用总需求的重要组成部分（刘民权、徐忠和赵英涛，2004）。一般而言，企业提供商业信用通常出于经营性动机，而获得商业信用则源于融资性动机（毛道维和张良，2007）。而且，与经营性动机相比，融资性动机可以更好地揭示企业在正规金融市场上面临信贷配给和所有制歧视时使用商业信用的原因。

①融资优势理论。与银行等专业金融机构相比，供应商在信息收集、控制买方和违约时从现有资产中挽回损失等方面具有一定的优势，因而更愿意向其他资金短缺的企业提供融资性商业信用（Mian 和 Smith，1992；Petersen 和 Rajan，1997；McMillan 和 Woodruff，1999；Ng、Smith 和 Smith，1999；Burkart 和 Ellingsen，2004；Fabbri 和 Menichini，2010；Giannetti、Burkart 和 Ellingsen，2011）。Smith（1987）认为，卖方较银行有信息获取优势和财产挽回优势。一是卖方较银行在搜集买方信息方面有成本优势；二是通过比较各个买方的经营情况，卖方能够很容易地识别陷入财务困境的买方；三是原材料对于卖方来说抵押价值更大，因此卖方较银行更具有财产清算优势。Biais 和 Gollier（1997）指出，卖方可以在正常的业务往来中了解买方真实的经营状况。在买方信用信息不透明的情况下，

卖方通过观察买方使用商业信用的周期和折扣等情况，可以监督买方。如果买方未能在商业信用折扣期内还款，可能意味着其信用状况的恶化，需要卖方进一步观察并采取措施，以免遭受损失。而银行由于对行业状况知之甚少并过度依赖会计信息，在获得企业真实经营和信用信息等方面处于劣势。因此，卖方依靠其信息优势提供商业信用给买方较银行提供贷款更有利。Tsuruta（2002）通过对日本中小企业的研究发现，如果银行贷款利率过高，企业会使用更多的商业信用。因此，商业信用的存在消除了银行的信息垄断，卖方根据自己获得的信息判断企业的信用状况（余明桂、罗娟和汪忻好，2010）。Frank 和 Maksimovic（2004）证实，尽管买卖双方在信贷市场上的融资均面临逆向选择问题，但违约时由于卖方在重新拥有和清算产品等方面通常比银行能收回更多的价值，因此，对银行来说，先提供资金给卖方，再由卖方以商业信用的形式转贷给买方，可能更为有效。

Petersen 和 Rajan（1997）对商业信用的融资优势作了较为全面的总结：第一，信息获取优势。首先，由于经常性的业务往来，卖方比银行更了解受信企业的经营状况，能够及时调整其信用策略。其次，卖方可以从受信企业货物订单的规模和时机中获取其经营状况的信息。银行等金融机构同样可以收集这方面的信息，但是卖方可以在正常的经营活动中以更低的成本和更快的速度得到。第二，控制买方优势。企业选择原材料的供应来源是理性的——或者因为原材料的不可替代性，或者因为原材料供应来源的成本较低。因此，有理由相信企业选择的供货来源是最优的，更换原材料的供应商必须花费高昂的信息收集、处理和重新订约等成本。当受信企业的经营和信用状况恶化导致其偿还货款的可能性降低时，卖方企业可以停止原材料供应来促使受信企业还款，特别是受信企业的订单对于商业信用提供者来说比重不大时，这种约束作用尤为明显。相反，银行对于借款者的控制力却非常有限。第三，财产挽回优势。一旦客户出现违约，卖方企业可以索回供应的原材料。与银行相比，由于卖方拥有已经建立起来的销售渠道，索回原材料再次销售的成本比较低。提供的原材料越是耐用，对于卖方来说抵押担保越充分，商业信用的供给就越多。

②信贷配给理论。现代经济社会中的企业仅仅依靠内部积累是难以满足全部资金需求的。当内部资金不能满足需求时，企业就必须选择外部融

资。与内部融资不同，外部资金的提供者并不亲自参加企业的日常经营管理活动。由此，资金的使用者与提供者之间信息的不对称就带来一个激励问题。资金的使用者在企业经营状况方面通常比资金的提供者拥有更多的信息，因此，有动机利用这种信息优势在事先谈判、合同签订或事后资金使用过程中损害资金提供者的利益，使资金提供者承担过多的风险，即产生所谓的逆向选择和道德风险问题，而逆向选择和道德风险使资金提供者（银行）常常对企业进行信贷配给。信贷配给理论认为，中小企业以使用商业信用作为银行借款的替代性融资来源，能够有效缓解正规金融市场信贷配给造成的资金短缺。Biais 和 Gollier（1997）指出，商业信用可以整合卖方和银行各自拥有的信息，从而减少因信息不对称造成的信贷配给。由于信息不对称和"坏企业"的存在，当银行无法区分"好企业"和"坏企业"时，会对包括"好企业"在内的所有企业的贷款实行信贷配给。在存在商业信用的情况下，由于供应商（卖方企业）通常拥有买方企业（借款者）经营和信用状况的私人信息，银行将根据自己所掌握的信息和供应商提供的商业信用决定是否发放贷款，此时商业信用起到了一个向银行传递私人信息的作用，从而减少了信息不对称给"好企业"造成的信贷配给。另外，卖方也将根据自己拥有的信息和银行是否提供贷款来决定是否提供商业信用给买方。商业信用有助于缓解逆向选择问题，使得在金融市场上面临严重逆向选择的企业仍能够间接从银行获得贷款。Jain（2001）通过模型证实，卖方在银行和买方之间充当金融中介的角色有助于缓解银行对企业实施的信贷配给。卖方能够在日常经营活动中以相对较低的成本获取买方关于收益方面的信息，而银行收集相关信息的成本通常较高，可见，卖方比银行在收集买方关于收益方面的信息上具有比较优势。因此，银行先提供资金给卖方，由卖方以商业信用的形式再转贷给买方可能更有利。

在经验研究上，Meltzer（1960）是最早发现商业信用和银行借款之间存在替代关系的学者。他指出，信贷配给有利于大企业的推论是不成立的。由于银行借款并不是唯一可供中小企业使用的资金来源。在货币紧缩期间，现金较为丰富的大企业通过增加应收账款规模和次数并延长应收账款的回收时间为借贷困难的中小企业提供资金支持。因此，商业信用的存在稀释了货币政策的效果。Petersen 和 Rajan（1997）基于美国中小企业的数据研究发现，当金融机构的贷款变得不可获得时，企业会使用更多的商业信用作为替代。而易于获得银行贷款的企业则对外提供了较多的商业信用。Nilsen（2002）的研究结果显示，在货币紧缩阶段，最可能遭受信贷配给的中小企业通过从供应商处借入更多的款项做出反应。Danielson 和 Scott（2004）使用 1995 年企业层面的调查数据，检验了银行贷款的可获得性对小企业商业信用和信用卡需求的影响。研究证实，当银行贷款难以获得时，企业增加了对潜在成本更高的资金来源——商业信用或信用卡的使用。Atanasova 和 Wilson（2004），Mateut、Bougheas 和 Mizen（2006），以及 Guariglia 和 Mateut（2006）等通过对英国中小企业的研究也得出了相同的结论。

2.1.2　法律、金融发展与商业信用

Breig（1994）研究发现，在银企关系比较紧密的德国，企业较少使用商业信用，而在金融市场不发达且银企关系较松散的法国，企业会更多地使用商业信用。Demirguc-Kunt 和 Maksimovic（2002）通过对 39 个国家或地区的企业层面的数据的研究，发现商业信用的使用与一国或一个地区的法律体系的效率和信贷资金市场化配置的程度显著相关。法律体系效率高的国家或地区的企业会使用更多的银行贷款，而法律体系效率低的国家或地区的企业则会使用较高比例的商业信用，且在金融部门较发达的国家或地区里，企业在向客户提供了更多商业信用的同时，亦从其他企业获得了更多的商业信用。Fisman 和 Love（2003）认为，企业对商业信用的依赖与一国或一个地区无效的金融体系有关。在金融市场欠发达的国家或地区，企业会使用更多的商业信用（商业信用形式的隐性借款为企业提供了一种可替代的融资来源），而在金融发展水平较高的国家或地区则相反。

2.1.3　商业信用、银行借款与公司绩效

Ayyagari、Demirguc-Kunt 和 Maksimovic（2010）以 2002 年中国 2 400 家企业层面的调查数据为样本，从经验上研究了融资模式与企业成长之间的关系。研究发现，拥有银行借款的企业的成长速度和再投资率均高于类

似的没有银行借款的企业，没有证据表明其他融资来源（含商业信用）对企业成长具有正面效应。Du、Lu和Tao（2008）使用世界银行关于中国企业的数据，系统地比较和分析了银行借款和商业信用在提升企业经营绩效中的相对重要性。研究发现，获得银行贷款能够显著改善企业的经营绩效和成长。相反，只有微弱的证据表明，商业信用对企业成长和再投资具有显著的促进作用。Fisman（2001）基于非洲五国制造业企业的问卷调查数据，构建了以生产能力使用率为因变量、商业信用为测试变量、企业特征为控制变量的回归模型，系统考察了商业信用对企业生产效率的影响，发现商业信用能够显著地提高生产效率（敏感性约为 10 %）。Yano 和 Shiraishi（2011）以中国农村企业的调查数据为样本，发现商业信用金融中介化的效率高于银行借款。Guariglia 和 Mateut（2006）基于 609 家英国制造业上市公司 1980—2000 年的数据，采用误差修正形式的库存模型，分析了商业信用对库存投资的影响。研究结果表明，商业信用对库存投资和融资约束具有重要的促进作用和缓解作用。

2.1.4 国内学者的研究

Brandt 和 Li（2003）以江苏和浙江的乡镇企业和私有（化）企业的调查数据为样本，从经验上研究了银行对私人企业的歧视程度、来源和后果。在控制了遗漏变量偏误和内生性问题后，研究发现，私有（化）企业在银行信贷方面面临所有制歧视，出于发展需要，不得不求助于成本更高的商业信用。

林毅夫和孙希芳（2005）通过一个包括异质的中小企业借款者和异质的贷款者（具有不同信息结构的非正规金融和正规金融部门）的金融市场模型，证明了非正规金融的存在能够改进整个信贷市场的资金配置效率。

李斌和江伟（2006）以我国上市公司为样本，通过各地区金融发展对企业商业信用的影响来考察金融中介与商业信用在我国企业融资中的关系。研究结果表明，金融中介与商业信用在我国企业的融资中呈现一种相互补充的关系，且此种互补效应在小公司的融资中要明显高于大公司。

谭伟强（2006）利用我国上市公司 2000—2004 年的数据，从融资动机的视角检验了商业信用的决定因素。研究发现，企业获得的商业信用与其规模、财务杠杆、销售增长率以及国有股比例显著正相关，而与短期借款和毛利率负相关。上述结果表明，在我国目前所处的融资环境下，商业信用已成为企业的重要融资手段。与银行借款相比，商业信用具有一定的融资比较优势，作为提供商业信用的企业，对客户的经营状况等信息的了解更有效。

Ge 和 Qiu（2007）使用 2000 年对中国 442 家企业的调查数据，研究了金融发展和银行歧视对企业商业信用融资的影响。研究发现，与国有企业相比，非国有企业使用了更多的商业信用。进一步研究发现，非国有企业更多的商业信用使用主要出于融资而非交易性目的。上述结果表明，在正规金融部门发展相对落后的国家，企业可以通过主要依赖隐性契约关系的非正规融资渠道支持其成长。

毛道维和张良（2007）通过对中国上市公司中"石油－化纤－纺织"产业价值链的实证研究发现，融资性动机是中国企业利用商业信用的主要动机；在产业价值链上，合作比竞争对企业商业信用的影响更大；竞争主导型企业的商业信用链主要以"三角债"方式相联结，合作主导型企业主要以"义务性互惠"方式相联结。

龚柳元和毛道维（2007）选取 2004 年中国 1 260 家上市公司为样本，实证检验了商业信用在产业价值链竞争与合作中的作用。研究发现，企业的商业信用特征能够体现其产业价值链上的竞争地位；企业确实把商业信用作为获取竞争优势的一个手段，但商业信用能否为企业获取竞争优势取决于企业经营管理水平，最终会体现为"净商业周期"的长短。

张杰、经朝明和刘东（2007）基于商业信用与关系型贷款理论对中国小企业的融资渠道及信贷约束的成因进行了研究。研究结果显示，作为利用银企间长期合作关系所产生"软信息"的"关系型借贷"在中国银行机构中并未得到有效使用。相比发达国家而言，商业信用由于社会信用体系的整体缺位，其作用受到严重阻滞，这是形成中国小企业信用约束与融资困境的主因，而且表现出"期限错配"和相互拖欠性质，构成宏观经济波动的一个微观基础因素；以固定资产为抵押担保的银行贷款要求加剧了小企业融资困境，构建以存货和应收款等动产抵押担保的金融体系，是解决中国现阶段小企业信贷约束的现实选择。

王彦超和林斌（2008）以沪深证券交易所1999—2005年上市公司为样本，研究了以银行贷款为主的金融资源和以商业信用为主的非正规金融之间的资金效率问题。结果发现，对于难以获得银行贷款的企业，确实在通过商业信用来缓解融资约束，两种融资渠道存在替代性关系；以国有银行为主的正规金融中介的资金效率，显著低于以商业信用为代表的非正规金融的资金效率。

石晓军和李杰（2009）利用沪深两市1998—2006年上市公司5 354个样本观测数据，研究了商业信用和银行借款之间的关系及二者随宏观经济周期变化的规律。研究发现，商业信用和银行借款之间存在明显的替代关系（总体平均替代率约为17%）；相关性检验认为，替代系数与同步宏观经济指标GDP之间具有反周期性的特征。

杨勇、黄曼丽和宋敏（2009）通过对1995—2000年上市公司CEO更换的研究，比较分析了银行贷款和商业信用的公司治理效率。研究结果显示，在经营业绩为负的公司中，银行贷款与强制性CEO更换存在负向关系，而商业信用融资与强制性CEO更换存在正向关系；而在盈利能力一般的公司中，商业信用融资与强制性CEO更换仍为正向关系，但银行贷款与强制性CEO更换却不存在明显的关系。以上结果表明，商业信用融资在强制性CEO更换中起到了积极的作用，改善了上市公司的公司治理，而银行贷款却没有起到相应的作用，甚至有负面的作用。

王鲁平和毛伟平（2009）运用中国300家制造业上市公司1999—2005年的平行面板数据，实证检验了银行借款、商业信用与公司投资之间的关系。研究结果表明，银行借款与商业信用均与企业投资支出负相关，但在显著性上，商业信用与企业投资支出的负相关性要弱于银行借款。在引入投资机会集与负债比率的交乘项并细分样本之后发现，相对于低成长的公司，高成长公司中商业信用与投资支出的负相关程度更强，而银行借款与投资支出的负相关程度在高低成长公司中差异不显著。

刘凤委、李琳和薛云奎（2009）选取1999 —2003年沪深证券交易所A股上市公司，以我国各省的信任调查数据为基础，研究了信任这一非正式制度对企业交易成本和商业信用模式选择的影响。研究发现，地区间信任差异将导致企业的签约形式显著不同，商业信用模式存在较大差异。地区间信任度越低，该地区企业的签约成本越高，具体表现为：企业较多地采用预付账款和应付票据等成本较高的商业信用模式，且相应的销售费用和折扣支出也较多。与以往文献关注法律等正式制度安排的差异不同，该文不仅验证了转轨经济环境下信任等非正式制度的重要性，同时还为"地区"与"个体"间信任的传递特征提供了经验证据，从而有助于深入理解我国现阶段企业交易行为和"地区"与"个体"间的信任关系。

王喜（2009）基于2004—2008年中国制造业上市公司数据，分析了市场竞争和银行贷款对公司商业信用的影响。研究结果显示，市场竞争和应收账款正相关，与应付账款负相关；随着银行贷款的增加，企业的应收和应付账款都有所增加。

石晓军和张顺明（2010）以我国1999—2006年176家上市公司的数据为样本，采用随机前沿模型"一阶段"方法，考察了商业信用对融资约束的缓解作用，并采用Malmquist DEA方法进行了效率的计量和分解。研究结果表明，融资约束对规模效率的影响最大。该文作者认为，商业信用通过缓解融资约束促进规模效率的提高；通过资源配置机制实现比银行借款更大的规模效率。

肖金桂和杨亦民（2010）运用2005—2007年105家中小上市企业的面板数据，对银行借款、商业信用与投资行为之间的关系进行了实证检验。研究结果表明，银行借款与企业的投资支出显著正相关；商业信用与企业的投资支出显著负相关。进一步分类研究发现，高融资约束企业，银行借款与投资支出的正相关关系进一步提高；而低融资约束企业，商业信用与投资支出的负相关关系有所下降。可见，银行借款是我国中小企业获取外部资金来源的重要渠道，健全的信用制度是克服中小企业融资瓶颈的重要举措。

余明桂和潘红波（2010）以2004—2007年中国工业企业数据库为样本，研究了商业信用的竞争假说。研究结果显示，由于私有企业面临的市场竞争压力大于国有企业，私有企业比国有企业更多地以商业信用作为产品市场竞争手段。进一步研究发现，上述效应主要发生在金融发展较好的地区，而在金融发展较差的地区，私有企业与国有企业的商业信用竞争并没有显著差异。在金融发展较好（较差）的地区，私有企业易于（难以）

在市场化的条件下获得银行借款，进而有较多（较少）的资金来源用于提供商业信用。

陈运森和王玉涛（2010）以应付账款、应付票据和预付账款等商业信用模式的不同选择来衡量交易成本的大小，研究了独立审计在企业与供应商合约关系中节约交易成本的作用。研究结果表明，审计质量越高，交易双方更容易形成信任关系，从而更倾向于采用交易成本较低的商业信用模式；当宏观签约环境更好时，审计质量对减少交易成本的作用更大。这意味着审计不仅可以降低股东、债权人与公司之间的代理成本，在降低购销双方之间交易成本的过程中也发挥着重要作用。

晏艳阳和蒋恒波（2011）以"人民银行企业信贷登记系统建立与否"为制度变量，选取企业应收账款、应付账款、银行借款、利润率等指标，运用面板回归及固定效应模型系统地考察了信用制度变迁、商业信用与企业绩效之间的关系。研究发现，我国信用制度的完善对商业信用的发展与企业绩效的提升存在显著正向的影响。

胡海青、崔杰和张道宏（2011）运用面板数据方法对关中—天水经济区和珠江三角洲经济区的中小企业商业信用融资使用情况作了比较分析，发现中小企业商业信用融资使用水平具有区域差异性，并进一步分析了造成差异的原因及影响程度。文章认为，中小企业商业信用融资受到环境、组织和个人三个层面因素的影响，在不同的地区，这些影响因素具有不同的表现。商业信用融资的发展为解决我国中小企业融资问题提供了新的方向。

陆正飞和杨德明（2011）利用我国沪深证券交易所 1997—2008 年 A 股上市公司的数据，对商业信用产生的原因进行了研究。研究发现，商业信用的存在与货币政策有关。在货币政策宽松期，商业信用的大量存在符合买方市场理论；在货币政策紧缩期，替代性融资理论则可以解释我国资本市场商业信用的大量存在。进一步研究发现，拥有超额商业信用的公司市场价值更高；尤其是在货币政策宽松期，超额商业信用对公司价值正面影响更大。

刘仁伍和盛文军（2011）利用 2003—2007 年国家统计局的工业企业统计数据，检验了商业信用对银行信用的补充作用。研究发现，现行银行信贷体系对于不同类型的非国有企业仍存在一定程度的信贷歧视,商业信用机制对于银行信贷体系具有显著的补充作用。该文的研究为理解中国间接融资体系以及解决中小企业融资困难,提供了经验证据和解决思路。

谢诗蕾(2011)以沪深证券交易所 2007—2009 年 A 股制造业上市公司的数据为样本,从商业信用再分配观的视角考察了我国企业提供商业信用的动机。在控制了规模、成立时间、行业竞争性等因素后,研究发现,银行短期借款越多的公司提供了更多的商业信用,支持了商业信用的"再分配"观。研究结论还表明,利用银行借款提供商业信用再分配的现象只在非国有上市公司中存在,盈利状况较差的非国有上市公司在银行借款的基础上提供了更多的商业信用。

张杰、芦哲、郑文平和陈志远(2012)利用大样本微观企业数据,考察了经济转型背景下融资约束对中国企业研发投入的影响,识别了企业研发投入的融资渠道及存在的问题。研究发现,融资约束对民营企业研发投入造成了显著抑制效应;企业研发投入的融资渠道主要来源于自身现金流、注册资本增加及商业信用,而银行借款对企业研发投入有负面影响。不同融资约束、规模、年龄以及是否出口对企业研发投入的融资渠道影响存在显著差异。国有企业研发投入依靠现金流、注册资本以及银行贷款,而民营企业则依赖现金流、注册资本和商业信用。对于那些能够获得政府补贴的私人性质的民营企业来说,与政府建立联系可以帮助企业获得银行贷款并将其作为研发投入来源。上述结果说明,中国现阶段金融市场化改革并未有效缓解金融体制对民营企业发展的抑制效应。

魏锋、饶伟和梁超(2012)利用中国上市公司 1997—2007 年的面板数据,研究了地区法制环境对企业商业信用的非对称影响。在通过采用工具变量的两阶段最小二乘法(2SLS)来控制内生性造成的估计误差后,研究发现,法制环境对衡量商业信用的指标具有非对称影响,主要体现在两个方面:一方面,地区的法制环境发展对于衡量商业信用提供量与接受量的应收、应付账款具有非对称的影响。另一方面,法制环境发展对传统挂账形式与票据形式的商业信用具有非对称的影响。在短期内,法制环境发展对票据市场具有消极影响;但长期来看,地区法制的完善对于信用市场发展具有促进作用。

张新民、王珏和祝继高（2012）以我国沪深证券交易所 A 股上市公司 2004—2010 年的数据为样本，检验了市场地位对企业商业信用融资和银行借款的可获得性及二者"替代关系"的影响。研究结果显示，商业信用和银行借款都会向市场地位高的企业集中。进一步研究还发现，企业商业信用融资和银行借款融资的"替代关系"在市场地位高的企业中更为显著，即市场地位高的企业同时可以获得来自商业信用和银行借款的融资；而二者的"替代关系"在市场地位低的企业中相对较低甚至不存在，由此凸显出市场地位低的中、小企业融资困境。该文为我国亟待发展的"草根金融"及中小企业融资环境的改善提供了企业微观层面的实证支持。

应千伟和蒋天骄（2012）利用中国上市公司 1998—2009 年的数据研究发现，企业的市场竞争力和国有股权对企业获取商业信用融资具有显著的正面影响，且两种影响力之间存在替代关系。在市场化程度较低的地区，市场竞争力对企业获得商业信用的作用相对较小，而国有股权的作用相对较大。研究结论说明，国有股权对获取商业信用融资有隐性担保功能。可见，要从根本上解决民营企业融资难和所有制歧视问题，不能简单依赖商业信用融资的替代作用，而必须进一步弱化政府对经济和金融领域的干预。

刘小鲁（2012）以中国工业企业 2004—2007 年微观数据为样本，对我国商业信用的资源配置效应以及恶意拖欠基础上的强制性信用特征进行了研究。研究结果表明，在我国，获取更多银行借款的企业（包括国有企业）不仅未能提供更多的商业信用，反而获取了更多的商业信用，而市场势力的存在可能是导致这一配置结果的扭曲性因素；拥有更多应收账款的企业倾向于扩大应付账款规模，从而使企业间债务关系呈现出较强的"三角债"趋势。此外，与出口企业相比，产品内销企业在商业信用的供给中面临着更多的坏账损失风险，显示出我国商业信用的产生具有显著的恶意拖欠特征与违约风险。其存在不仅未能改善资源配置效率，反而进一步增大了市场的交易费用和运行风险。

黄珺和黄妮（2012）针对近年来我国房地产市场过热问题，以 2006—2010 年房地产上市公司为研究样本，对房地产企业是否存在过度投资开发行为，以及政府紧缩信贷的宏观调控政策能否更好地发挥作用进行了研究。研究结果显示，房地产开发企业存在利用自由现金流量进行过度投资的行为。进一步通过对债务融资与过度投资之间关系进行实证分析发现，债务融资总体上对房地产企业过度投资行为具有抑制作用，其中银行借款不能抑制其过度投资行为，反而与过度投资呈现出正相关关系；商业信用能有效抑制其过度投资行为。

郑军、林钟高和彭琳（2013）基于中国制造业上市公司 2003—2009 年的数据，考察了在地区市场化进程不同的情况下，企业相对于主要供应商/客户的谈判能力对企业商业信用行为的影响。研究发现，企业的供应商和客户集中度越高，相对谈判能力越低，更可能提供商业信用。进一步研究发现，在市场化进程较低地区，公司相对于主要客户的谈判能力更弱，更有动机提供商业信用，而公司相对于主要供应商的谈判能力增强，更可能获取商业信用。

郑军、林钟高和彭琳（2013）使用中国上市公司 2007—2011 年的数据，从货币政策变更的视角考察了内部控制质量对企业商业信用融资的影响。研究结果显示，相对于内部控制质量较低的企业而言，内部控制质量较高的企业能获得更多的商业信用融资；在货币政策紧缩时期，尽管企业获得的商业信用融资显著下降，但内部控制质量较高的公司却能获得更多的商业信用融资。

江伟和曾业勤（2013）以中国工业企业 1998—2007 年的数据为样本，系统考察了企业提供的商业信用净额的信号传递作用。研究结果显示，企业提供的商业信用净额越多，其获得的银行贷款亦越多，而且在民营企业以及在金融发展水平较高的地区，企业提供商业信用的信号传递作用要更强。进一步研究发现，在民营企业以及在金融发展水平较高的地区，企业也会提供更多的商业信用净额。

曹向和匡小平（2013）基于上市公司 2005—2009 年的样本，研究了制度环境对商业信用融资的有效性。研究发现，市场化程度越高，企业获得的商业信用融资越多，并且商业信用融资显著提高了企业的经营绩效和市场绩效；国有企业获得的商业信用融资更多，但并没有因此提高企业的经营绩效和市场绩效，民营企业获得的商业信用融资更少，但是商业信用融资显著提高了企业的经营绩效和市场绩效。进一步研究发现，市场化程度的提高可以纠正由于产权约束而导致的商业信用融资低效率配置。实证结果表明，市场化改革可以缓解企业融资约束，实现商业信用融资的有效配置。

胡泽、夏新平和余明桂（2013）基于我国 A 股上市公司 2005—2011 年的数据，从全球金融危机的视角研究了资产的流动性、地区金融发展水平对企业商业信用供给下降的缓冲作用。研究发现，良好的流动性能缓冲金融危机造成的企业商业信用供给下降，而且民营企业对流动性的缓冲作用依赖更强。进一步研究表明，在金融发展程度高的地区，企业对流动性缓冲作用的依赖会减小，并且民营企业对流动性的缓冲作用依赖更强的状况也得到了改善。上述结果说明，金融发展能减小企业特别是民营企业的融资约束，从而替代流动性的缓冲作用。

徐虹、林钟高、余婷和何亚伟（2013）以沪深 A 股上市公司 2009—2010 年的数据为样本，实证检验了内部控制有效性、会计稳健性对企业商业信用模式的影响。研究发现，企业内部控制有效性越高，会计稳健性程度越高；内部控制有效性的提高和会计稳健性的增强，有助于降低企业与供应商之间的交易成本，从而在交易合约中更容易获得交易成本较低的商业信用模式。进一步研究还发现，随着上市公司会计稳健性的提高，内部控制有效性对于降低交易成本的作用显著下降，内部控制与会计稳健性之间存在一定的替代效应。

张勇（2013）基于信任的视角考察了审计意见对企业间商业信用融资的影响。研究发现，企业被出具非标准审计意见后，下年度商业信用融资水平显著下降；国有产权性质显著削弱了非标准审计意见对企业商业信用融资的负面影响，二者具有替代关系。在被注册会计师出具非标准审计意见后，国有企业的下年度商业信用融资水平没有显著下降，而非国有企业则显著下降，且对于所在地区生产者合法权益保护水平较低、行业内市场地位较低的非国有企业，这种负相关关系更为显著。研究结论表明，供应商在制定商业信用政策时关注了企业被出具的审计意见，而其他类型信任机制则会影响独立审计功能的效率发挥。

张良（2013）利用中国上市公司 1991—2011 年的面板数据，实证检验了货币政策对商业信用使用动机的影响以及不同商业信用对企业价值的作用差异。研究结果表明，货币政策紧缩期，商业信用的融资动机增加、经营动机减少。货币政策宽松期，经营动机增加、融资动机减少。进一步研究发现，常规商业信用并不带来企业价值增长，它不受货币政策影响，与企业价值始终负相关。超额商业信用的作用则因货币政策而异，货币政策紧缩期增加企业价值、宽松期降低企业价值。

应千伟（2013）利用中国 A 股上市公司数据，对商业信用融资在企业经营和成长中作用进行了研究。研究发现，商业信用融资对企业成长有显著的正面影响，尤其是对于受融资约束企业和民营企业而言，商业信用融资对企业成长的促进作用更加明显。进一步研究还发现，当金融发展水平较低时，商业信用对企业成长，尤其是民营企业成长的作用相对较大。随着金融改革和市场化改革的深入，企业成长对商业信用融资的依赖将逐渐减弱。

王明虎和席彦群（2013）结合数理模型和实证研究，分析了不同企业规模下，融资路径不同对企业商业信用供给的影响。研究发现，我国中小企业在未达到一定规模之前，受市场竞争劣势影响，需要提供大量商业信用来维持市场生存和发展，而此时由于我国金融系统对中小企业的信贷歧视，获得银行信贷支持比较少，因此，需要大量的商业信用融资来支持商业信用提供。随着商业信用融资的增加，融资成本提高，最终导致商业信用提供力度逐步下降。当我国中小企业达到一定规模后，银行信贷支持逐步增强，企业可以用银行信用替代成本更高的商业信用融资，导致商业信用融资逐步下降，同时也使得企业提供商业信用的能力上升。

俞鸿琳（2013）以沪深两市民营上市公司 2006—2010 年的数据为样本，通过检验商业信用融资对企业成长的影响状况，以及关系网络是否有利于企业使用商业信用融资，发现使用商业信用融资能缓解融资约束、促进企业成长，上述效应对于存在融资需求的企业表现得更为突出。此外，不同层次的关系网络对企业使用商业信用融资的影响存在差异。其中，横向关系网络有助于企业使用商业信用融资，并对小企业的帮助程度最高。该文为我国民营企业为何能在缺乏正规金融支持的背景下成长提供了一种新的微观机理解释，并为转轨经济中非正式制度对非正规金融所发挥的支撑作用提供了新的经验证据。

王彦超（2014）基于中国独特的金融制度环境，识别并验证了金融抑制是如何影响并决定商业信用二次分配功能的。研究发现，商业信用的二次分配功能在金融抑制程度越高的地区表现越强，并随着金融改革发展而减弱。在国有企业和国家重点扶持的行业中，企业的商业信用二次分配功能更加显著。

张光利和韩剑雷（2014）基于替代融资理论，分析了金融发展对企业融资方式的影响。研究结果表明，随着金融发展水平的提高，企业过度负债的程度有所提高，采用超额商业信用的程度降低了。在金融发展水平低的地区，相比非国有企业，国有企业拥有较高的过度负债水平和较低的超额商业信用水平，但这种差异在金融发展水平高的地区并不显著。进一步研究发现，政治关联和银企关系影响了企业的商业信用融资能力和融资动机。

李林红（2014）选取中国制造业上市公司2003—2011年的数据，考察了商业信用对企业投资行为的作用。研究结果发现，商业信用显著缓解了企业的融资约束；国有上市公司受到的融资约束比民营上市公司小，但是随着商业信用规模的扩大，民营上市公司的融资约束得到明显的缓解。

孙浦阳、李飞跃和顾凌骏（2014）使用中国工业企业数据，实证检验了企业获得的商业信用能否成为企业有效的融资渠道这一问题。在考虑了中国正规金融市场存在的信贷配给和歧视等问题后，研究结果显示，中国企业能够利用商业信用作为融资渠道，而且，对于小企业、私营企业以及外部金融环境较差的企业，商业信用对其融资帮助更大。当正规部门融资成本上升时，国有及外资企业，以及外部金融环境良好的企业能够更为有效地使用商业信用作为融资渠道。

李小荣和董红晔（2015）以1999—2012年的中国A股非金融行业上市公司为样本，探讨了高管权力对商业信用融资的影响。研究结果表明，高管权力的增大会降低企业获取商业信用的规模；企业的国有产权属性能减弱高管权力与商业信用的负向关系。当经济处于下行期时，高管权力与商业信用的负向关系更为显著。企业的市场地位越高、成长性越好，高管权力降低商业信用的程度越小。研究显示，高管权力的增大会导致商业信用减少的恶劣后果，从而使其成为影响企业获取商业信用的重要因素。

李四海、邹萍和宋献中（2015）采用上市公司的银行借款和商业信用数据，考察了不同货币政策下，不同产权性质企业在银行借款和商业信用方面的差异性特征。研究结果显示，在紧缩的货币政策下，由于信贷配给的存在，国有产权企业在获取银行借款方面比私有产权企业更具优越性，私有产权企业为缓解其融资困境选择了更多的商业信用融资，这种不同产权性质企业间信贷资源配置的差异可能导致金融漏损的发生。进一步的研究发现，紧缩的货币政策下，国有产权企业有更多的应收票据，而私有产权企业有更多的应付票据，这从侧面进一步证实了金融漏损的存在，同时也反映了宏观经济政策对企业商业信用模式的影响，趋紧的宏观经济环境加剧了供应链关系的紧张，企业间采用了交易成本更高的商业信用模式。

曹云祥和宫旭红（2015）选取 1999—2009 年中国工业企业数据库数据，采用统计分析和分位数回归方法，考察了商业信用对企业信贷约束的影响。研究发现，企业商业信用净供给与信贷约束之间存在"错配现象"。分位数回归结果表明，商业信用对信贷约束的作用随着企业信贷约束程度的变化而不同。其中，就信贷约束比较低的企业而言，商业信用有效地缓解了企业的融资约束；而对于信贷约束比较高的企业，商业信用未能有效缓解企业的信贷约束，显示出商业信用对银行信贷约束的缓解仅仅起到锦上添花的作用，没有做到雪中送炭。另外，从不同所有制的回归结果发现，非国有企业的商业信用对信贷约束的作用显著大于国有企业。

2.2　政治关联与银行借款

白重恩、路江涌和陶志刚（2005）利用调查数据研究了影响我国私营企业获得银行贷款难易程度的因素。研究发现，国有银行有强烈的向国有企业倾斜贷款的偏好，私营企业在财产权受到侵蚀的情况下则较难获得银行贷款。然而，私营企业主对私有财产权的自我保护（如成为各级人大代表、政协委员等）有助于私营企业获得银行贷款。

胡旭阳（2006）以浙江省2004年民营百强企业为样本，研究了民营企业创始人政治身份与民营企业进入金融业可能性之间的关系。研究结果表明，在我国银行业受到政府严格管制的情况下，民营企业家的政治身份降低了民营企业进入金融业的壁垒，提高了民营企业金融资源的获取能力，促进了民营企业的发展。

Khwaja和Mian（2005）基于巴基斯坦90 000家企业贷款层面的数据，研究了政治关联企业在银行贷款方面寻租的程度、性质和经济后果。研究结果显示，政治关联企业能够从国有银行多获得45%的贷款，但贷款违约率却比非政治关联企业高出50%。上述优惠待遇完全来自政府银行，私人银行没有提供政治支持。进一步研究发现，银行贷款的政治寻租会随着企业与政治家关联的强度及所在党是否执政而增加，随着选民选举参与的程度而减少。

Charumilind、Kali和Wiwattanakantang（2006）分析了1997年亚洲金融危机爆发前270家泰国公司政治关联与长期贷款之间的关系。研究发现，与银行或政治家有关联的公司更容易获得长期贷款，且所需抵押品更少，长期贷款更多，表明政治关联的存在是金融危机前企业获得银行贷款最重要的决定因素。

Li、Meng、Wang和Zhou（2008）使用全国范围的私有企业的调查数据，考察了私有企业家加入中国共产党对私有企业运营的作用。研究发现，在控制了人力资本和其他相关变量后，私有企业家的党员身份对企业业绩具有正面影响。进一步研究发现，党员身份有助于私有企业家从银行和其他金融机构获得更多的贷款。

Fan、Rui和Zhao（2008）考察了与我国23位省部级官员腐败案件有关的上市公司融资情况。研究表明，当这些官员的腐败行为被媒体曝光后，相对于没有关联的上市公司，与腐败官员有关联的上市公司的负债比率和期限结构均出现显著下滑。

Claessens、Feijen和Laeven（2008）选取巴西企业的数据为样本，以竞选捐款作为政治关联的替代变量，研究了政治捐款对企业银行贷款可获得性的影响。研究发现，相对于控制组，对政治家的捐款能使企业在每次竞选之后显著地增加企业的银行贷款，显示出获得银行融资是政治关联运作的一个重要渠道。

余明桂和潘红波（2008）以沪深证券交易所 1993—2005 年民营上市公司为样本，以公司董事长或总经理是否是现任或前任的政府官员、人大代表或政协委员来判断企业是否具有政治关联，对政治关联是否有利于民营企业获得银行贷款进行了研究。研究结果表明，有政治关联的企业比无政治关联的企业获得了更多的银行贷款和更长的贷款期限。而且，在金融发展越落后、法治水平越低和政府侵害产权越严重的地区，政治关联的这种贷款效应越显著。可见，在我国金融发展较落后、法治水平较低和私有产权保护缺失的制度条件下，政治关联可以作为一种替代性的非正式机制，缓解落后的制度对民营企业发展的阻碍作用，帮助民营企业获得银行的信贷支持，促进企业发展。

罗党论和甄丽明（2008）以中国民营上市公司 2002—2005 年的经验数据为样本，实证检验了民营企业的政治关系对减轻融资约束的作用。研究发现，相对于没有参与政治的民营企业来说，有政治关系的民营企业外部融资时面临的融资约束较低，更容易从银行取得贷款。进一步研究发现，金融发展水平较低的地区的民营企业，政治关系对其融资的帮助较明显。

张敏、张胜、申慧慧、王成方（2010）利用我国民营上市公司 1999—2007 年的经验数据，研究了政治关联对银行信贷资源配置效率的影响。研究结果表明，虽然政治关联企业更易于获得长期贷款，但获得贷款后它们更容易进行过度投资，而且贷款对政治关联企业的价值产生了显著的负面影响。该文提供了非正式制度安排低效性方面的证据，深化了非正式制度方面的研究，并为我国市场化改革提供了支持。

于蔚、汪淼军和金祥荣（2012）以沪深证券交易所 1999—2009 年民营上市公司为样本，对政治关联缓解民营企业外部融资约束的微观作用机理进行了研究。经验证据表明，政治关联确实能缓解企业融资约束，其核心机制在于信息效应和资源效应。政治关联能够发挥信号传递功能，改善资金供求双方的信息不对称，这就是政治关联的信息效应。同时，政治关联有助于强化民营企业的资源获取能力，切实提高企业的未来总收益，这就是资源效应。经验研究还表明，资源效应占主导地位，政治关联缓解民营企业融资困境的关键在于资源效应。因此，要解决当前民营企业融资难问题，当务之急是要构建公平的市场环境，消解政策性歧视，给予所有企业同等的资源获取机会。

谭劲松、陈艳艳和谭燕（2010）以地方上市公司数量与上市公司的经济影响力作为政治关联的替代变量，以2002—2006年上市公司的经验数据作为样本，系统考察了上市公司政治关联的产生及对企业长期借款的影响。实证研究表明，地方上市公司数量越少，上市公司的经济影响力越大，则企业政治关联的程度越紧密，长期借款比例越高。进一步研究还发现，上市公司的经济影响力与获得长期信用借款的可能性、长期信用借款比例正相关。

郝项超和张宏亮（2011）以2006—2008年的中国民营上市公司为样本，研究了政治关联的政治影响力差异和来源差异对民营企业从银行获取资金支持的能力的影响。研究结果表明，与民营企业家的政治身份相比，无论是民营企业家，还是民营企业家聘请的高级管理人员，其政府官员背景都有助于民营企业获得更多数量的贷款、更长的贷款期限以及更为宽松的贷款条件。可见，民营企业家的政治关联作为一种非正式制度，在改进民营企业融资和促进民营企业发展方面发挥了积极作用。

连军、刘星和杨晋渝（2011）以中国民营上市公司为样本，考察了政治关联以及制度环境差异对民营企业获取银行贷款的影响。研究结果表明，民营企业的政治关联影响了银行的放贷决策，与政府建立政治关联的民营企业可以获取更多的银行贷款。制度环境越差的地区，政治关联越有助于民营企业获取银行融资便利，构建政治关联是民营企业克服市场制度缺陷的一种非正式替代机制。建立政治关联的民营企业，其背负的银行债务促进了企业价值的提升，能够发挥一定的债务治理作用，政治关联为企业带来的银行资金是有效率的资源配置。

钱先航（2012）基于官员与银行的视角，以2006—2009年我国各地市委书记与城市商业银行的对应样本，考察了市委书记任期与银行贷款投放的关系，同时考察了官员董事这一特殊的政治关联行为对任期与银行贷款关系的影响，并进一步分析了官员董事行政级别的作用。研究结果表明，市委书记任期越长，当地城市商业银行的贷款投放越多；官员董事则会强化任期与银行贷款之间的关系，且官员董事级别越低，强化作用越大。

何镜清、李善民和周小春（2013）以 2006—2010 年我国民营上市公司为样本，考察了金融危机背景下民营企业家政治关联的贷款效应及其对公司价值的影响。研究发现，民营企业家的政治关联使企业获得更高的银行贷款比率和更长的贷款期限，同时民营企业家的政治关联程度越高，政治关联在金融危机中的贷款效应越明显。此外，虽然民营企业家的政治关联有利于公司价值的提高，但政治关联的贷款效应对公司价值有负作用。上述结论表明，政治关联虽然给民营企业带来了债务融资便利，但并不利于银行信贷资金的有效配置。

唐洋、高佳旭和刘志远（2013）从投资能力出发，通过构建结构方程，探讨了政治关联、信贷融资与恶性增资三者之间的作用机理与传导路径。研究发现，政治关联、信贷融资对恶性增资具有直接效应，政治关联越紧密的企业，越容易导致恶性增资；同时，信贷融资可获得性越强，企业越容易发生恶性增资行为。信贷融资对政治关联与恶性增资的关系具有传导效应，即政治关联通过信贷融资对恶性增资产生影响；政治关联对信贷融资与恶性增资的关系具有调节效应，即政治关联越紧密，企业的信贷融资更容易导致恶性增资。

李思飞和刘欢（2014）基于中国深化经济体制改革和完善金融市场体系的政策背景，实证检验了在不同所有权结构的商业银行中，政治关联对中小民营企业获取银行贷款的不同作用。研究发现，具有政治关联的中小民营企业有更大可能获取银行贷款，政治关联的作用在四大国有商业银行中最为显著，而在股份制商业银行和城市商业银行中的作用则较为微弱。

彭红枫、张韦华和张晓（2014）以 2003—2013 年我国沪深两市 2 330 家上市公司为样本，对上市公司借助政治关联和银行关系获得融资便利后的经济后果以及是否会有过度投资现象进行了研究。研究结果表明，整体而言，政治关联会导致企业过度投资，而银行关系则不会。在国有企业中，这两种关系对上市公司贷款违约率均没有显著影响；而在民营企业

45

中，政治关联能有效地降低银行贷款的违约率，而银行关系对此无显著影响。

2.3 —————————— 制度环境与银行借款 ——————————

Wurgler（2000）以1963—1995年65个国家的数据为样本，研究了金融发展对资本配置效率的影响。研究表明，与金融市场不发达的国家相比，金融市场发达国家的成长性（衰退）行业增加（减少）投资更多。资本配置效率也与经济体中国家所有权的程度负相关，与一国股票报酬变动和投资者保护程度正相关。

Demirguc-Kunt 和 Maksimovic（1999）检验了1980—1991年30个国家的债务期限结构。研究发现，在股票市场活跃的国家中，大企业拥有更多的长期债务。股票市场的活跃程度与小企业的债务水平是不相关的。相反，在银行部门大的国家中，小企业具有较少的短期债务和较长的债务期限结构。银行部门的变异与大企业的资本结构无关。政府对行业的补贴（通货膨胀）与长期债务的使用正（负）相关。

卢峰和姚洋（2004）采用20世纪90年代中国省级单位的数据，通过计量研究发现，在以金融压抑为特征的经济体中，加强法治虽然有助于提高私人部门获得银行信贷份额，推动银行业的竞争，但会抑制私人投资，并对金融深化没有显著影响。作者认为，这些结果源自中国金融部门存在的"漏损效应"，即金融资源从享有特权的国有部门流向受到信贷歧视的私人部门的过程。此外，研究结果还显示，加强法治并不能显著提高经济的平均增长率，表明只有在其他配套制度安排完善的情况下，法治才能发挥良性作用。

江伟和李斌（2006）以沪深证券交易所1999—2002年上市至少满三年的公司为样本，具体考察了我国国有银行在对不同性质的公司发放长期贷款时是否存在着差别贷款，以及在不同的制度环境下，国有银行在发放长期贷款时的差别贷款行为是否有所不同。研究结果表明，相对于民营上市公司，国有上市公司能获得更多的长期债务融资。进一步研究发现，在

46

政府干预程度比较低的地区以及金融发展水平比较高的地区，国有银行对不同性质公司的差别贷款行为有所减弱。

方军雄（2007）针对 1996—2004 年国有工业企业和"三资"工业企业负债状况的研究发现，银行存在对非国有企业的所有制/金融歧视，表现在相比"三资"工业企业，银行发放给国有工业企业的贷款更多、期限较长的贷款比重更高。不过，随着政府干预的减少、市场化程度的提高，非国有企业的贷款份额与国有企业贷款份额之间的差异显著缩小，贷款期限结构之间的差异也随之缩小。

2.4　对既有研究成果的现实思考

通过对上述文献的梳理和分析，可以看出，随着新的经济理论的形成和发展，国外学者关于商业信用使用动机的研究愈来愈深入和细致，逐渐从相互孤立和零散的状态转向较为系统和有序的状态（刘民权、徐忠和赵英涛，2004），提供了多元化的解释商业信用存在及被企业广泛使用原因的理论视角，并由此形成了大量具有重要学术价值的研究成果。然而，这些研究主要针对的是非上市公司（中小企业），大多选取调查数据，缺乏基于上市公司商业信用使用动机的经验证据，而有关制度对商业信用使用影响的研究以及商业信用使用后果的研究则处于刚刚起步阶段，尚显不足，有待进一步丰富和深化。综观国内学者对于商业信用的研究，尽管存在研究视角广、内容多的优点，但与国外学者的研究相比，还存在理论分析不透彻、研究不够深入，以及在研究中未能很好地结合我国经济转型期制度特征、在一个系统的分析框架内将企业使用商业信用的动机与民营企业的融资困境紧密联系起来的缺陷。基于所有权性质的对民营企业的信贷歧视是我国金融体系的独特现象（李广子和刘力，2009）。这一特殊的制度背景为我们更清楚地认识和了解民营企业现实的融资状况及使用商业信用的动机提供了很好的研究契机。此外，需要指出的是，虽然国内外学者围绕着政治关联的贷款效应和法治、金融发展促进一国经济增长的功能进行了广泛的研究，但是鲜有学者将政治关联和法治、金融发展上升为两种可供民营企业选择的融资策略，从战略的高度考察其在缓解民营企业融资困境（即增加银行贷款的可获得性，减少对商业信用的依赖）中的作用，并对政治关联和法治、金融发展两种融资策略的效果展开比较和分析，进而根据理论分析和经验研究得出结论，为有效解决我国民营企业的融资难问题提出一个切实可行的对策。而这一系列问题正是本书着力要研究的重要内容之一。

第 3 章

信贷配给、银行歧视与商业信用

3.1 ———————————————— 引　言 ————————————————

　　根据本书导论构建的研究框架，本章拟利用信贷配给理论和产权理论，重点对民营企业的融资现状和使用非正规融资——商业信用的动机进行系统考察。本章所要研究的内容有两个：第一，正规金融市场上的信贷配给和所有制歧视是否导致民营企业为缓解其资金供给不足问题被迫转向成本较高的商业信用？第二，在可供民营企业选择的商业信用融资模式中，应付账款、应付票据和预收账款与银行借款之间的替代关系存在何种差异？商业信用作为一种典型的非正规融资方式，尽管其与银行借款之间的关系还存在争论，但更多的研究表明，商业信用与银行贷款之间是一种此长彼消的替代关系（刘民权、徐忠和赵英涛，2004）。本章的主要目的在于探讨在我国正规金融市场存在信贷配给和所有制歧视情况下，商业信用替代银行借款的可行性及表现形式。鉴于民营企业在促进我国经济发展中的重要性，[①]研究商业信用融资在缓解民营企业融资约束中的作用具有很高的理论价值和重要的现实意义。

――――――――――

　　① 已有学者证实，经过改革开放近30年的快速成长，民营企业已成为推动我国经济增长的重要力量（Allen、Qian 和 Qian，2005）、扩大就业的主渠道（黄孟复，2008）、技术创新的生力军（黄孟复，2007）和政府税收的主要贡献者（Tsai，2002）。

3.2 ———————— 制度背景、理论分析与研究假设 ————————

近年来，越来越多的研究表明，获得外部融资是促进企业发展的一个关键因素（Johnson、McMillan 和 Woodruff，2002；Cull 和 Xu，2005；余明桂和潘红波，2008）。然而，在我国经济转轨过程中，为了实现体制内以国有企业为代表的经济体的稳定和增长，政府在金融领域采取了以金融压抑和所有制歧视为特征的超强金融控制政策（辛念军，2006）。因此，尽管我国银行的商业化改革取得了一定的进展，但金融资源依然被国有银行垄断的格局至今仍未发生根本改变。正规金融市场上的金融压抑和低效率的国有银行垄断，造成银行业严重的信贷配给和所有制歧视，[①]导致我国银行业将大部分信贷资源都投放给了效率低下的国有企业（卢峰和姚洋，2004），而盈利能力更强、预算约束更硬且对经济增长做出重要贡献的民营企业，却很难进入国有银行垄断的融资主渠道并获得正规金融的支持（Allen、Qian 和 Qian，2005；辛念军，2006）。[②]金融资源的配置与对经济增长的贡献之间出现了极不匹配的情形（卢峰和姚洋，2004）。这一扭曲的制度安排已成为当前制约民营企业持续发展的关键因素之一。当银行贷款因信贷配给和所有制歧视变得不可获得时，资金的供给不足迫使民营企业转而寻求其他替代性融资来源。Ge 和 Qiu（2007）认为，在一个正规金融部门发展相对落后的国家或经济体中，企业可以借助主要依赖隐性契约关系的非正规融资渠道支持其成长。商业信用作为实务中被企业广泛使用的非正规融资方式，在企业面临信贷配给和所有制歧视时，因能够潜在地为难以获得银行贷款的企业提供及时和必要的资金支持而往往成为银行贷款的替代。在国内，有学者甚至把商业信用视为一种间接向快速成长的民营企业提供银行贷款的手段，而商业信用的提供者通常为易于或能够

---

    ① 已有学者研究指出，非国有部门受到银行信贷歧视的原因主要来自三个方面：第一个是政治原因。在中国的银行业中，国有企业不偿还贷款被认为是可以接受的，但是，如果一笔给私人企业的贷款出了问题，有关负责人就会被怀疑收受了对方的贿赂。这就造成信贷员在考虑是否给私人企业贷款时异常谨慎。第二个原因更为现实。非国有部门的大多数企业是中小型企业，它们先天就比国有企业面临更多的风险。因此，在信息不对称的情况下，这种信贷取向对银行来说是理性的。第三个原因来自政策方面。金融监管部门出台的商业银行贷款政策和纪律加重了信贷歧视，从而加重了银行的"惜贷"现象（卢峰和姚洋，2004；辛念军，2006）。

    ② 白重恩、路江涌和陶志刚（2005）研究发现，国有银行有强烈的向国有企业倾斜贷款的偏好。方军雄（2007）的研究结果表明，我国银行存在对非国有企业的金融歧视。

从正规金融部门获得银行贷款的企业（卢峰和姚洋，2004；刘瑞明，2011）。①换言之，在银行信贷稀缺或受到配给时，容易取得银行贷款的企业会将其获得的银行贷款以商业信用的形式再转贷给急需资金但成长机会较好的企业，从而有效地缓解了融资禀赋较差的企业的资金紧张的问题（王彦超、林斌，2008）。Demirguc-Kunt和Maksimovic（2002）指出，在信息不对称的信贷市场中，受信贷约束较弱的企业向受信贷约束较强的企业提供商业信用的行为，类似于在市场上发挥一种"金融中介"的功能。这种融资渠道的存在能使受到较强信贷约束的企业间接从金融机构获得银行贷款。商业信用及其传导机制的存在，降低了企业从无效的金融市场筹集资金的需要，同时仍允许有利可图的交易发生（Frank和Maksimovic，2004），是缓解发展中国家或转型经济体金融体系落后和效率低下问题、推动一国或一个地区经济增长的重要原因之一（刘民权、徐忠和赵英涛，2004）。

除了正规金融市场上的信贷配给和所有制歧视外，民营企业私有产权保护缺失亦是造成其难以获得银行贷款的一个重要原因（白重恩、路江涌和陶志刚，2005）。在转型经济体，由于法律不存在或者不具有可执行性，民营企业难以依赖法律来维护其产权及合同的实施（Johnson、Mc-Millan和Woodruff，2002）。在中国，法律改革的步伐滞后于经济改革，经济转轨基本上是在一个缺乏有效的法治限制政府侵害民营企业的环境中进行的，因而，法律在私有产权保护和合同实施中发挥的作用非常有限（Walder，1995）。当法律对私有产权保护不明确或不支持民营企业的合同实施时，民营企业的经营风险随之增大，其发展前景将面临很大的不确定性，导致银行贷款给民营企业的风险过高。银行基于防范信贷风险的考虑，会对私有产权得不到妥善保护的民营企业采取谨慎的贷款态度，从而增加了民营企业在正规金融市场上获得银行贷款的难度（白重恩、路江涌和陶志刚，2005）。

综上所述，正规金融市场上的信贷配给和所有制歧视，以及私有产权

---

① 卢峰和姚洋（2004）指出，中国的金融体系具有显著的抑制特征。利率是由中央银行制定的，且远远低于市场的实际利率；同时，四大国有银行在银行业中一直占据垄断地位。其结果是导致银行出现严重的信贷歧视，使它们倾向于向国有企业提供信贷，同时压抑对私人部门的信贷。

法律保护的缺失，造成民营企业的资金需求面临严重的供给不足，为获取发展所需资金，民营企业不得不求助于成本更高的非正规金融，因而效率受损。Allen、Qian 和 Qian（2005）发现，中国银行体系和资本市场上的资金主要流向了效率低下的国有企业，而对经济增长做出重要贡献的私有企业却难以获得正规金融体系的支持。因此，他们认为，中国的正规金融对经济增长贡献甚微，而非正规金融则支持着大部分经济尤其是私有部门的发展。基于隐性契约关系的商业信用融资作为银行贷款的一种替代性资金来源，已成为在正规金融市场上面临信贷配给和所有制歧视的企业解决其银行资金短缺的一种重要方式。因此，即使商业信用再转贷的成本比较高，但在企业无法直接获得正规金融的支持时，企业也会使用它。这在一定程度上解释了商业信用作为一种成本相对昂贵的融资方式仍被广泛使用的原因（刘民权、徐忠和赵英涛，2004）。Petersen 和 Rajan（1997）研究了美国中小企业商业信用的决定因素，发现当来自金融机构的信贷不可获得时，企业会使用较多的商业信用，而容易获得银行信贷的企业则提供了更多的商业信用。Fisman 和 Love（2003）以 44 个国家中 37 个行业的面板数据为样本进行研究，发现高度依赖商业信用融资的行业在金融机构相对较弱的国家中成长得更快。其隐含的逻辑假设是商业信用能够替代银行贷款支持企业的成长。在银行信贷稀缺或受到信贷配给时，容易获得银行贷款的企业将其获得的银行贷款通过商业信用的渠道再转贷给其他需要资金的企业。Danielson 和 Scott（2004）的研究结果显示，当银行贷款难以获得时，企业增加了对潜在成本更高的资金来源——商业信用或信用卡的依赖。

在我国转型经济中，企业商业信用的特殊表现为：一是与商业信用相对的银行信贷对体制内、外企业差别很大，体制外企业从正规渠道获得国有银行的贷款一直很难，而国有企业通常较容易得到银行的支持；二是国有企业产权残缺，软预算约束问题非常明显。这样，在两类企业正常的商业信用之外，确实还存在合谋将国有企业获得的金融资源以商业信用的形式非正规转移到体制外企业的激励和条件（辛念军，2006）。此时，商业信用不再是企业促销商品、赢得市场的竞争策略，而是已演变为一种间接的向快速成长的民营企业提供贷款的手段。也就是说，国有企业从国有银行取得贷款，然后通过商业信用渠道将其再转贷给缺乏资金但成长机会较好的民营企业，从而构成民营企业应付账款、应付票据或预收账款的一部分。Brandt 和 Li（2003）以我国江苏和浙江的乡镇企业和私有（化）企业的调查数据为样本，研究发现，中国的私有（化）企业在银行信贷上面临所有制歧视，为发展不得不借助于成本更高的商业信用。Ge 和 Qiu（2007）的研究结果显示，相对于国有企业，非国有企业使用了更多的商业信用，且更可能把这些通过商业信用筹集的资金用于投资而非经营性目的。基于以上分析，可提出本章第 1 个假设：

假设 1：民营企业的商业信用与其在正规金融市场上获得的银行借款显著负相关。

实务中常见的能够向企业提供资金支持的商业信用融资模式按照其来源（提供者）和性质不同，可进一步细分为：应付账款、应付票据和预收账款。①前两者是由企业的供应商提供的，后者则来自企业的客户。尽管预收账款、应付账款和应付票据都能够解决企业部分资金短缺问题，并在日常交易中得到了广泛使用，但因签约成本、风险以及对生产经营的影响存在差异而受到企业不同的偏好。由于预收账款（对于提供者而言是预付账款）能使企业在向客户正式交付商品之前即可获得部分或全部货款，形成一笔现金流入，相当于从客户借入资金后用商品（货物）抵偿，既满足了企业一部分资金需求，同时又避免了拒付货款的风险，因而是一种安全性相对较高且对资金使用限制较少的商业信用融资方式。应付账款和应付票据则是企业先从供应商处取得商品，然后经过一段时期再向供应商支付货款，等同于企业从供应商借入资金购进所需的商品（存货），因而也能够满足企业部分资金需求。但由于企业通过应付票据和应付账款取得的仅仅是经过一段时期再支付货款的权力，并未从供应商获得真实的资金支持，所以灵活性要低于来自客户的预收账款。而且与应付账款相比，应付票据要求企业以具有明确付款人和付款日期的签约票据作为担保，在到期时必须足额偿还，如若延期将面临着罚息、法律诉讼等严厉惩罚，签约成本较高。因此，从融资的角度来看，在这三种可供企业选择的商业信用融资模式中，预收账款最优，应付账款次之，应付票据最差，这也可从企业

53

---

① 根据经典的公司财务学的定义，所谓商业信用是指在商品交换中，由于延期付款或预收账款而形成的企业间的借贷关系。换言之，商业信用产生于商品交换，具体形式有应付账款、应付票据和预收账款。

对预收账款、应付账款和应付票据的账务处理的差异中窥见一斑。企业要趋利避害，理性人假设意味着，当银行借款因信贷配给和所有制歧视而变得难以获得时，企业期望选择最优（有利）的商业信用融资模式。基于以上分析，可提出本章的第2个假设：

假设2：银行借款与预收账款的负相关性显著高于银行借款与应付账款或应付票据的负相关性。

3.3 ———————— 研究设计 ————————

3.3.1 样本选择与数据来源

根据本章的研究内容，我们以沪深证券交易所2003—2011年所有A股上市公司作为初始样本，[①]同时为保证所收集数据的有效性，尽量减少其他因素对数据的影响，依据以下标准对初始样本进行了筛选：（1）剔除当年新上市的公司。许多学者研究表明，我国上市公司IPO前3年和当年存在明显的盈余管理行为，财务数据可靠性较差。（2）鉴于金融类上市公司与一般上市公司经营业务上的差异性，为了保持数据的可比性，亦剔除金融和保险行业的上市公司。（3）考虑到极端值对研究结果的不利影响，剔除应收（付）账款比例、应付（收）票据比例、预收（付）账款比例、货币资金比例、存货比例、销售增长率、取得借款收到的现金比例、资产报酬率绝对值大于1和资不抵债的公司，以及数据缺失的公司。（4）剔除因资产重组或置换导致主营业务发生变更的公司，以及通过股权转让由原国有控股上市公司演变而来的民营（化）控股上市公司。[②]依据上述标准

① 方军雄（2010）在《民营上市公司，真的面临银行贷款歧视吗？》一文中，通过对国有企业和民营企业银行贷款上市前后3年变化的分析和比较，得出结论，认为民营上市公司更少的银行贷款、更短的债务期限结构不是"金融歧视"的结果，而更可能是民营企业自主选择的结果。我们认为，其研究结论有待商榷。此研究显然忽略了国有企业上市前经过改制这一事实，借助改制使待上市的国有企业得以把大量包括银行在内的债务剥离出去。我们认为，正是债务剥离导致了"上市前民营企业的银行贷款高于国有企业"这一与多数学者的研究结果不一致的结论。换言之，其样本选取存在偏误问题。
② 尽管政府通过股权转让将国有企业的控制权转移给了私人，但这些企业可能仍然与政府保持着较为密切的关系，与我们通常所讲的民营企业的内涵存在很大差异。而且亦有学者研究证实，我国政府放弃国有企业所有权（民营化或清算）的动机主要是迫于财政压力（停止对亏损国有企业的补贴或出售国有资产以增加财政收入），而非出于提高企业效率目的，因此被民营化的国有企业一般为经营业绩不佳、亏损较为严重的国有企业（王红领、李稻葵和雷鼎鸣，2001）。为保持数据的一致性，故予以剔除。

进行筛选后，最后得到 8 499 个公司年度观测值，其中国有控股公司和民营控股公司观测值分别为 6 326 个和 2 173 个。

本章关于上市公司终极控制人类型的数据，系根据上海 Wind 资讯有限公司公布的上市公司年报手工收集整理而成。我们借鉴夏立军和方轶强（2005）的做法，如果上市公司的终极控制人为市（县）级或以上各级政府机构，则认定为国有控股；相反，如果上市公司的终极控制人为自然人、职工持股会、民营企业、乡镇集体企业或外资企业，则认定为民营控股。本章使用的其他数据，包括应收（付）账款、应付（收）票据、预收（付）账款、取得借款收到的现金、总资产、销售收入、存货、营业利润、负债总额、货币资金，以及上市公司终极控制人的性质，均来自深圳国泰安的中国股票市场与会计研究数据库。

3.3.2　模型构建与变量说明

对于本章所提出的假设 1 和假设 2，我们拟设定如下回归模型进行检验。

$$
\begin{aligned}
\text{Trade Pay}_{i,t} = {} & a_0 + a_1 \Pr iv_{i,t} + a_2 \text{Bank}_{i,t-1} + a_3 \text{Bank}_{i,t-1} \times \text{Priv}_{i,t} + a_4 \text{Trade Rec}_{i,t-1} \\
& + a_5 \text{Growth}_{i,t-1} + a_6 \text{ROA}_{i,t-1} + a_7 \text{Cash}_{i,t-1} + a_8 \text{INV}_{i,t-1} + a_9 \text{LnTA}_{i,t-1} \\
& + a_{10} \text{LnQR}_{i,t-1} + a_{11} \text{Debt}_{i,t} + a_{12} \text{Larg}_{i,t-1} + a_{13} \text{Asset\_Turn}_{i,t-1} + a_{14} \text{LnAge}_{i,t} \\
& + \sum \text{Ind} + \sum \text{Year} + \varepsilon_{i,t}
\end{aligned}
$$

$$（3-1）$$

模型 3-1 中，各变量的定义如下：$\text{Trade Pay}_{i,t}$ 为公司 i 第 t 年获得的商业信用，用应付账款、应付票据和预收账款之和与当年的总资产之比衡量。对研究假设 2，我们分别用应付账款比例（应付账款与期末总资产之比，$\text{AP}_{i,t}$）、应付票据比例（应付票据与期末总资产之比，$\text{NP}_{i,t}$）和预收账款比例（预收账款与期末总资产之比，$\text{AA}_{i,t}$）替代 $\text{Trade Pay}_{i,t}$，对模型 3-1 重新进行回归，以此考察各特定商业信用融资模式与银行借款的关系及差异性。在控制了其他因素影响后，若预收账款对银行借款回归的系数（绝对值）显著大于应付账款或应付票据对银行借款回归的系数（绝对值），假设 2 将得到证实，反之则反是。

$Priv_{i,t}$ 为反映公司最终控制人性质的虚拟变量。如果公司 i 初始公开发行时的终极控制人为自然人、职工持股会、民营企业、乡镇集体企业或外资企业时，$Priv_{i,t}$ 取 1，否则取 0。$Bank_{i,t-1}$ 为公司 i 第 t−1 年银行借款比例，等于公司 i 第 t−1 年借款收到的现金与该年末总资产的比值。[①]如果 $Bank_{i,t-1}$ 的系数 a_2 显著为负，表明在合理控制了所有其他可能影响商业信用融资的因素之后，银行借款和商业信用融资之间存在明显的替代关系，即银行贷款的短缺或匮乏迫使中国企业使用了更多的基于隐性契约关系的商业信用作为替代。在模型 3−1 中，交乘项 $Bank_{i,t-1} \times Priv_{i,t}$ 用来进一步考察金融歧视对民营企业银行借款和商业信用融资之间替代效应的影响。与国有企业相比，若正规金融市场上信贷配给和所有制歧视导致民营企业使用了更多的基于隐性契约关系的商业信用融资替代银行借款，则可以合理预期，交乘项 $Bank_{i,t-1} \times Priv_{i,t}$ 的系数 a_3 应显著为负，由此假设 1 将在经验上得到证实。

$Trade\ Rec_{i,t-1}$ 为公司 i 第 t−1 年对外提供的商业信用，等于应收账款、应收票据和预付账款之和除以当年的总资产。已有学者研究发现，企业对外提供的商业信用与其接受的商业信用之间存在匹配关系，即企业在接受商业信用时，通常会考虑向其他企业提供的商业信用的影响（Petersen and Rajan，1997）。鉴于应付账款与应收账款、应付票据与应收票据、预收账款与预付账款之间存在一一对应关系，因此当用应付账款、应付票据和预收账款对假设 2 进行回归检验时，我们将分别用公司 i 第 t−1 年的应收账款比例（应收账款与期末总资产之比，$AR_{i,t-1}$）、应收票据比例（应收票据与期末总资产之比，$NR_{i,t-1}$）和预付账款比例（预付账款与期末总资产之比，$PA_{i,t-1}$）替代 $Trade\ Rec_{i,t-1}$。

$Growth_{i,t-1}$ 为公司 i 第 t−1 年的成长机会。经验研究中常用的衡量公司投资机会的指标有 Tobin's q 和销售收入增长率。其中，Tobin's q 为公司资产的市场价值与其重置成本之比，这是一个平均值而非边际值，且其计

---

① 银行借款有存量（余额）和流量（增量）两个衡量角度。在经验研究中，学者大多采用存量指标衡量企业获得的银行借款。考虑到国内银行贷款余额中仍有政策性贷款等遗留问题，以及银行还有可能通过"借新还旧"的策略达到质量考核要求，相对而言，流量指标应当比存量指标对企业财务状况更为敏感，能够更好地反映企业借款能力并揭示银行的贷款行为，故本章采用流量而非存量指标刻画我国企业取得的银行借款情况。

算要用到股票价格。考虑到我国证券市场的非有效性，并存在"功能锁定"障碍（赵宇龙和王志台，1999），①采用 Tobin's q 衡量公司的成长机会将带来很大衡量偏误。Tobin's q 衡量偏误会导致统计推断失效，此时模型中所有解释变量的参数估计都将是有偏的，存在衡量偏误的变量的参数估计通常会非常接近于 0，而本身不具备解释能力的变量却可能非常显著，模型的 R^2 也会被低估（连玉君和程建，2007）。此外，Alti（2003）也指出，Tobin's q 的相当大的部分代表了公司长期成长潜力的期权价值。由于期权价值较少包含近期投资计划的信息，因此，Tobin's q 无法很好地反映短期投资机会。所以，基于上述原因，我们选择销售收入增长率作为公司投资机会的度量。

$ROA_{i,t-1}$ 为公司 i 第 t−1 年的资产报酬率，等于公司 i 第 t−1 年的息税前利润与该年总资产的之比，代表公司的盈利能力。$Cash_{i,t-1}$ 为公司 i 第 t−1 年的现金持有量，等于公司 i 第 t−1 年的货币资金除以总资产。$INV_{i,t-1}$ 为公司 i 第 t−1 年的存货比例，用公司 i 第 t−1 年的存货与总资产之比表示。$LnTA_{i,t-1}$ 为公司 i 第 t−1 年的总资产的自然对数，反映公司规模。$LnQR_{i,t-1}$ 为公司 i 第 t−1 年的速动比率（$QR_{i,t-1}$）的对数，用来衡量公司的短期偿债能力。$Debt_{i,t-1}$ 为公司 i 第 t−1 年的资产负债率，用负债总额除以总资产表示。

$Larg_{i,t-1}$ 为公司 i 第 t−1 年的第一大股东持股比例，等于第一大股东持股数与公司流通在外的普通股股数之比。$Asset\_Turn_{i,t-1}$ 为公司 i 第 t−1 年总资产周转率，等于公司销售收入净额与其总资产之比，用于衡量公司利用资产赚取收入能力。通常该指标越大，则公司利用资产赚取收入的能力越强，显示出公司的经营活动越有效。$LnAge_{i,t}$ 为截止到第 t 年公司 i 累积的已上市时间（$Age_{i,t}$）的自然对数。Ind 和 Year 分别为反映行业和年度

---

①　"功能锁定"概念最早来自心理学领域的研究，它被用来描述主体对客体的认识和利用存在某种功能性障碍。在证券市场研究中，"功能锁定假说"（Functional Fixation Hypothesis）是与"有效市场假说"（Efficient Market Hypothesis）相对立的一种假说。"有效市场假说"认为，证券价格能够充分、及时、无偏地反映一切可以公开获得的相关信息；"功能锁定假说"认为，投资者在决策过程中往往锁定于特定表面信息，不能充分理解和利用有关信息来评价证券价值以做出正确的投资决策。以会计盈余信息为例，市场对会计盈余信息的"功能锁定"体现为投资者只注意到名义的盈余数字，而对会计盈余的质量没有应有的关注，对具有相同会计盈余数量、但盈余质量不同的公司的股票不能区别定价。投资者的"功能锁定"意味着：公司管理者可以通过操纵公司账面利润达到蒙蔽市场的目的（程小可，2006）。

效应的虚拟变量，用来控制其他无法观察到的行业因素或宏观经济波动对企业商业信用筹资可能产生的影响。上市公司的行业分类来自于证监会2001年颁布的《上市公司行业分类指引》。该指引把上市公司按照主营业务收入的比重分为13个行业，其中，由于制造业的行业分类过于笼统，公司数目又较多，为了提高研究结果的准确性，我们对制造业作了进一步的细分。$\varepsilon_{i,t}$ 为误差项。需要说明的是，为了克服变量内生性问题所带来的影响，借鉴 Cull、Xu 和 Zhu（2009）的做法，我们将模型3-1中除公司上市时间、行业和年度虚拟变量以外其他自变量相对于因变量都滞后一期。

3.3.3　样本分布的描述性统计

表3-1和表3-2分别按年度和行业列出了样本公司分布及其终极控制人特征的描述性统计。在8 499个上市公司年度观测数据中，国有控股公司和民营控股公司的年度观测数据分别为6 326个和2 173个。从年度分布来看，虽然民营控股公司的数量和比例呈现出逐年增长的态势，而国有控股公司占全样本公司的比例则表现出逐年降低的趋势，但在整个样本期内，仍有74.432%的样本公司被各级政府所控制。此种结果说明，尽管我国证券市场已经风风雨雨走过了20多年，市场化进程不断加深，但上市公司以国有控股公司为主体的格局至今仍未发生根本改变，显示出民营企业不仅在银行信贷资源的配置上面临制度性歧视，而且在证券市场上的融资亦有可能遭受歧视。

表3-1　　　　　　　　**样本分布按年度的描述性统计**

年度	国有控股公司		民营控股公司		全样本	
	数量（家）	比例（%）	数量（家）	比例（%）	数量（家）	比例（%）
2003	621	87.219	91	12.781	712	100
2004	643	84.941	114	15.059	757	100
2005	694	80.980	163	19.020	857	100
2006	678	80.523	164	19.477	842	100
2007	677	78.176	189	21.824	866	100
2008	716	73.738	255	26.262	971	100
2009	741	70.170	315	29.830	1 056	100
2010	729	68.195	340	31.805	1 069	100
2011	827	60.409	542	39.591	1 369	100
合计	6 326	74.432	2 173	25.568	8 499	100

从表 3-2 样本公司的行业分布来看,民营控股公司主要集中在竞争相对激烈的行业,如制造业中的纺织服装皮毛业(公司占比为 46.348%)、信息技术业(公司占比为 43.451%),以及技术含量较低的行业,如制造业中木材家具业(公司占行业比重为 100%,即该行业所有的上市公司都为民营企业)、制造业中的其他制造业(公司占比为 63.492%),而较少出现在垄断性行业或者对意识形态有较大影响的行业。前者如采掘业、电力煤气及水的生产和供应业,以及交通运输仓储业(公司占行业的比重分别为 2.841%、1.699% 和 4.749%),后者如传播与文化业(公司占行业的比重则为 0,即没有一家民营企业)。而国有控股公司则主要分布在采掘业(公司占比为 97.727%)、传播与文化业(公司占比为 100%)、电力煤气及水的生产和供应业(公司占比为 98.301%)、制造业中的金属非金属业(公司占比为 78.853%)、制造业中的石油化学塑胶塑料业(公司占比为 76.742%)、制造业医药生物制品业(公司占比为 62.437%)和房地产业(公司占比为 80.952%)。以上样本公司行业分布显示出国有控股公司在垄断性行业或具有较强意识形态的行业中呈现出很明显的行业占优特征。此种结果表明,我国经济转型至今,尽管市场经济体制已初步建立,然而,在一个政府行政权力控制市场运行、主导经济发展、参与市场交易的政治经济体制中,各级政府依然对民营企业的行业准入实行了诸多歧视性限制,使得民营企业难以公平地与政府控制的企业参与行业竞争,其行为必然影响市场机制的有效运行,造成稀缺的社会资源的错配和误配,进而对企业使用资金的效率产生破坏性作用。

表 3-2 　　　　　　　　　　**样本分布按行业的描述性统计**

行业类别	国有控股公司		民营控股公司		全样本	
	数量(家)	比例(%)	数量(家)	比例(%)	数量(家)	比例(%)
采掘业	172	97.727	5	2.841	176	100
传播与文化业	61	100	0	0.000	61	100
电力煤气及水的生产和供应业	405	98.301	7	1.699	412	100
房地产业	238	80.952	56	19.048	294	100

行业类别	国有控股公司		民营控股公司		全样本	
	数量（家）	比例（%）	数量（家）	比例（%）	数量（家）	比例（%）
建筑业	129	70.109	55	29.891	184	100
交通运输仓储业	361	95.251	18	4.749	379	100
农林牧渔业	128	74.854	43	25.146	171	100
批发和零售贸易业	454	89.546	53	10.454	507	100
社会服务业	183	83.945	35	16.055	218	100
信息技术业	272	56.549	209	43.451	481	100
制造业电子业	241	62.924	142	37.076	383	100
制造业纺织服装皮毛业	191	53.652	165	46.348	356	100
制造业机械设备仪表业	1 054	71.024	430	28.976	1 484	100
制造业金属非金属业	660	78.853	177	21.147	837	100
制造业木材家具业	0	0.000	25	100.000	25	100
制造业其他制造业	23	36.508	40	63.492	63	100
制造业石油化学塑胶塑料业	782	76.742	237	23.258	1 019	100
制造业食品饮料业	318	78.133	89	21.867	407	100
制造业医药生物制品业	374	62.437	225	37.563	599	100
制造业造纸印刷业	117	62.903	69	37.097	186	100
综合业	168	65.370	89	34.630	257	100
合　计	6 326	74.432	2 173	25.568	8 499	100

3.4　实证结果与分析

3.4.1　主要变量的描述性统计

表 3-3 列出了模型中主要变量的描述性统计，可以看出，Trade Pay$_{i,t}$ 的均值、中位数、最小值和最大值分别为 0.16681、0.13517、0.000009 和 0.85222，标准差为 0.12603，显示出不同企业之间获得的商业信用存在很

大差异。从其具体构成来看，其中，$AP_{i,t}$、$NP_{i,t}$ 和 $AA_{i,t}$ 的均值（中位数）分别为 0.08939（0.07146）、0.03482（0.01107）和 0.04258（0.01786），表明中国企业主要的商业信用来源为应付账款，其次是预收账款，应付票据则排在最后。$Trade\ Rec_{i,t-1}$ 的均值、中位数、最小值和最大值分别为 0.16584、0.14955、0 和 0.92958，标准差为 0.10983，且 $Trade\ Rec_{i,t-1}$ 的中位数和最大值均高于 $Trade\ Pay_{i,t}$ 相应的中位数和最大值，显示出公司从外部获得商业信用之前亦对外提供了较高比例的商业信用，而且其提供的商业信用也大于其能够获得的商业信用，显示出对大多数公司而言，它们都是商业信用的净提供者。此外，从 $Trade\ Rec_{i,t-1}$ 的构成来看，$AR_{i,t-1}$、$NR_{i,t-1}$ 和 $PA_{i,t-1}$ 的均值（中位数）依次为 0.10647（0.08477）、0.02285（0.00622）和 0.03651（0.02354），应收账款的均值和中位数都高于应付账款的均值和中位数，而应收票据的均值和中位数都小于应付票据的均值和中位数，预付账款的均值小于预收账款的均值，而其中位数则大于预收账款的中位数，此种结果意味着应收账款是导致大多数样本企业成为商业信用净提供者的主要诱因，表明企业在获得商业信用的同时，亦对其他企业提供了较多的商业信用，这其中以应收账款为主，而预付账款和应收票据则相对较少。

银行借款比例（$Bank_{i,t-1}$）的均值为 0.20650，中位数为 0.19794，最大值和最小值分别为 0 和 0.80057，标准差为 0.14804，显示出样本期内不同公司之间银行借款能力存在很大差异，导致其从银行获得的借款出现较大不同。若从信贷资金的提供者——银行的角度来看，则表明银行很可能对不同公司的借款需求采取了差别化的策略。销售增长率（$Growth_{i,t-1}$）的均值为 0.17791，中位数为 0.16310，最小值为 -0.97339，最大值为 0.99994，说明样本期内不同公司面临的成长机会存在较大差异。资产报酬率（$ROA_{i,t-1}$）的均值和中位数分别为 0.05639 和 0.05394，低于 1 年期银行贷款利率，显示出多数上市公司经营处于微利状态，盈利能力偏低，且有些公司亏损较为严重（资产报酬率的最小值为 -0.97793）。

公司持有的现金（$Cash_{i,t-1}$）平均达到了其总资产的 18.121%，个别

61

公司则高达86.863%，过多的资产占用在流动性最强的现金上，虽然能够降低其不能偿还到期债务的风险，但会对企业的盈利能力造成不利影响。公司的速动比率（$QR_{i,t-1}$）的均值、中位数、最小值、最大值和标准差分别为1.45072、0.87295、0.04609、76.93513和2.73661，说明样本期内不同企业短期偿债能力存在很大差异。公司的资产负债率（$Debt_{i,t-1}$）的均值为0.46784，中位数为0.47651，标准差为0.18650，而最小值仅为0.01082，显示出公司在债务使用上过于保守，无法利用举债给公司经营带来好处，而0.99634这一最大值的存在则又说明某些公司已陷入严重的财务困境中。第一大股东持股比例（$Larg_{i,t-1}$）的均值为40.966%，中位数为40.27%，整体而言，第一大股东具有相对控股优势。根据现代股份公司"一股一票"和"简单多数通过"原则可知，无论是在股东大会上对重大经营决策的投票表决方面，还是在公司董事选举或管理层任命上，第一大股东都处于优势表决权地位①。这说明，上市公司的控制权实际上掌握在第一大股东手中。公司上市时间（$Age_{i,t}$）的均值为7.83，显示出公司自IPO后其股票已经在证券交易所平均挂牌交易了7.83年。由于变量的描述性统计只是对样本特征的一种粗略的概括，并没有考虑变量之间的相互关系，因此，要得出令人信服的结果还须进行更为规范的统计检验。

表3-3　　　　　　**主要变量的描述性统计（n=8 499）**

变量	均值	中位数	最小值	1/4分位数	3/4分位数	最大值	标准差
Trade Pay$_{i,t}$	0.16681	0.13517	0.000009	0.07245	0.22689	0.85222	0.12603
AP$_{i,t}$	0.08939	0.07146	0	0.03948	0.12201	0.65529	0.07014
NP$_{i,t}$	0.03482	0.01107	0	0	0.04834	0.49787	0.05382
AA$_{i,t}$	0.04258	0.01786	0	0.00641	0.04769	0.77415	0.06825
Bank$_{i,t-1}$	0.20650	0.19794	0	0.08161	0.31241	0.80057	0.14804
Trade Rec$_{i,t-1}$	0.16584	0.14955	0	0.08201	0.22952	0.92958	0.10983
AR$_{i,t-1}$	0.10647	0.08477	0	0.03429	0.15183	0.92792	0.09461
NR$_{i,t-1}$	0.02285	0.00622	0	0.00023	0.02606	0.43440	0.04159
PA$_{i,t-1}$	0.03651	0.02354	0	0.00973	0.04804	0.60154	0.04281

---

　　① Lech和Leahy（1991）研究发现，如果第一大股东的持股比例超过25%，则在公司表决权争夺中，就比较容易获得大多数其他股东的支持，处于优势表决权地位。

变量	均值	中位数	最小值	1/4 分位数	3/4 分位数	最大值	标准差
Growth$_{i,t-1}$	0.17791	0.16310	−0.97339	0.02821	0.32073	0.99994	0.25689
ROA$_{i,t-1}$	0.05639	0.05394	−0.97793	0.03089	0.08318	0.49268	0.06623
Cash$_{i,t-1}$	0.18121	0.14375	0.00065	0.08579	0.23659	0.86863	0.13641
INV$_{i,t-1}$	0.15710	0.13091	0.0000002	0.06879	0.20908	0.89688	0.12967
LnTA$_{i,t-1}$	21.57581	21.41910	18.60187	20.77569	22.17022	28.13564	1.14224
QR$_{i,t-1}$	1.45072	0.87295	0.04609	0.57616	1.40768	76.93513	2.73661
Debt$_{i,t-1}$	0.46784	0.47651	0.01082	0.33229	0.61041	0.99635	0.18650
Larg$_{i,t-1}$	0.40966	0.4027	0.02197	0.2858	0.5276	0.8941	0.15785
Asset_Turn$_{i,t-1}$	0.70315	0.57903	0.01867	0.38313	0.86371	10.01522	0.52424
Age$_{i,t}$	7.83	8.00	1	4.00	11.00	21	4.509

3.4.2　单变量分析

表3-4列出了国有控股公司与民营控股公司单变量均值和中位数比较分析的结果。可以看出，民营控股公司获得的商业信用比例（Trade Pay$_{i,t}$）、应付账款比例（AP$_{i,t}$）、预收账款比例（AA$_{i,t}$）、对外提供的商业信用比例（Trade Rec$_{i,t-1}$）、应收账款比例（AR$_{i,t-1}$）、预付账款比例（PA$_{i,t}$）、成长机会（Growth$_{i,t-1}$）、资产报酬率（ROA$_{i,t-1}$）、持有的货币资金（Cash$_{i,t-1}$）、存货水平（INV$_{i,t-1}$）和速动比率（QR$_{i,t-1}$）的均值（中位数）分别为0.17096（0.13775）、0.09174（0.07396）、0.04516（0.01999）、0.18569（0.16999）、0.12601（0.10898）、0.03862（0.02538）、0.19171（0.17893）、0.06772（0.06737）、0.23771（0.19507）、0.16224（0.13708）和2.24344（1.14873），都显著高于国有控股公司（其对应的均值（中位数）分别为0.15469（0.12745）、0.08256（0.06475）、0.03507（0.01211）、0.15903（0.14018）、0.09976（0.07385）、0.03579（0.02305）、0.17316（0.15749）、0.05249（0.04927）、0.16181（0.13218）、0.15533（0.12808）和1.17841（8.09798）），但在应付票据比例（NP$_{i,t}$）、应收票据比例（NR$_{i,t-1}$）、取得借款收到的现金（Bank$_{i,t-1}$）、

公司规模（$LnTA_{i,t-1}$）、负债比例（$Debt_{i,t-1}$）、第一大股东持股比例（$Larg_{i,t-1}$）、总资产周转率（$Asset\_Turn_{i,t-1}$）、上市时间（$Age_{i,t}$）（均值（中位数）分别为 0.03406（0.00998）、0.02104（0.00573）、0.17891（0.16691）、21.14184（21.03558）、0.40225（0.40806）、0.37000（0.3529）、0.67137（0.56326）和 5.46（4.00））显著低于国有控股公司（均值（中位数）分别为 0.03705（0.01433）、0.02347（0.00641）、0.21598（0.14924）、21.72487（21.5649）、0.49037（0.50036）、0.42306（0.42000）、0.71407（0.58477）和 8.64（9.00））。（1）民营控股公司较高的应收账款、应收票据和预付账款比例之和，显示出其对外提供了更多的商业信用，表明民营控股公司倾向于利用商业信用作为产品市场竞争（吸引客户）的手段。这可能与其面临的外部市场环境较为恶劣有很大关系。由于历史和制度上的原因，民营控股公司难以享受政府提供的产品市场和要素市场的政策优惠，因而在市场竞争中处于相对弱势的地位，面临的竞争压力显著大于国有控股公司（余明桂和潘红波，2010）。而且与国有控股公司相比，民营控股公司还存在规模小、上市时间短等问题，市场对其经营历史和产品信息了解低于国有控股公司。为了能够在激烈的市场竞争中求得生存和发展，迫使其不得不更多地采用赊销的策略。国有控股公司较低的应收账款、应收票据和预付账款比例之和反映出其在面临市场竞争时并不显著（较少）地依赖于商业信用。（2）国有控股公司相对于民营控股公司更高的银行借款和更低的商业信用融资（应付账款、应付票据和预收账款比例之和），则说明我国银行业可能存在着对国有控股公司的贷款偏好和对民营控股公司的信贷歧视。民营控股公司为缓解其在正规金融市场上面临的信贷配给和所有制歧视，通过商业信用（尤其是应付账款）筹集了更多的资金。相反，国有控股公司较高的银行借款比例，则减少了其对商业信用的依赖。（3）国有控股公司较长的上市时间和较多的样本观测值，[①]说明我国经济转型时期对民营企业的所有制歧视不仅存在于正规金融市场中的银行信贷方面，而且还表现在证券市场上。我国资本市场脱胎于转型经济，是在为国有企业改革和解困的大背景下建立的，目标是在不改变企

64

---

① 在 8 499 个观测数据中，民营控股公司仅占 2 173 个，占比 25.568%（详见表 3-1），其他均为国有控股公司。

业国有的根本性质的前提下，通过引入社会资本解决国有企业资金短缺问题，破解资本结构严重不合理的困局。因此，在我国证券市场上，上市公司大部分由国有企业改制而来，仅有很少一部分民营企业能够通过上市筹集到所需的资金。这一结果表明，尽管我国证券市场已经风风雨雨走过30年，市场化进程不断加深，但上市公司以国有企业为主的格局（状况）至今仍未发生根本改变，民营企业上市依然面临着诸多制度性障碍。以上单变量均值和中位数比较分析的结果，为本章提出的假设提供了初步的支持。

表 3-4　　国有控股公司与民营控股公司单变量均值和中位数比较

变量	国有控股公司		民营控股公司		t 值	Wilcoxon z 值
	均值	中位数	均值	中位数		
$Trade\ Pay_{i,t}$	0.15469	0.12745	0.17096	0.13775	−2.483**	−4.233***
$AP_{i,t}$	0.08256	0.06475	0.09174	0.07396	−5.453***	−5.048***
$NP_{i,t}$	0.03705	0.01433	0.03406	0.00998	2.236**	3.708***
$AA_{i,t}$	0.03507	0.01211	0.04516	0.01999	−6.329***	−10.787***
$Bank_{i,t-1}$	0.21598	0.14924	0.17891	0.16691	10.417***	10.122***
$Trade\ Rec_{i,t-1}$	0.15903	0.14018	0.18569	0.16999	−9.975***	−11.555***
$AR_{i,t-1}$	0.09976	0.07385	0.12601	0.10898	−11.239***	−14.507***
$NR_{i,t-1}$	0.02347	0.00641	0.02104	0.00573	2.483**	3.077***
$PA_{i,t-1}$	0.03579	0.02305	0.03862	0.02538	−2.665***	−3.857***
$Growth_{i,t-1}$	0.17316	0.15749	0.19171	0.178927	−2.903***	−3.400***
$ROA_{i,t-1}$	0.05249	0.04927	0.06772	0.06737	−9.294***	−15.736***
$Cash_{i,t-1}$	0.16181	0.13218	0.23771	0.19507	−19.444***	−19.351***
$INV_{i,t-1}$	0.15533	0.12808	0.16224	0.13708	−2.223**	−4.620***
$LnTA_{i,t-1}$	21.72487	21.5649	21.14184	21.03558	24.045***	−20.881***
$QR_{i,t-1}$	1.17841	8.09798	2.24344	1.14873	−11.102***	−20.221***
$Debt_{i,t-1}$	0.49037	0.50036	0.40225	0.40806	19.251***	18.420***
$Larg_{i,t-1}$	0.42306	0.42000	0.37000	0.3529	13.968***	13.768***
$Asset\_Turn_{i,t-1}$	0.71407	0.58477	0.67137	0.56326	3.375***	2.275**
$Age_{i,t}$	8.64	9.00	5.46	4.00	29.224***	29.701***

注：国有控股公司与民营控股公司的样本观测值分别为 6 326 和 2 173。***、**和*表示检验分别在1%、5%和10%的置信水平上（2-tailed）显著。

3.4.3　相关性分析

表 3-5 列出了模型 3-1 中各变量之间的 Pearson 相关系数。从中容易发现，企业获得商业信用（ $Trade\ Pay_{i,t}$ ）与借款取得的现金（ $Bank_{i,t-1}$ ）显著负相关（二者之间的相关系数为 -0.174，在 1% 的置信水平上显著），说明总体而言，商业信用与银行借款表现出一种替代关系——当正规金融市场上的银行借款因信贷配给或所有制歧视无法获得时，企业会寻求商业信用作为替代。进一步分析企业所获得的商业信用的构成，可以看出，应付账款比例（ $AP_{i,t}$ ）和预收账款比例（ $AA_{i,t}$ ）均与借款取得的现金（ $Bank_{i,t-1}$ ）在 1% 的置信水平上显著负相关（相关系数分别为 -0.165 和 -0.158，对应的 p 值均等于 0.000），而应付票据比例（ $NP_{i,t}$ ）与借款取得的现金（ $Bank_{i,t-1}$ ）正相关（二者之间的相关系数为 0.009），尽管不显著（p 值为 0.422），但也说明当银行借款变得不可获得时，企业主要使用应付账款或预收账款，而不是应付票据来替代银行借款。

此外，企业获得的商业信用（ $Trade\ Pay_{i,t}$ ）与其上一期对外提供的商业信用（ $Trade\ Rec_{i,t-1}$ ）、成长机会（ $Growth_{i,t-1}$ ）、现金持有量（ $Cash_{i,t-1}$ ）、存货水平（ $INV_{i,t-1}$ ）、公司规模（ $LnTA_{i,t-1}$ ）、资产负债率（ $Debt_{i,t-1}$ ）、总资产周转率（ $Asset\_Turn_{i,t-1}$ ）、上市时间（ $Age_{i,t}$ ）在 1% 的置信水平上显著正相关（Pearson 相关系数依次为 0.343、0.124、0.057、0.322、0.147、0.430、0.423 和 0.063，p 值均等于 0.000），而与资产报酬率（ $ROA_{i,t-1}$ ）、速动比率（ $QR_{i,t-1}$ ）显著负相关（Pearson 相关系数分别为 -0.080 和 -0.177，p 值等于 0.000），说明在对企业获得的商业信用融资与银行借款的关系进行多元回归分析时，需要控制上述因素的影响。

表 3-5　主要变量的 Pearson 相关系数

变量	Trade Pay$_{i,t}$	AP$_{i,t}$	NP$_{i,t}$	AA$_{i,t}$	Bank$_{i,t-1}$	Trade Rec$_{i,t-1}$	AP$_{i,t-1}$	NR$_{i,t-1}$	PA$_{i,t-1}$	Growth$_{i,t-1}$	ROA$_{i,t-1}$	Cash$_{i,t-1}$	INV$_{i,t-1}$	LnTA$_{i,t-1}$	QR$_{i,t-1}$	Debt$_{i,t-1}$	Larg$_{i,t-1}$	Asset_Turn$_{i,t-1}$	Age$_{i,t}$
Trade Pay$_{i,t}$	(-)																		
AP$_{i,t}$	.754 (.000)	(-)																	
NP$_{i,t}$	.568 (.000)	.266 (.000)	(-)																
AA$_{i,t}$	.623 (.000)	.155 (.000)	-.013 (.246)	(-)															
Bank$_{i,t-1}$	-.174 (.000)	-.165 (.000)	.009 (.422)	-.158 (.000)	(-)														
Trade Rec$_{i,t-1}$	.345 (.000)	.578 (.000)	.250 (.000)	.047 (.008)	-.046 (.008)	(-)													
AP$_{i,t-1}$	.214 (.000)	.334 (.000)	.119 (.000)	-.043 (.008)	-.015 (.168)	.835 (.000)	(-)												
NR$_{i,t-1}$	.20 (.000)	.26 (.000)	.208 (.000)	-.006 (.555)	-.173 (.000)	.329 (.000)	-.023 (.030)	(-)											
PA$_{i,t-1}$	.212 (.000)	.031 (.000)	.176 (.000)	.221 (.000)	.082 (.000)	.361 (.000)	.001 (.956)	-.076 (.000)	(-)										
Growth$_{i,t-1}$	.124 (.000)	.085 (.000)	.092 (.000)	.070 (.001)	-.015 (.166)	.034 (.002)	-.016 (.129)	.075 (.000)	.050 (.000)	(-)									
ROA$_{i,t-1}$	-.080 (.000)	-.084 (.000)	-.072 (.000)	-.04 (.000)	-.241 (.000)	-.121 (.000)	-.072 (.000)	.122 (.000)	-.049 (.000)	.295 (.000)	(-)								
Cash$_{i,t-1}$	.057 (.000)	.021 (.050)	.010 (.363)	.075 (.000)	-.460 (.000)	-.053 (.000)	-.04 (.000)	-.013 (.223)	-.048 (.000)	.066 (.000)	.225 (.000)	(-)							
INV$_{i,t-1}$	.322 (.000)	.164 (.000)	.09 (.000)	.356 (.000)	-.04 (.745)	.050 (.001)	.08 (.471)	-.06 (.595)	.116 (.000)	.031 (.04)	-.063 (.000)	-.121 (.000)	(-)						
LnTA$_{i,t-1}$	.147 (.000)	.084 (.000)	.048 (.000)	.147 (.000)	.176 (.000)	-.183 (.000)	-.270 (.000)	.125 (.000)	.005 (.626)	.111 (.000)	.139 (.000)	-.183 (.000)	.037 (.000)	(-)					
QR$_{i,t-1}$	-.177 (.000)	-.145 (.000)	-.106 (.000)	-.098 (.000)	-.336 (.000)	-.020 (.061)	-.063 (.762)	-.007 (.521)	-.058 (.000)	-.009 (.410)	.123 (.000)	.505 (.000)	-.154 (.000)	-.155 (.000)	(-)				
Debt$_{i,t-1}$	.430 (.000)	.309 (.000)	.271 (.000)	.263 (.000)	.660 (.000)	.121 (.000)	.072 (.000)	-.028 (.067)	.180 (.000)	.064 (.000)	-.286 (.000)	-.425 (.000)	.231 (.000)	.348 (.000)	-.457 (.000)	(-)			
Larg$_{i,t-1}$	.096 (.562)	.021 (.048)	-.031 (.05)	.014 (.236)	-.098 (.000)	-.014 (.190)	-.029 (.000)	.067 (.069)	-.037 (.000)	.069 (.000)	.121 (.000)	.069 (.000)	-.02 (.140)	.162 (.000)	.039 (.000)	-.09 (.000)	(-)		
Asset_Turn$_{i,t-1}$	.423 (.000)	.49 (.000)	.272 (.000)	.115 (.000)	-.172 (.000)	.183 (.000)	.050 (.000)	.222 (.000)	.145 (.000)	.149 (.000)	.134 (.000)	.058 (.000)	.117 (.000)	.082 (.000)	-.051 (.000)	.119 (.000)	.049 (.000)	(-)	
Age$_{i,t}$	.063 (.000)	.045 (.000)	-.016 (.151)	.083 (.000)	.145 (.000)	-.095 (.000)	-.131 (.000)	.046 (.000)	.001 (.949)	-.142 (.000)	-.124 (.000)	-.322 (.000)	.094 (.000)	.255 (.000)	-.202 (.000)	.289 (.000)	-.197 (.000)	.056 (.000)	(-)

注：Pearson 相关系数下的括号中是 p 值。***、**和*表示检验分别在 1%、5%和 10%的置信水平上（2-tailed）显著。

3.4.4　多元回归结果分析

模型 3-1 的多元回归结果见表 3-6。在栏（1）、（2）、（3）和（4）中，因变量依次为经总资产标准化的商业信用（Trade $Pay_{i,t}$）、应付账款（$AP_{i,t}$）、应付票据（$NP_{i,t}$）和预收账款（$AA_{i,t}$）。正如 F 统计所显示的，所有回归方程均在 1% 的置信水平上显著，表明整体而言，因变量和相关自变量之间存在显著的关系。回归方程调整后的 R^2 介于 0.238 和 0.599 之间，显示出模型 3-1 所选取的变量分别解释了 Trade $Pay_{i,t}$、$AP_{i,t}$、$NP_{i,t}$ 和 $AA_{i,t}$ 变异的 59.9%、50.4%、23.8% 和 33.2%。

栏（1）报告了以 Trade $Pay_{i,t}$ 作为因变量的回归结果，从中来可以看出，在合理控制了上一期企业对外提供的商业信用（Trade $Rec_{i,t-1}$）、销售增长率（$Growth_{i,t-1}$）、资产报酬率（$ROA_{i,t-1}$）、现金持有量（$Cash_{i,t-1}$）、存货水平（$INV_{i,t-1}$）、公司规模（$LnTA_{i,t-1}$）、速动比率对数（$LnQR_{i,t-1}$）、资产负债率（$Debt_{i,t-1}$）、第一大股东持股比例（$Larg_{i,t-1}$）、总资产周转率（$Asset\_Turn_{i,t-1}$）和上市公司的对数（$LnAge_{i,t}$），以及行业和年度效应后，$Priv_{i,t}$ 的系数为 0.024，在 1% 的置信水平上显著，说明相较于国有控股公司，民营控股公司平均多获得了 2.4% 的商业信用融资，经济意义较为明显。此种结果与单变量比较分析的结果较为一致。$Bank_{i,t-1}$ 的估计系数为 -0.167，在 1% 的置信水平上显著为负，表明企业银行借款每减少 1% 将导致其商业信用融资平均增加 0.167%，经济效果较为明显。这一发现表明，在正规金融体系不发达或相对落后的经济体中，企业可以通过主要依赖隐性契约关系的非正规融资渠道获得发展所需要的资金。交乘项 $Bank_{i,t-1} \times Priv_{i,t}$ 的估计系数为 -0.064，在 1% 的置信水平上显著，显示出与国有控股公司相比，同等条件下民营控股公司银行借款与其获得的商业信用融资之间表现出了更强烈的替代效应。此种结果意味着，正规金融市场上的信贷配给和所有制歧视造成民营企业获得的银行借款显著低于国有企业，为了谋求发展，民营企业不得不借助于成本更高的商业信用。民营控股公司更多的商业信用需求实际上是其对银行借款有限可获得性或信贷市场失灵的一种无奈反应。由此假设1得到证实。

从控制变量来看，$Trade\ Rec_{i,t-1}$ 的估计系数在1%的置信水平显著为正，说明企业上一期向其他企业提供的商业信用越多，其当期获得的商业信用亦越多。$Growth_{i,t-1}$ 和 $ROA_{i,t-1}$ 估计系数分别为0.015和−0.058，均在1%的置信水平上显著，显示出拥有较高成长机会的企业，需要更多的商业信用来满足其资金需要。盈利能力强的公司则相反，由于其良好的经营业绩可以作为一种重要的替代性资金来源，从而减少了其对商业信用融资的需求。此外，$Cash_{i,t-1}$、$INV_{i,t-1}$、$LnTA_{i,t-1}$、$Debt_{i,t-1}$ 和 $Asset\_Turn_{i,t-1}$ 的估计系数分别为0.302、0.222、0.009、0.202和0.054，均在1%的置信水平上显著为正，而 $LnQR_{i,t-1}$ 和 $LnAge_{i,t}$ 的估计系数则在1%的置信水平上显著为负（回归系数依次为−0.044和−0.005，对应的t值分别等于−17.113和−3.199），$Larg_{i,t-1}$ 的估计系数虽然为正，但不显著，上述结果说明负债比率高、货币资金充足或持有存货多，以及资产使用效率好的企业更容易获得商业信用。相反，短期偿债能力存在问题、规模比较小或上市时间比较长的企业不易获得商业信用。第一大股东持股比例对企业商业信用的取得则没有影响。

为了深入考察特定的商业信用融资模式（如应付账款、应付票据和预收账款）与银行借款之间的替代关系，我们进一步把 $Trade\ Pay_{i,t}$ 细分为 $AP_{i,t}$（应付账款比例）、$NP_{i,t}$（应付票据比例）和 $AA_{i,t}$（预收账款比例），依次替代 $Trade\ Pay_{i,t}$，重新对模型3−1进行回归，表3−6的栏（2）、（3）和（4）列出了相应的回归结果。很容易发现，$Priv_{i,t}$ 的估计系数依然显著为正（回归系数分别为0.016、0.008和0.014，相应的t值依次为7.213、3.594和5.718），说明民营控股公司无论是在应付账款，还是在应付票据和预收账款上均表现出了高于国有控股公司的商业信用融资。然而，$Bank_{i,t-1}$ 的估计系数则出现了不一致。在栏（2）和栏（4）以应付账款比例（$AP_{i,t}$）和预收账款比例（$AA_{i,t}$）为因变量的多元回归中，$Bank_{i,t-1}$ 的估计系数分别为−0.080和−0.097，依然在1%的置信水平上显著，显示出银行借款与应付账款和预收账款存在一种替代关系。然而在栏（3）以应付票据比例（$NP_{i,t}$）为因变量的多元回归中，尽管 $Bank_{i,t-1}$ 的估计系数仍在1%的置信水平上显著，但已变为正。该种结果说明，银行借款和应付票据之间表现出一种互补关系，即企业前期从银行获得的借款越多，当期其从外部获得的应付票据也越多。而且，交乘项 $Bank_{i,t-1} \times Priv_{i,t}$ 的回归系数在栏（2）和（4）中分别为 -0.029 和 -0.004，均在1%的置信水平上显著，说明民营控股公司的银行借款与应付账款和预收账款之间表现出了比在国有控股公司中更显著的替代效应。在栏（3），交乘项 $Priv_{i,t} \times Bank_{i,t-1}$ 的估计系数尽管为负，但已不再显著，显示出国有控股公司和民营控股公司的银行借款和应付票据的互补效应并不存在实质性差异。与此同时，通过进一步比较容易看出，在栏（2）以应付账款比例（$AP_{i,t}$）为因变量的多元回归中，民营控股公司对应的 $Bank_{i,t-1}$ 的回归系数为 -0.109（-0.080-0.029），而在栏（4）预收账款比例（$AA_{i,t}$）为因变量的多元回归中，民营控股公司对应的 $Bank_{i,t-1}$ 的回归系数为 -0.137（-0.097-0.040），前者明显小于后者，说明对民营控股公司而言，其面临的预收账款和银行借款之间的替代效应显著高于应付账款和银行借款之间的替代效应。换言之，当银行借款因正规金融市场上的信贷配给和所有制歧视变得无法获得时，民营控股公司会优先选择预收账款替代银行借款，其次是应付账款，最后是应付票据。由此假设2在经验上得到验证。

通过比较分组回归的结果，可以看出，$AR_{i,t-1}$、$NR_{i,t-1}$ 和 $PA_{i,t-1}$ 在栏（2）、（3）和（4）中仍然都在1%的置信水平上显著为正（估计系数分别为 0.206、0.203 和 0.295，对应的t值依次等于 26.553，14.515 和 19.109），说明企业前期对外提供的应收账款（应收票据或预付账款）越多，当期其需要从供应商或客户那里获得更多的应付账款（应付票据或预收账款）来满足自身资金需要。类似于栏（1）的发现，在栏（2）、（3）和（4）中，$Cash_{i,t-1}$、$INV_{i,t-1}$ 和 $Debt_{i,t-1}$ 的估计系数依然显著为正，显示出现金持有量（存货水平）越高，或者债务负担越重的企业使用的应付账款、应付票据或预收账款亦越多。$Growth_{i,t-1}$ 的系数在栏（2）已不再显著，在栏

（3）和（4）仍显著为正。$ROA_{i,t-1}$ 的系数则在栏（2）和（3）中仍显著为负，而在栏（4）中则显著为正。同样的，$LnTA_{i,t-1}$ 和 $LnQR_{i,t-1}$ 的系数在栏（2）和栏（4）的多元回归中依然显著为正或负，在栏（4）的多元回归中则不再显著。而 $Larg_{i,t-1}$ 的系数在栏（2）和（4）已变得在10%的置信水平上显著为正，在栏（3）中则变得显著为负。$LnAge_{i,t}$ 的系数则是在栏（4）中已变得不再显著，在栏（2）和（3）中仍显著为负。上述回归结果说明，整体而言，这些变量对应付账款、应付票据和预收账款可获得性的影响存在一定的差异性。

表3-6　信贷配给、银行歧视与商业信用多元回归结果：假设1和假设2的检验

方程　变量	商业信用(1)		应付账款(2)		应付票据(3)		预收账款(4)	
	系数	t值	系数	t值	系数	t值	系数	t值
截距项	−0.257	−12.251***	−0.092	−7.032***	−0.042	−3.500***	−0.082	−5.711***
$Priv_{i,t}$	0.024	6.704***	0.016	7.213***	0.008	3.594***	0.014	5.718***
$Bank_{i,t-1}$	−0.167	−26.593***	−0.080	−20.651***	0.010	2.743***	−0.097	−21.982***
$Bank_{i,t-1} \times Priv_{i,t}$	−0.064	−6.013***	−0.029	4.372***	−0.004	−0.704	−0.040	−5.398***
$Trade\ Rec_{i,t-1}$	0.316	27.219***						
$AR_{i,t-1}$			0.206	26.553***				
$NR_{i,t-1}$					0.203	14.515***		
$PA_{i,t-1}$							0.295	19.109***
$Growth_{i,t-1}$	0.015	4.035***	0.002	0.892	0.007	3.278***	0.005	1.953*
$ROA_{i,t-1}$	−0.058	−3.704***	−0.046	−4.767***	−0.042	−4.565***	0.031	2.806***
$Cash_{i,t-1}$	0.302	26.009***	0.079	11.577***	0.043	7.173***	0.135	18.547***
$INV_{i,t-1}$	0.222	24.299***	0.031	5.431***	0.028	5.279***	0.159	24.847***
$LnTA_{i,t-1}$	0.009	9.278***	0.004	6.034***	0.001	0.955	0.003	4.969***
$LnQR_{i,t-1}$	−0.044	−17.113***	−0.019	−13.088***	0.000	−0.264	−0.014	−8.603***
$Debt_{i,t-1}$	0.202	22.171***	0.067	12.554***	0.084	17.472***	0.080	13.628***
$Larg_{i,t-1}$	0.003	0.420	0.007	1.794*	−0.003	−2.266**	0.008	1.777*
$Asset\_Turn_{i,t-1}$	0.054	26.942***	0.044	35.747***	0.015	12.820***	−0.001	−1.019
$LnAge_{i,t}$	−0.005	−3.199***	−0.003	−3.441***	−0.003	−4.027***	0.001	1.213
行业	控制		控制		控制		控制	
年度	控制		控制		控制		控制	
$AdjR^2$	0.599		0.504		0.238		0.332	
F值	303.433***		206.511***		64.354***		101.665***	
样本数	8 499		8 499		8 499		8 499	

注：***、**和*表示检验分别在1%、5%和10%的置信水平上（2-tailed）显著。

3.4.5　敏感性测试

为了检验本章研究结论是否具有稳健性，我们进行了如下敏感性测试：（1）由于应付账款、应付票据和预收账款均为存量指标，为了刻画企业商业信用筹资的动态性，本章以应付账款变动额、应付票据变动额和预收账款变动额与总资产的比值及三者之和分别替代应付账款比例、应付票据比例、预收账款比例和企业从外部获得的总商业信用，对模型3-1重新进行回归。（2）鉴于多数学者常用存量（年末银行借款）指标衡量公司取得的银行借款，为了保持与现有研究文献的一致性并检验本章研究结论对银行变量指标的选取是否敏感，我们亦用银行借款（短期借款与长期借款之和）与年末总资产之比替代公司借款收到的现金（流量指标）重新对模型3-1回归。（3）在经验研究中，衡量成长机会的指标除采用销售增长率外，还有Tobin's q和总资产增长率。为此，借鉴现有研究，本章用Tobin's q和总资产增长率替代销售增长率来反映公司拥有的投资机会，对本章模型重新回归。（4）在实务中，衡量公司盈利能力的指标除了本章所使用的总资产利润率外，还有销售利润率、权益净利率。为了考察不同的盈利能力表示方式对研究结果可能带来的影响，我们分别用这些指标替代总资产利润率对表3-6的结果重新进行了检验。以上敏感性测试结果与本章研究结论没有实质性差异，这说明本章的研究结果是稳健的。限于篇幅，本书在此不再列示敏感性测试的回归结果。

3.5　　　　　　　　　　　本章小结

本章基于信贷配给理论和产权理论，在对银行借款和商业信用之间的关系深入分析的基础上，结合我国经济转型时期强金融控制的特殊的制度背景，以我国沪深证券交易所2003—2011年8 499个上市公司的经验数据为样本，采用比较分析的方法，对民营企业的融资现状和使用商业信用的动机进行了系统的研究。研究结果显示，由于正规金融市场上的信贷配给和所有制歧视，民营控股公司从银行获得的正式贷款显著低于国有控股公司，但其通过非正规渠道获得的商业信用显著高于国有控股公司。银行借款与商业信用融资显著负相关，且这种负相关性在民营控股公司中表现得更强烈，显示出民营控股公司为缓解其资金短缺使用了更多的商业信用作为替代。此种结果意味着，正规金融体系的信贷配给和所有制歧视，以及经济转型期法律对私有产权保护的缺失迫使民营控股公司为缓解其在正规金融市场上遭受的融资约束，使用了更多的基于隐性契约关系的商业信用。进一步分析发现，银行借款和商业信用之间的替代效应主要来自于应付账款和预收账款，相反，应付票据与银行借款则表现出一种互补关系。而且，对民营控股公司而言，其面临的银行借款与预收账款的替代效应要显著高于相应的银行借款与应付账款之间的替代效应，说明在银行信贷资金因正规金融市场上的信贷配给和所有制歧视变得不可获得时，民营控股公司会优先选择预收账款替代银行借款，其次是应付账款，最后是应付票据。

第 4 章

银行借款、金融漏损与商业信用

4.1 ——————— 引　言 ———————

　　本章是上一章的延续。通过第 3 章的研究，可以看出，民营企业为减少正规金融市场上的信贷配给和所有制歧视带来的资金不足，被迫使用了更多基于隐性契约关系的商业信用作为替代。与此相关的问题是，缓解民营企业融资困境的商业信用来自哪里？即何种类型或性质的企业更可能将其在正规金融市场上获得的银行借款以商业信用的形式再转贷给民营企业？根据本书导论部分所构建的框架，本章主要在已有研究的基础上，利用软预算约束理论和商业信用再分配理论，着重探讨体制内金融资源外向漏损的可能性，旨在回答问题（3）——体制内以国有企业为代表的经济体如何将其从正规金融体系获得的银行借款通过商业信用渠道再转贷给急需资金的民营企业，从而构成民营企业非正规融资的一个重要来源？换言之，国有企业金融漏损效应产生的动机和条件是什么？

　　理论和经验研究均表明，金融压抑阻碍经济增长（卢峰和姚洋，2004），并恶化民营企业外部金融生态环境，但是民营企业在我国的蓬勃发展说明，必然存在某种融资机制有效弥补了正规金融市场上的信贷配给和所有制歧视给其带来的资金不足。Allen、Qian 和 Qian（2005）推测，在中国可能存在一个主要基于关系、声誉和信任的非正规融资渠道支撑着民营企业的成长。Tsai（2002）指出，中国正规金融体系之外存在着以民间借贷为代表的非正规金融市场，为非国有企业的发展提供了必要的资金支持。在国内，一些学者基于中国的政治现实，认为我国存在着两条支撑民营企业快速发展的资金来源：一是金融漏损，二是民间金融（卢峰和姚洋，2004；辛念军，2006；刘瑞明，2011）。我国的经济增长主要是依靠金融数量而非效率推动的，体制内低效率的金融资源并没有完全转化为产出（卢峰和姚洋，2004；辛念军，2006）。金融漏损发生在体制外经济与获得正规金融支持的体制内企业的交易过程中。它的主要渠道是商业信用，形式则为三角债。虽然缺乏系统的数据，但是有理由相信，在整个三角债链条中，民营企业拖欠的债务要多于国有企业（卢峰和姚洋，2004）。这是因为，在政府的隐性金融干预下，国有企业作为特权部门，通常在获取银行贷款上具有优势。而且国有企业还存在软预算约束问题，在此制度安排下，国有企业有放大其低效率特性以谋求更多金融支持的动机和倾向（张杰，2000）。所以，国有企业更可能成为三角债循环中的资金的净提供者（卢峰和姚洋，2004）。而金融漏损的受益方，无疑为在经济转型过程中受正规金融体系歧视的民营企业。尽管这种低水平均衡的代价是很高的，但它毕竟是在存在信贷歧视情况下的最优选择（卢峰和姚洋，2004）。通过此渠道，体制内国有部门的金融资源不时地以商业信用（应收账款、应收票据或预付账款）的形式漏损到民营企业，成为民营企业非正规融资来源之一，有效地缓解了民营企业资金紧张的问题，间接支持了受正规金融歧视的体制外经济的发展，从而以扭曲的方式实现了转型期具有中国特色的金融资源的二次配置，客观上促进了我国经济的增长（辛念军，2006）。民间金融的主要形式是私人借贷或地下钱庄，其存在，使得在正规金融市场上难以获得银行支持的民营企业取得发展所需的资金。尽管利用以上两种渠道获得的资金可能存在合规性问题，但它们的确有助于减轻正规金融市场上的信贷配给和所有制歧视给民营企业带来的负面影响，为民营企业的成长提供了及时的资金支持（卢峰和姚洋，2004）。

考虑到民间金融的灰色性，其数据无法获得，本章拟从金融漏损的视角对银行借款与商业信用（应收账款、应收票据和预付账款）的关系进行系统研究。研究目的有两个：其一是考察体制内金融资源从国有企业向民营企业非正规转移的漏损效应产生的条件及其可能性；其二是在体制内金融资源出现以商业信用形式的外向漏损的情况下，探讨其非正规转移的主要渠道。

4.2 ——————— 制度背景、理论分析与研究假设 ———————

金融漏损即金融资源的非正规转移，其根源首先在于制度层面的超强金融控制政策，致使民营企业的融资需求难以在正规金融市场得到满足，从而为国有企业创造了攫取租金的机会；其次是企业层面的国有企业运行效率低下，导致其信贷资金出现过剩和闲置；最后是国家与金融机构对体制内金融资源监管不力（辛念军，2006）。在我国，超强金融控制下的金融压抑和所有制歧视，造成民营企业与国有企业在银行信贷的获取方面存在显著差别，我国的银行业将大部分信贷资源提供给了国有企业，导致国有企业对国有银行信贷资金的刚性依赖和过度需求（张杰，2000）。然而，国有企业固有的低效率问题，其获得的银行贷款有可能未完全转化为产出，而是沉淀下来，形成闲置资金，在制度缺失、市场力量和资本逐利三方因素的共同作用下，这部分被闲置的资金除了少量用于消费外，其余部分则有可能通过其他非正规途径重新回到生产领域（卢峰和姚洋，2004；辛念军，2006；安强身，2008）。考虑到民营企业的生产效率一般较高，且普遍面临资金短缺问题，因此，对于国有企业而言，借助商业信用渠道，以较高的使用成本把其在金融市场上获得的银行贷款非正规转移（再贷）给民营企业，赚取一定的收益以弥补其经营上的不足，不失为一种理性选择。所以，国有企业有动机将其获得的银行信贷资金通过商业信用渠道以应收账款、应收票据或预付账款的形式再转贷给急需资金的民营企业。这部分漏损的金融资源进入民营企业后，在较高的效率支持下，实现了高效产出，缓解了通货膨胀压力，并修正了金融资源初次配置的低效率，对金融资源进行了二次再分配（辛念军，2006；安强身，2008）。金融漏损现象及背后对效率的修正，正是制度缺陷、市场力量和资本逐利的结果，是对落后的金融体制的一种迂回反应，其实质是个人和体制外企业自发地在特定环境下，采取了一些措施来缓和经济体系对金融资源的客观需求与金融资源现实配置之间的矛盾（辛念军，2006）。

另外，转型经济体特有的国有企业软预算约束问题，[①] 使得国有银行在国家财政作为国有企业软预算约束支持体难以为继的情况下，替代政府事实承担了救助亏损国有企业的责任（施华强，2004），造成经营业绩不再成为国有银行对国有企业贷款的重要决定因素（Cull 和 Xu，2005）。在政府隐性担保和干预下，银行贷款变成了对亏损国有企业的补贴，导致盈利能力低或经营亏损的国有企业相对于盈利能力高的国有企业更容易获得银行的支持（Cull 和 Xu，2005），致使银行信贷资源的配置偏离了经济和效率最大化目标。[②]Cull 和 Xu（2005）研究了银行信贷在国有企业之间配置的决定因素，发现银行贷款与企业盈利能力之间的相关性自 20 世纪 90 年代随着政府日益使用银行贷款而非财政直接补贴支持经营业绩差的国有企业而变弱。Cull、Xu 和 Zhu（2009）的研究结果表明，银行贷款与国有企业的盈利能力显著负相关，显示出中国的银行将更多的信贷资金配置给了盈利能力低或经营亏损的国有企业。当经营业绩不再是银行对国有企业贷款的重要考虑因素，以及政府赋予国有银行救助陷入财务困境国有企业的责任，可以合理预期，与盈利能力强、成长机会高的国有企业相比，盈利能力低或经营亏损的国有企业对商业信用的需求较少，出现银行贷款剩余或闲置的可能性较高。所以，在缺乏良好投资机会的情况下，为获得较高的资金使用收益，盈利能力低或经营亏损的国有企业更有动机将其在正规金融市场上获得的银行借款通过商业信用渠道，以应收账款、应收票据或预付账款的形式，非正规转移给经营业绩较好但银行资金相对稀缺的企业。这一结果通常与信贷资金配置效率整体提高或改善是一致的。Cull、Xu 和 Zhu（2009）研究发现，经营业绩差的国有企业更可能把其获得的银行贷款以商业信用（应收账款）的形式再分配给在获取银行贷款方面没

77

---

　　① 由于渐进式改革的特性与计划经济体制的惯性和路径依赖特征，国有企业仍然承担了大量包括推动经济发展、增加就业和改善基础设施等在内的社会责任，因此，政府有很强的动机对其控制的国有企业实施软预算约束。韩朝华（2003）指出，我国国有企业的改革更多体现在经济层面上，而在行政层面上则进展相对缓慢，政企尚未真正分开。
　　② 许小年（2013）指出，经过改制上市，从表面上看，国有企业是向市场化靠拢了，但是它的精神、基本激励机制依然停留在计划经济时代，在微观行为上并没有因为改制和上市就得到了再造。而这也造成了道德风险，并导致企业银行信贷资金使用效率低下。

有特权的企业。

相反，对于民营企业，由于正规金融市场上的信贷配给和所有制歧视，不能完全在市场化的条件下取得成长所需的银行资金。换言之，相对于其拥有的投资机会，民营企业在正规金融市场上面临的融资约束通常较高，而民营企业面临更高的融资约束意味着民营企业对外提供商业信用的成本会显著高于国有企业（余明桂和潘红波，2010）。所以，与国有企业相比，民营企业通过商业信用渠道将其在正规金融市场上获得的有限的银行贷款再分配给其他企业的意愿通常较弱。商业信用的再分配理论也认为，在正规金融市场上易于获得银行贷款的企业会以商业信用（应收账款、应收票据或预付账款）的形式将其获得的银行贷款再分配给较难获得银行贷款的企业。正规信贷再分配到商业信用的程度取决于所有权的类型（Cull、Xu和Zhu，2009）。基于以上分析，可提出本章如下假设：

假设1：相对于民营企业，国有企业的应收账款、应收票据或预付账款与其在正规金融市场上获得的银行借款显著正相关，且这种正相关性在盈利能力差、成长机会低的国有企业表现得更强烈。

4.3 ———————— 研究设计 ————————

4.3.1 样本选择与数据来源

根据本章的研究内容，我们以沪深证券交易所2003—2011年所有A股上市公司作为初始样本，同时为保证所收集数据的有效性，尽量减少其他因素对数据的影响，依据以下标准对初始样本进行了筛选：（1）剔除当年新上市的公司。许多学者研究表明，我国上市公司IPO前3年和当年存在明显的盈余管理行为，财务数据可靠性较差。（2）鉴于金融类上市公司与一般上市公司经营业务上的差异性，为了保持数据的可比性，亦剔除金融和保险行业的上市公司。（3）考虑到极端值对研究结果的不利影响，剔除应收账款比例、应收票据比例、预付账款比例、银行借款比例、货币资金持有比例、销售增长率、资产报酬率绝对值大于1和资不抵债的公司，以及数据存在缺失的公司。（4）剔除因资产重组或置换导致主营业务发生变更的公司，以及通过股权转让由原国有控股上市公司演变而来的民营（化）控股上市公司。依据上述标准进行筛选后，最后得到 8 499 个公司年度观测值。其中，国有控股公司和民营控股公司观测值分别为 6 326 个和 2 173 个。样本的年度和行业分布详见第3章表 3-1 和表 3-2。

本章关于上市公司终极控制人类型的数据系根据上海 Wind 资讯有限公司公布的上市公司年报手工收集整理而成。我们借鉴夏立军和方轶强（2005）的做法，如果上市公司的终极控制人为市（县）级或以上各级政府机构则认定为国有控股。相反，如果上市公司的终极控制人为自然人、职工持股会、民营企业、乡镇集体企业或外资企业，则认定为民营控股。本章使用的其他数据，包括应收账款、应收票据、预付账款、取得借款收到的现金、总资产、销售收入、营业利润、货币资金，以及 IPO 日期均来自深圳国泰安的中国股票市场与会计研究数据库。

4.3.2 模型设定与变量说明

对于本章提出的研究假设，我们拟构建如下回归模型对其进行检验。

$$\begin{aligned}
Fin\_Leak_{i,t} = {} & \beta_0 + \beta_1 Bank_{i,t-1} + \beta_2 ROA_{i,t-1} + \beta_3 Bank_{i,t-1} \times ROA_{i,t-1} + \beta_4 Growth_{i,t-1} \\
& + \beta_5 Cash_{i,t-1} + \beta_6 LnTA_{i,t-1} + \beta_7 Asset\_Turn_{i,t-1} + \beta_8 Larg_{i,t-1} + \beta_9 LnAge_{i,t} \\
& + \sum Ind + \sum Year + \varepsilon_{i,t}
\end{aligned}$$

$$(4-1)$$

在模型 4-1 中， $Fin\_Leak_{i,t}$ 为金融漏损变量。基于本章的理论分析，我们使用公司 i 第 t 年对外提供的商业信用，即应收账款、应收票据和预付账款之和与年末总资产之比（ $Trade\_Rec_{i,t}$ ），作为金融漏损效应的替代变量。 $Bank_{i,t-1}$ 为公司 i 第 t-1 年银行借款比例，等于公司该年借款收到的现金与其年末总资产的比值。如果 $Bank_{i,t-1}$ 的系数 β_1 显著为正，表明企业在正规金融市场上获得的银行信贷资金有一部分通过商业信用的渠道以应收账款、应收票据或预付账款的形式非正规地转移了出去，即金融资源发生了外向漏损。相反，若 $Bank_{i,t-1}$ 的系数 β_1 为负或不显著，则说明企业从正规金融市场上获得的银行信贷资源未出现漏损。$ROA_{i,t-1}$ 为公司 i 第 t-1 年的资产报酬率，等于公司 i 第 t-1 年的息税前利润与该年末总资产之比，代表公司的盈利能力。交乘项 $Bank_{i,t-1} \times ROA_{i,t-1}$ 用来考察企业的盈利能力对金融漏损效应的影响。如果 $Bank_{i,t-1} \times ROA_{i,t-1}$ 的系数 β_3 显著为负，说明与盈利能力高的企业相比，盈利能力低或经营业绩差的公司获得的银行借款更可能发生金融漏损效应。反之，若 β_3 不显著或为正，则意味着企业的盈利能力对金融漏损效应没有影响或产生了相反的作用。$Growth_{i,t-1}$ 为公司 i 第 t-1 年的成长机会，用销售增长率表示。$Cash_{i,t-1}$ 为公司 i 第 t-1 年的现金持有量，等于公司 i 第 t-1 年的货币资金除以总资产。$LnTA_{i,t-1}$ 为公司 i 第 t-1 年的总资产的自然对数，反映公司规模。$Larg_{i,t-1}$ 为公司 i 第 t-1 年的第一大股东持股比例，等于第一大股东持股数与公司发行在外的普通股股数之比。$Asset\_Turn_{i,t-1}$ 为公司 i 第 t-1 年的总资产周转率，等于公司销售收入净额与其总资产之比，用于衡量公司利用资产赚取收入的能力。通常该指标越大，则公司利用资产赚取收入的能力越强，其经营活动越有效。$LnAge_{i,t}$ 为截止到第 t 年公司 i 累积的已上市时间（$Age_{i,t}$）的自然对数。Ind 和 Year 分别为反映行业和年度效应的虚拟变量，用来控制其他无法观察到的行业因素或宏观经济波动对企业提供的商业信用可能产生的影响。$\varepsilon_{i,t}$ 为误差项。

考虑到多重共线性，我们没有定义国有控股虚拟变量，而是将样本进一步细分为国有控股公司和民营控股公司两个子样本，采取分组检验的方法依次对全样本公司（考察总效应）、国有控股公司、民营控股公司展开研究。若模型 4-1 中交乘项 $Bank_{i,t-1} \times ROA_{i,t-1}$ 的系数 β_3 仅在国有控股公司子样本中显著为正，而在民营控股公司子样本中不显著或为负，则说明国有企业获得的正规金融资源未完全转化为产出，其中一部分则是以商业信用的形式发生了外向漏损，其去向可能为民营企业，反之则反是。

为了深入考察正规金融资源非正规转移的具体渠道及差异，我们把

Fin_Leak$_{i,t}$ 进一步细分为应收账款比例（应收账款与总资产之比，AR$_{i,t}$）、应收票据比例（应收票据与总资产之比，NR$_{i,t}$）和预收账款比例（预付账款与总资产之比，AP$_{i,t}$），对模型 4–1 重新回归。另外，为了克服内生性问题对回归结果可能带来的不利影响，模型 4–1 中的主要测试变量相对于因变量来说都是滞后一期的。

4.4　　　　　　实证结果与分析

4.4.1　主要变量的描述性统计

表 4–1 列出了模型 4–1 中主要变量的描述性统计，可见，本章研究样本具有如下特征：

（1）企业对外提供的商业信用（Trade_Rec$_{i,t}$）均值为 0.16721，中位数为 0.14988，最小值和最大值分别为 0 和 0.97501，标准差为 0.11240，显示出研究期间样本企业向其他企业提供的商业信用存在很大差异。从 Trade_Rec$_{i,t}$ 的具体构成来看，其中，应收账款比例（AR$_{i,t}$）、应收票据比例（NR$_{i,t}$）和预付账款比例（PA$_{i,t}$）的最小值均为 0，但其均值（中位数）则分别达到了 0.10451（0.08145）、0.02547（0.00736）和 0.03721（0.02433），此种结果说明企业向其他企业提供的商业信用形式主要是应收账款，而预付账款和应收票据则相对较少。

（2）公司借款收到的现金（Bank$_{i,t-1}$）均值为 0.20650，中位数为 0.19794，最大值和最小值分别为 0 和 0.80057，标准差则为 0.14804，显示出样本期内不同公司从银行获得的借款的能力差异较大。若从信贷资金的提供者——银行的角度来看，则表明银行很可能对不同公司的借款需求采取了区别对待的策略，从而影响了企业银行借款的可获得性。

（3）公司资产报酬率（ROA$_{i,t-1}$）的均值和中位数分别为 0.05639 和 0.05394，显示出多数上市公司处于微利状态，盈利能力偏低，且有些公司亏损较为严重（经营业绩的最小值为 -0.97793）。

（4）销售增长率的均值为 0.17791，中位数为 0.16310，最小值为 -0.97339，最大值为 0.99994，说明样本期内不同公司面临的成长机会存在较大差异。

表 4-1 主要变量的描述性统计（n=8 499）

变量	均值	中位数	最小值	1/4分位数	3/4分位数	最大值	标准差
$Trade\_Rec_{i,t}$	0.16721	0.14988	0	0.08106	0.23299	0.97501	0.11240
$AR_{i,t}$	0.10451	0.08145	0	0.03136	0.15034	0.97501	0.09560
$NR_{i,t}$	0.02547	0.00736	0	0.00041	0.03046	0.50950	0.04484
$PA_{i,t}$	0.03721	0.02433	0	0.01026	0.04860	0.63401	0.04339
$Bank_{i,t-1}$	0.20650	0.19794	0	0.08161	0.31241	0.80057	0.14804
$ROA_{i,t-1}$	0.05639	0.05394	-0.97793	0.03089	0.08318	0.49268	0.06623
$Growth_{i,t-1}$	0.17791	0.16310	-0.97339	0.02821	0.32073	0.99994	0.25689
$Cash_{i,t-1}$	0.18121	0.14375	0.00065	0.08579	0.23659	0.86863	0.13641
$LnTA_{i,t-1}$	21.57581	21.41910	18.60187	20.77569	22.17022	28.13564	1.14224
$Larg_{i,t-1}$	0.40966	0.4027	0.02197	0.2858	0.5276	0.8941	0.15785
$Asset\_Turn_{i,t-1}$	0.70315	0.57903	0.01867	0.38313	0.86371	10.01522	0.52424
$Age_{i,t}$	7.83	8.00	1	4.00	11.00	21	4.509

4.4.2 单变量分析

表 4-2 列出了国有控股公司与民营控股公司单变量均值和中位数比较的结果，容易发现，民营控股公司对外提供的商业信用（$Trade\_Rec_{i,t}$）无论是在均值还是中位数（其对应的均值和中位数分别为 0.19236 和 0.17758）上均显著高于国有控股公司（均值和中位数分别为 0.15856 和 0.13909），显示出与国有控股公司相比，民营控股公司对外提供了更多的商业信用，表明民营控股公司倾向于将商业信用作为产品市场竞争（吸引客户）的手段。这可能与其面临的外部市场环境较为恶劣有很大关系。由于历史和制度（意识形态）上的原因，民营控股公司难以享受到政府提供的产品市场和要素市场的政策优惠，因而在市场竞争中处于相对弱势的地位，面临的竞争压力显著大于国有控股公司（余明桂和潘红波，2010）。而且与国有控股公司相比，民营控股公司还存在规模小（民营控股公司总资产对数的均值和中位数分别为 21.14184 和 21.03558，均值和中位数差异

显著性检验的t值和z值分别为24.045和20.881）、上市时间（民营控股公司上市时间的均值和中位数为5.46和4.00，均值和中位数差异显著性检验的t值和z值分别为29.224和29.701，亦显著小于国有控股公司的上市时间）短等问题，市场对其经营历史和产品信息的了解程度低于国有控股公司。为了能够在激烈的市场竞争中求得生存和发展，迫使其不得不更多地采用赊销的策略。国有控股公司较低的应收账款比例，反映出其在面临市场竞争时并不显著（较少）地依赖于商业信用。

此外，从提供的商业信用的具体构成来看，民营控股公司在应收账款（$AR_{i,t}$，均值和中位数为0.12775和0.10936）和预付账款（$PA_{i,t}$，均值和中位数为0.04004和0.02616）上也都显著高于国有控股公司。而在应收票据方面，尽管民营控股公司对应的均值和中位数均低于国有控股公司，但二者差异并不显著，显示出民营控股公司在应对外部市场竞争方面，主要采取的措施是赊销，相对较少地要求客户提供商业汇票作为销售手段，且在采购上亦使用了较多的预付款项。

83

表4-2　　国有控股公司与民营控股公司单变量均值和中位数比较

变量	国有控股公司		民营控股公司		t值	Wilcoxon z值
	均值	中位数	均值	中位数		
$Trade\_Rec_{i,t}$	0.15856	0.13909	0.19236	0.17758	−12.197***	−13.700***
$AR_{i,t}$	0.09653	0.06893	0.12775	0.10936	−13.270***	−16.348***
$NR_{i,t}$	0.02578	0.00736	0.02456	0.00730	1.094	1.372
$PA_{i,t}$	0.03624	0.02362	0.04004	0.02616	−3.517***	−4.480***
$Bank_{i,t-1}$	0.21598	0.14924	0.17891	0.16691	10.417***	10.122***
$ROA_{i,t-1}$	0.05249	0.04927	0.06772	0.06737	−9.294***	−15.736***
$Growth_{i,t-1}$	0.17316	0.15749	0.19171	0.178927	−2.903***	−3.400***
$Cash_{i,t-1}$	0.16181	0.13218	0.23771	0.19507	−19.444***	−19.351***
$LnTA_{i,t-1}$	21.72487	21.5649	21.14184	21.03558	24.045***	20.881***
$Larg_{i,t-1}$	0.42306	0.42000	0.37000	0.3529	13.968***	13.768***
$Asset\_Turn_{i,t-1}$	0.71407	0.58477	0.67137	0.56326	3.375***	2.275**
$Age_{i,t}$	8.64	9.00	5.46	4.00	29.224***	29.701***

注：国有控股公司与民营控股公司的样本观测值分别为6 326和2 173。***、**和*表示检验分别在1%、5%和10%的置信水平上（2-tailed）显著。

4.4.3 相关性分析

模型4-1中主要变量的Pearson相关系数见表4-3。容易发现，企业对外提供的商业信用（$Trade\_Rec_{i,t}$）与其在正规金融市场上获得的银行借款（$Bank_{i,t-1}$）的相关系数为0.029，且在1%的置信水平上显著，显示出企业获得的银行借款的一部分很可能通过商业信用渠道以应收账款、应收票据或预付账款的形式非正规转移了出去。从$Trade\_Rec_{i,t}$具体构成来看，应收账款（$AR_{i,t}$）和预付账款（$PA_{i,t}$）和银行借款显著正相关（二者与银行借款的相关系数分别为0.045和0.104，对应的p值均等于0.000）。相反，应收票据则与银行借款则呈现出显著的负相关关系（相关系数为-0.123，p值等于0.000）。上述结果表明企业的银行借款主要是通过应收账款和预付账款渠道，而不是应收票据渠道非正规转移给其他企业的。

企业的资产报酬率（$ROA_{i,t-1}$）与其对外提供的商业信用（$Trade\_Rec_{i,t}$）显著负相关（相关系数为-0.086，对应的p值等于0.000），说明盈利能力越低或经营业绩越差的企业，其在销售商品或采购时需要向其他企业提供更多的商业信用，这可能与其遭遇到的较高的财务困境有关。从$Trade\_Rec_{i,t}$的具体构成来看，企业的资产报酬率（$ROA_{i,t-1}$）与应收账款（$AR_{i,t}$）和预付账款（$PA_{i,t}$）显著负相关（对应相关系数分别为-0.141和-0.036，p值均等于0.000），与应收票据显著正相关（相关系数等于0.120，p值亦等于0.000）。此种结果表明，盈利能力低或经营业绩差的企业主要是以应收账款或预付账款，而非应收票据的形式向客户或供应商提供商业信用的。以上Pearson相关系数分析的结果，为本章提出的假设提供了初步的支持。

表4－3 主要变量的 Pearson 相关系数

变量	$Trade\_Rec_{i,t}$	$AR_{i,t}$	$NR_{i,t}$	$PA_{i,t}$	$Bank_{i,t-1}$	$ROA_{i,t-1}$	$Growth_{i,t-1}$	$Cash_{i,t-1}$	$LnTA_{i,t-1}$	$Larg_{i,t-1}$	$Asset\_Turn_{i,t-1}$	$Age_{i,t}$
$AR_{i,t}$	0.846*** (0.000)	(-)										
$NR_{i,t}$	0.358*** (0.000)	-0.012 (0.268)	(-)									
$PA_{i,t}$	0.356*** (0.000)	0.001 (0.899)	-0.079*** (0.000)	(-)								
$Bank_{i,t-1}$	0.029*** (0.007)	0.045*** (0.000)	-0.123*** (0.000)	0.104*** (0.000)	(-)							
$ROA_{i,t-1}$	-0.086*** (0.000)	-0.141*** (0.000)	0.120*** (0.000)	-0.036*** (0.001)	-0.137*** (0.000)	(-)						
$Growth_{i,t-1}$	0.049*** (0.002)	0.004 (0.700)	0.075*** (0.000)	0.041*** (0.000)	-0.006 (0.566)	0.295*** (0.000)	(-)					
$Cash_{i,t-1}$	0.035*** (0.000)	0.030*** (0.000)	0.011 (0.306)	0.011 (0.301)	-0.294*** (0.000)	0.225*** (0.000)	0.066*** (0.000)	(-)				
$LnTA_{i,t-1}$	-0.188*** (0.000)	-0.270*** (0.000)	0.116*** (0.000)	-0.014 (0.212)	0.085*** (0.000)	0.139*** (0.000)	0.111*** (0.000)	-0.183*** (0.000)	(-)			
$Larg_{i,t-1}$	0.014 (0.188)	-0.006 (0.580)	0.070*** (0.000)	-0.023** (0.038)	-0.074*** (0.000)	0.121*** (0.000)	0.069*** (0.000)	0.069*** (0.000)	0.162*** (0.000)	(-)		
$Asset\_Turn_{i,t-1}$	0.172*** (0.000)	0.037*** (0.001)	0.224*** (0.000)	0.133*** (0.000)	0.052*** (0.000)	0.134*** (0.000)	0.149*** (0.000)	0.058*** (0.000)	0.082*** (0.000)	0.049*** (0.000)	(-)	
$Age_{i,t}$	0.030*** (0.000)	-0.144*** (0.000)	0.030*** (0.000)	-0.013 (0.223)	0.085*** (0.000)	-0.150*** (0.000)	-0.136*** (0.000)	-0.440*** (0.000)	0.257*** (0.000)	-0.197*** (0.000)	0.051*** (0.000)	(-)

注：Pearson 相关系数下面括号中的是 p 值。***、**和*表示检验分别在1%、5%和10%的置信水平上（2-tailed）显著。

85

4.4.4　多元回归结果分析

表4-4列出了模型4-1以 $Trade\_Rec_{i,t}$（应收账款、应收票据与预付账款之和）为因变量的多元回归结果。全样本的回归结果显示，$Bank_{i,t-1}$ 的估计系数为0.039，且在1%的置信水平上显著，表明在控制其他相关因素后，企业的银行借款每增加1%，将导致对外提供的商业信用平均增加0.039%，经济意义明显，说明企业对外提供的商业信用与其在正规金融市场上获得的银行借款非常敏感，显示出我国上市公司在正规金融市场上获得的银行借款未完全转化产出，有一部分通过商业信用渠道以应收账款、应收票据或预付账款的形式被非正规转移了，此种结果意味着我国上市公司存在不同程度的金融漏损问题。交乘项 $Bank_{i,t-1} \times ROA_{i,t-1}$ 的系数尽管为负，但并不显著，表明总体而言，与盈利能力高的公司相比，盈利能力低或经营业绩差的上市公司获得的银行贷款并没有表现出更高的金融漏损效应。

从控制变量来看，$ROA_{i,t-1}$、$Cash_{i,t-1}$、$LnTA_{i,t}$ 和 $LnAge_{i,t}$ 的估计系数均显著为负，而 $Growth_{i,t-1}$、$Asset\_Turn_{i,t-1}$ 和 $Larg_{i,t-1}$ 的估计系数则分别在10%、1%和5%的置信水平显著为正，说明盈利能力低、规模比较小、面临较高成长机会或第一大股东持股比例较高的企业以应收账款、应收票据或预付账款的形式对其他企业提供了较多的商业信用。这与Pertsen 和 Rajan（1997）的研究结论较为一致。相反，上市时间较长、货币资金相对充足、资产使用效率低下的企业则对外提供的商业信用较少。

通过比较分组回归的结果，容易发现：（1）$Bank_{i,t-1}$ 的估计系数在国有控股公司样本组中仍然显著为正，但在民营控股公司样本组中尽管也为正，但已变得不显著，显示出金融漏损效应仅发生在国有控股公司，民营控股公司则不存在银行借款再转贷问题，这可能与其较低的银行借款可获得性有关。（2）交乘项 $Bank_{i,t-1} \times ROA_{i,t-1}$ 的估计系数在民营控股公司子样本组中虽然为负，但仍不显著，而在国有控股公司样本组中则变得显著为负，说明盈利能力低或经营业绩差的国有控股公司更有动机将其在正规金融市场上获得的银行借款通过商业信用的渠道以应收账款、应收票据或预付账款的形式非正规转移出去。由此假设1在经验上得到证实。

（3）$ROA_{i,t-1}$的系数在民营控股公司子样本组中已变为正，尽管不显著，但在国有控股公司子样本组中依然显著为负，说明前文所发现的盈利能力低或经营业绩差的企业更可能对外提供商业信用的现象仅存在于国有控股公司中，而在民营控股公司中则不存在上述效应。（4）$Growth_{i,t-1}$的估计系数在民营控股公司依然显著为正，在国有控股公司样本组中则变得不再显著，说明成长机会高的民营控股公司对外提供了更多的商业信用。

表4-4　银行借款、金融漏损与商业信用多元回归结果：基于总额（体）的回归

方程\n变量	全样本		国有控股公司		民营控股公司	
	系数	t值	系数	t值	系数	t值
截距项	0.440	19.122***	0.388	15.047***	0.424	7.249***
$Bank_{i,t-1}$	0.039	5.304***	0.038	4.636***	0.025	1.582
$ROA_{i,t-1}$	−0.059	−2.450**	−0.091	−3.273***	0.010	0.215
$Bank_{i,t-1} \times ROA_{i,t-1}$	−0.119	−1.408	−0.350	−1.994**	−0.027	−0.280
$Cash_{i,t-1}$	−0.089	−9.298***	−0.088	−7.551***	−0.116	−6.587***
$Growth_{i,t-1}$	0.008	1.884*	0.006	1.254	0.023	2.426**
$LnTA_{i,t-1}$	−0.012	−11.711***	−0.011	−9.494***	−0.010	−3.670***
$Asset\_Turn_{i,t-1}$	0.038	16.594***	0.038	14.871***	0.031	6.657***
$Larg_{i,t-1}$	0.017	2.432**	0.024	3.027***	0.029	1.847*
$LnAge_{i,t}$	−0.010	−6.458***	−0.006	−2.814***	−0.012	−3.569***
行业	控制		控制		控制	
年度	控制		控制		控制	
$AdjR^2$	0.306		0.329		0.236	
F值	102.192***		87.174***		19.679***	
样本数	8 499		6 326		2 173	

注：因变量为公司当期对外提供的商业信用总额（应收账款、应收票据与预付账款之和除以总资产）；***、**和*分别表示检验在1%、5%和10%的置信水平上（2-tailed）显著。

表4-5列示了模型4-1以应收账款为因变量的多元回归结果。全样本的回归结果显示，$Bank_{i,t-1}$的系数为0.042，且在1%的置信水平上显著，意味着在控制其他相关因素后，企业的银行借款每增加1%，将导致应收账款平均增加0.042%，经济意义明显，表明我国企业在正规金融市场上取得的银行借款有一部分通过商业信用渠道以应收账款的形式被非正规转移了，出现了金融漏损问题。交乘项$Bank_{i,t-1} \times ROA_{i,t-1}$的系数尽管为负，但并不显著，表明总体而言，与盈利能力高的公司相比，盈利能力低或经营业绩差的公司并没有表现出更高的应收账款形式的金融漏损效应。

通过比较分样本回归的结果，容易发现：（1）$Bank_{i,t-1}$的系数在国有控股公司样本组中依然显著为正，但在民营控股公司样本组中虽然也为正，但已不再显著，说明全样本中所发现的应收账款形式的正规金融资源漏损效应仅存在国有控股公司，而民营控股公司获得的银行借款则并没有发生此种类型的金融漏损效应。（2）交乘项$Bank_{i,t-1} \times ROA_{i,t-1}$的系数在民营控股公司子样本组中已变为正，尽管不显著，而在国有控股公司样本组中则在5%的置信水平上显著为负，说明盈利能力低或经营业绩差的国有控股公司更有动机通过商业信用的渠道，将其在正规金融市场上获得的银行借款以应收账款形式非正规转移出去。导致此种结果的原因可能与其较低的资金使用效率有关。（3）$ROA_{i,t-1}$的系数在国有控股公司子样本组中仍然显著为负，在民营控股公司尽管也为负，但已不显著，表明同等条件下，盈利能力低或经营业绩差的国有控股公司与类似的民营控股公司相比，有更大的可能性提供应收账款。

模型4-1以应收票据为因变量的多元回归结果见表4-6。可以看出，无论是在全样本组，还是国有控股公司或者民营控股公司子样本组中，$Bank_{i,t-1}$均在1%的置信水平上与应收票据显著负相关（系数分别为-0.025，-0.026和-0.023，对应的t值依次为-8.203，-7.302和-3.623），显示出国有控股公司和民营控股公司的银行借款与应收票据均表现出一种替代关系。交乘项$Bank_{i,t-1} \times ROA_{i,t-1}$的系数在全样本组和国有控股公司子样本组均显著为负，而在民营控股公司子样本组中则为正（尽管不显著）。此种结果表明，盈利能力低或者经营业绩差的国有控股公

表4-5　银行借款、金融漏损与商业信用多元回归结果：基于应收账款的回归

方程 变量	全样本		国有控股公司		民营控股公司	
	系数	t值	系数	t值	系数	t值
截距项	0.478	24.885***	0.416	19.428***	0.480	9.856***
$Bank_{i,t-1}$	0.042	6.898***	0.033	4.944***	0.051	1.052
$ROA_{i,t-1}$	−0.103	−5.145***	−0.150	−6.487***	−0.016	−0.412
$Bank_{i,t-1}×ROA_{i,t-1}$	−0.035	−0.491	−0.191	−2.382**	0.375	1.568
$Cash_{i,t-1}$	−0.077	−9.679***	−0.080	−8.281***	−0.080	−5.503***
$Growth_{i,t-1}$	0.002	0.500	−0.002	−0.583	0.024	3.085***
$LnTA_{i,t-1}$	−0.016	−18.158***	−0.014	−14.262***	−0.016	−6.867***
$Asset\_Turn_{i,t-1}$	0.011	5.573***	0.008	3.820***	0.014	3.510***
$L\,arg_{i,t-1}$	0.013	2.258**	0.019	2.835***	0.031	2.396**
$LnAge_{i,t}$	−0.010	−7.720***	−0.007	−4.234***	−0.008	−2.585***
行业	控制		控制		控制	
年度	控制		控制		控制	
$AdjR^2$	0.329		0.345		0.312	
F值	113.554***		93.400***		28.379***	
样本数	8 499		6 326		2 173	

注：因变量为公司的应收账款比例（应收账款除以总资产）；***、**和*分别表示检验在1%、5%和10%的置信水平上（2-tailed）显著。

司有更大的可能将其在正规金融市场上获得的银行借款以应收票据的形式非正规转移出去，对于民营控股公司而言上述效应并不存在。

表4-6　银行借款、金融漏损与商业信用多元回归结果：基于应收票据的回归

方程 变量	全样本		国有控股公司		民营控股公司	
	系数	t值	系数	t值	系数	t值
截距项	−0.094	−9.653***	−0.089	−7.920***	−0.116	−5.064***
$Bank_{i,t-1}$	−0.025	−8.203***	−0.026	−7.302***	−0.023	−3.623***
$ROA_{i,t-1}$	0.069	6.812***	0.085	6.986***	0.033	1.810*
$Bank_{i,t-1} \times ROA_{i,t-1}$	−0.121	−3.379***	−0.180	−4.287***	0.014	0.203
$Cash_{i,t-1}$	−0.016	−3.973***	−0.019	−3.702***	−0.020	−2.838***
$Growth_{i,t-1}$	−0.001	−0.767	−0.001	−0.637	−0.002	−0.616
$LnTA_{i,t-1}$	0.004	9.482***	0.004	7.541***	0.006	5.551***
$Asset\_Turn_{i,t-1}$	0.018	19.142***	0.018	15.941***	0.019	10.615***
$Larg_{i,t-1}$	0.006	1.913*	0.008	2.310**	−0.007	−1.095
$LnAge_{i,t}$	0.002	3.109***	0.004	4.206***	−0.003	−2.089**
行业	控制		控制		控制	
年度	控制		控制		控制	
$AdjR^2$	0.223		0.242		0.194	
F值	67.005***		57.144***		15.486***	
样本数	8 499		6 326		2 173	

注：因变量为公司的应收票据比例（应收票据除以总资产）；***、**和*分别表示检验在1%、5%和10%的置信水平上（2-tailed）显著。

表4-7列出了模型4-1以预付账款为因变量的多元回归结果。可以看出，在全样本的回归结果中，$Bank_{i,t-1}$的系数为0.022，且在1%的置信水平上显著，意味着在控制其他影响因素后，企业的银行借款每增加1%，将导致预付账款平均增加0.022%，此种结果表明我国企业在正规金融市场上取得的银行借款有一部分通过商业信用渠道以预付账款的形式被非正规转移给了其他企业。但其与表4-5的基于应收账款的全样本回归结果相比显著低的估计系数又说明，预付账款带来的金融漏损效应要低于应收账款产生的金融漏损效应。交乘项$Bank_{i,t-1} \times ROA_{i,t-1}$的系数尽管为负，但并不显著，表明总体而言，盈利能力低或经营业绩差的公司相对于盈利能力高的公司在预付账款方面并没有表现出更高的金融漏损效应。

通过比较分组回归的结果，容易发现：（1）$Bank_{i,t-1}$的系数在国有控股公司样本组中依然显著为正，但在民营控股公司样本组中已变为负（尽

管不显著），说明是国有控股公司而非民营控股公司在正规金融市场上获得的银行借款通过商业信用渠道以预付账款的形式被非正规转移给了其他企业。（2）交乘项 $Bank_{i,t-1} \times ROA_{i,t-1}$ 的系数在国有控股公司子样本组和民营控股公司子样本组仍还都不显著，说明盈利能力没有对国有控股公司和民营控股公司的预付账款形式的金融漏损效应产生影响。

表4-7　银行借款、金融漏损与商业信用多元回归结果：基于预付账款的回归

方程 变量	全样本		国有控股公司		民营控股公司	
	系数	t值	系数	t值	系数	t值
截距项	0.055	5.302***	0.061	5.402***	0.061	2.191**
$Bank_{i,t-1}$	0.022	6.667***	0.030	8.453***	−0.003	−0.427
$ROA_{i,t-1}$	−0.025	−2.274**	−0.026	−2.119**	−0.007	−0.321
$Bank_{i,t-1} \times ROA_{i,t-1}$	−0.033	−0.874	−0.038	−0.891	0.011	0.132
$Cash_{i,t-1}$	0.005	1.052	0.011	2.123**	−0.016	−1.900*
$Growth_{i,t-1}$	0.008	3.982***	0.010	4.591***	0.001	0.214
$LnTA_{i,t-1}$	0.000	−1.170	−0.001	−2.141**	0.000	−0.283
$Asset\_Turn_{i,t-1}$	0.009	8.576***	0.012	10.855***	−0.002	−0.893
$Larg_{i,t-1}$	−0.002	−0.586	−0.003	−0.755	0.004	0.600
$LnAge_{i,t}$	−0.002	−2.921***	−0.002	−2.577***	−0.002	−1.271
行业	控制		控制		控制	
年度	控制		控制		控制	
$AdjR^2$	0.059		0.085		0.057	
F值	15.380***		17.349***		4.619***	
样本数	8 499		6 326		2 173	

注：因变量为公司的预付账款比例（预付账款除以总资产）；***、**和*分别表示检验在1%、5%和10%的置信水平上（2-tailed）显著。

4.4.5　敏感性测试

为了检验本章研究结论的稳健性，我们进行了如下的敏感性测试：（1）由于应收账款、应收票据和预付账款均为年末存量指标，为了刻画企业商业信用形式的金融漏损效应的动态性，本章以应收账款变动额、应收票据变动额和预付账款变动额与总资产的比值及三者之和分别替代应收账款比例、应收票据比例、预付账款比例和企业对外提供的商业信用总额，

对模型4-1重新进行回归。（2）鉴于多数学者常用存量（年末银行借款）指标衡量公司在正规金融市场上取得的银行借款，为了保持与现有研究文献的一致性并检验本章研究结论对银行变量指标的选取是否敏感，我们亦用银行借款合计（短期借款与长期借款之和）与年末总资产之比替代公司借款收到的现金（流量指标），重新对模型4-1回归。（3）在实务中衡量公司盈利能力的指标除了本章所使用的总资产利润率外，还有销售利润率、权益净利率。为了考察不同的盈利能力表示方式对研究结果可能带来的影响，我们分别用这些指标替代总资产利润率对表4-4至表4-7的结果重新进行了检验。以上敏感性测试结果与本章研究结论没有实质性差异，这说明本章的研究结果是稳健的。限于篇幅，在此不再列示敏感性测试的回归结果。

4.5　　　　　　　　　　　本章小结

　　本章利用软预算约束理论和商业信用再分配的基本原理，结合我国经济转型时期超强金融控制特殊的制度背景，以我国沪深证券交易所2003—2011年8 499个上市公司的经验数据为样本，从信贷歧视的视角系统地研究了体制内金融资源外向漏损的动机、可能性及主要渠道。研究结果表明，国有控股公司的银行借款与其对外提供的商业信用显著正相关，说明体制内的以国有企业为代表的经济体在正规金融市场上获得的银行借款并没有完全转化为产出，其中一部分则是借助非正规渠道以商业信用的形式被漏损了。通过分组研究还发现，这种金融漏损效应主要来自于应收账款和预付账款，且前者也表现出了比后者更高的金融漏损效应，并受到公司盈利能力的影响。只是盈利能力低或经营业绩差的国有控股公司的银行借款以应收票据的形式发生了金融漏损。相反，盈利能力高或经营业绩好的国有控股公司获得的银行借款与应收票据却呈现出一种替代关系。换言之，应收票据形式的金融漏损效应在盈利能力低的国有控股公司表现得更明显。

　　尽管体制内金融资源外向漏损使民营企业间接获得正规金融的支持，

为民营企业的发展乃至整个经济的增长起到了重要的推动作用，然而，由于金融漏损的本源是非规范的，且在资金非正规转转移过程中会产生各种寻租和腐败行为，造成大量国有资产流失。如果不能通过制度对其加以规范和引导，金融漏损积累的风险将不断膨胀，从而对整个社会和经济发展构成危害（辛念军，2006；安强身，2008）。因此，作为一种重要的非正规融资来源，商业信用不能有效替代银行正式贷款，通过其筹集的资金也难以很好地满足当前中国快速成长的民营企业的需要。而且，商业信用对民营企业的资金支持并非独立于正规融资渠道，其作用很大程度上是通过正规金融体系得以实现的（余明桂和潘红波，2010）。所以，即使商业信用形式的金融漏损能够弥补融资禀赋差异所导致的银行信贷资金初始配置的效率失衡问题，且缓解了融资禀赋较差的企业的融资困境（王彦超和林斌，2008），一个运行良好的正规金融体系对于维持一国经济的长期发展亦是必需的。本章的政策建议是，加大金融领域的改革力度，创新和完善正规金融体系，消除国有银行垄断，减少信贷歧视，努力为每个企业营造一个公平的外部融资环境。

第 5 章

财务报告质量、银行借款与商业信用模式选择

5.1 —————————— 引　言 ——————————

　　通过第3章和第4章的研究，我们发现，中国正规金融市场存在着对国有企业的贷款偏好与对民营企业信贷配给和所有制歧视。与此同时，民营企业为缓解正规金融市场上的信贷配给和所有制歧视给其带来的资金短缺问题，被迫使用了更多基于隐性契约关系的商业信用作为银行借款的替代，并表现出对特定的商业信用融资模式的不同偏好，即当银行资金因信贷配给和所有制歧视变得不可获得时，会优先选择预收账款和应付账款替代银行借款，而选择应收票据的可能性较低。由于不同商业信用模式在签约成本、交易费用以及对企业经营活动的影响上存在很大差异，因此企业的理性反应是从不同的商业信用模式中选择最适宜的资金来源替代银行借款。本章主要利用财务报告的信号传递理论，旨在对如下问题展开分析：为减少正规金融市场上的所有制歧视带来的银行信贷资金供给不足问题，对商业信用存在较高融资需求的民营企业会采取何种措施，以期获取成本较低的商业信用模式？

　　在企业[①]日常商品采购中，与供应商的货款结算方式除了取得商品时

---

　　①　如未特别说明，本章中的企业所扮演的角色为商品购买方。

直接付款外，还有其他两种结算方式：一种是在取得商品之前向供应商支付货款；另一种则是在取得商品之后未来一段时期内再向供应商支付货款。前者即我们常说的预付账款，后者又可按商品交易时是否签发了反映债权债务关系的商业票据进一步细分为应付票据（签发了商业票据）和应付账款（未签发商业票据）。由于预付账款、应付票据和应付账款分别满足了供应商或企业部分短期资金需求，因而在标准的公司财务学教材中被称为商业信用结算方式。尽管上述三种商业信用结算方式都有助于企业与供应商之间交易的达成，并在实务中得到广泛应用，但因签约成本和交易风险不同，企业和供应商对这三种商业信用结算方式的偏好也不同。对供应商来说，由于预收账款（对应于企业的预付账款）能使供应商在向企业正式交付商品之前即可取得部分或全部货款，相当于从企业借入资金后用商品（货物）抵债，既解决了供应商一部分短期资金需求，同时又避免了货款被拒付的风险，因而是一种安全性最高且最有保障的交易方式。相反，应收票据和应收账款（分别对应于企业的应付票据和应付账款）则要求供应商首先交付商品然后才能从企业收回货款，即交付商品在前，回收货款在后，等同于企业从供应商处借入资金购进所需要的商品，因而会使供应商面临货款可能无法收回的风险。不过，与应收账款相比，应收票据因具有明确的付款人和付款日期且在到期之前可以承兑或贴现而能够给供应商提供更多的合理保证，拒付的风险一般低于应收账款。这也可以从供应商对应收票据和应收账款的账务处理差异上反映出来。所以，在三种可供选择的商业信用模式中，从供应商的角度来看，预收账款的风险最低，应收票据次之，应收账款最高。在理想的情况下，在与企业的商品交易中，供应商会优先采用预收账款，其次是应收票据，最后才会考虑选择没有签约保证的应收账款。考虑到企业与供应商之间是一种零和博弈关系，某种商业信用模式对一方来说是收益，对另一方而言就是损失；反之则反是。因此，当我们将分析对象转向企业时，预付账款非但未能从供应商处融得资金，反而还要占用企业部分资金，并增加由此带来的机会成本，因而对企业来说代价最高。应付票据要求企业以签约的票据作为担保，且在到期时必须全额偿还，如若延期将对企业声誉造成损失，并面临追加罚息、法律诉讼等惩罚，签约成本次高。应付账款既不需要企业事前签发票据作为担保，又能够满足企业部分短期资金的需求，所以交易成本最低。因此，从企业的角度来看，在上述三种可供选择的商业信用模式中，应付账款最优，应付票据次之，预付账款最差。企业的行为是趋利避害，理性人假设意味着博弈双方都希望选择最有利的商业信用模式。对企业来说，能否以签约成本最低的商业信用模式取得经营所需要的存货对企业的生存发展乃至竞争优势的维持有着重要影响。与此相关的问题是，哪些因素会影响企业商业信用模式的选择？刘凤委、李琳和薛云奎（2009）及陈运森和王玉涛（2010）均认为信任是影响企业商业信用模式选择的重要因素。前者以地区信任指数作为替代，研究发现，信任度越低的地区的企业，采用预付账款和应付票据等交易成本较高的商业信用模式越多；后者则从审计质量的视角进行了考察，研究结果显示，高质量的审计可使交易双方更容易形成信任关系，因而倾向于采取交易成本较低的商业信用模式。

尽管上述研究表明，信任作为一种非正式制度会对企业商业信用模式的选择具有重要影响，然而，与信任相比，信息可能是决定企业商业信用模式选择的最根本因素。这是因为：第一，信任的形成很大程度上是建立在交易双方充分掌握彼此信息的基础之上的，信任问题归根结底属于信息问题。第二，之所以会出现不同的商业信用模式，是因为信息是有成本的，以及信息在供应商和企业之间的分布是不对称的。第三，纵使企业所在地区的信任度很高，但当企业偿付货款的能力因信息不对称难以直接被供应商观察时，供应商出于规避风险的考虑也会拒绝向企业提供商业信用。而且，在信息不对称或不可证实的环境中，供应商对企业正直程度（诚信）的估计将会趋于保守。此时，任何关于企业机会主义倾向的信息都有可能被无限放大。所以，地区的信任度只能降低而不能消除企业与供应商之间的信息不对称，供应商要了解企业真实偿付货款能力，仍然需要收集来自企业的信息。因此，对企业来说，能否从供应商那里获得较为有利的商业信用模式，显然取决于如何采取措施降低其与供应商之间的信息不对称，把能够证明自身偿债实力的信息可靠地传递给供应商，而不是仅仅依赖于所在地区的信任度或审计质量等外部因素。基于以上分析，我们认为，信息而非信任是理解企业商业信用模式选择的关键。

一方面，财务报告作为企业对外传递信息的重要机制，当产品市场中的信息不对称使得供应商无法准确了解企业偿付货款的能力时，其披露的会计信息可向供应商传递有关企业质量的准确信号，这在一定程度上降低了供应商面临的信息不对称风险，因而会对企业商业信用模式的选择产生重要影响。另一方面，在我国经济转型过程中，由于支持市场的制度缺失，政府为了保证以国有企业为代表的体制内经济体的平衡发展，常常对金融资源的配置施以很强的控制（辛念军，2006），造成银行资金配置过程中的信贷配给和所有制歧视，使得民营企业很难在市场化的基础上获得银行贷款。正规金融市场上的信贷配给和所有制歧视导致了民营企业对商业信用的过度依赖（卢峰和姚洋，2004；Allen、Qian和Qian，2005；辛念军，2006），造成国有企业与民营企业在商业信用模式策略的选择上出现系统性差异，致使企业的产权性质亦成为影响企业商业信用模式选择的重要因素。本章的研究内容有三个方面：第一，高质量的财务报告能否缓解企业与供应商之间的信息不对称，从而减少企业对交易成本较高的商业信用模式的依赖；第二，基于以增强会计信息价值相关性和决策有用性为目标的新会计准则编制的财务报告，其披露的会计信息质量是否显著高于按照2006年之前的旧会计准则编制的财务报告披露的会计信息质量，从而可更有效地提高企业商业信用模式选择的效率；第三，为摆脱正规金融市场上的融资困境，民营企业较高的商业信用需求是否使其比国有企业有更强烈的动机向供应商提供高质量的财务报告以期获取成本较低的商业信用模式，即财务报告质量对商业信用模式选择的影响是否在民营企业中表现得更显著。

本章的主要贡献表现在：第一，利用信息经济学的信号传递理论，首创性地论证了财务报告质量在公司商业信用模式选择中的作用机理和效果，丰富和细化了已有的财务报告质量经济后果和商业信用模式选择的研究；第二，结合我国转型经济的制度背景，从信贷配给和所有制歧视的视角系统探讨了国有控股公司和民营控股公司商业信用模式选择的动机差异；第三，比较分析了新旧会计准则下的财务报告质量对公司商业信用模式选择的不同影响，为我国制定高质量会计准则的必要性提供了新的经验证据。

5.2 —————— 制度背景、理论分析与研究假设 ——————

产品市场上的信息不对称会带来两种交易摩擦：一是逆向选择；二是道德风险（Stiglitz 和 Weiss，1981）。前者发生在当事人签约之前，后者形成于当事人签约之后。逆向选择和道德风险均会增加供应商货款被拒付的风险。因此，在日常的商品交易中，当供应商依照一定的信用标准对企业的资格进行审查却因面临的信息不对称风险过高而难以确定企业真实的偿付货款的能力时，供应商理性的反应就是选择能更有把握收回货款的结算方式，即要求企业在正式取得商品之前预付部分货款，或采取具有签约保证的应收票据。企业最优的商业信用模式为应付账款。对企业而言，能否以应付账款的方式取得生产所需的存货将对企业的经营绩效和竞争力的提升产生深刻影响。然而，由于应收账款对供应商货款回收的保障程度最低，因而，供应商在对外提供货物时通常会对受信方提出较为苛刻的信用条件。换言之，只有在企业偿付货款的能力有充分保障（供应商对企业偿付货款的能力有充分了解）时，供应商才会选择应收账款这种商业信用模式进行交易。假设市场中存在两种类型的企业——经营状况好的企业和经营状况差的企业。由于两种类型的企业的实力和对供应商货款保证程度存在差异，导致两类企业在（向供应商传递信号）降低与供应商之间信息不对称的策略选取方面出现不同。对经营状况好的企业而言，由于其具有较高的偿付货款的能力，为了获得最合意的商业信用模式，其会试图向供应商提供高质量的财务报告以传递自己属于"好"企业类型的信号，通过降低供应商面临的信息不对称（逆向选择）风险来改善供应商对企业的评价。经营状况差的企业则相反，为了影响供应商对企业经营前景的预期，其通常会借助于盈余管理等手段掩饰其较低的偿付货款的能力，因而，其对外披露的财务报告的质量一般较低。已有研究发现，当企业与供应商之间的关系专用性投资过高时，企业存在盈余管理和影响财务报告信息的行为和动机（Raman 和 Shahur，2008）。供应商如果能够理性地预期到这种可能性，就可以把企业对外披露的财务报告的质量作为甄别企业偿付货款能力的手段。换言之，在分离均衡中，企业对外披露的财务报告的质量将成为传递企业偿付货款能力的信号。当企业对外提供的财务报告质量比较高时，供应商会把该企业视为"好"企业，因而更愿意采取签约成本较低的商业信用模式，如应收账款。反之，若企业对外提供的财务报告质量比较差，供应商则会把此类企业看作"坏"企业，倾向于选择付款更有保障的商业信用模式，如预收账款。由于应收（付）票据的保障程度（交易成本）高于应收（付）账款，但低于预收（付）账款，对于供应商和企业而言均是一种次优选择，因此，其与财务报告质量的关系既可能表现出正相关也可能表现出负相关，但无论是正相关还是负相关，从边际意义来看，此种效应通常都会弱于财务报告质量与应付账款或预付账款之间的相关性。基于以上分析，可提出本章的第1和第2个假设：

假设1：财务报告质量与应付账款正相关，与预付账款负相关。

假设2a：财务报告质量与应付票据正相关，但这种相关性要低于财务报告质量与应付账款之间的正相关性。

假设2b：财务报告质量与应付票据负相关，但这种相关性要低于财务报告质量与预付账款之间的负相关性。

财务报告质量的高低受公司所执行的会计准则的质量和自身提供财务报告的动机的影响。高质量的会计准则为高质量的财务报告的生成提供了技术上的可能。2007年1月1日，为适应资本市场发展和经济全球化的需要，根据规定，我国上市公司开始全面执行新制定的会计准则。相对于原有的会计准则，新会计准则在整体框架、内涵和实质上实现了与国际会计准则的趋同。其不仅按照国际会计惯例重新设计了会计确认、计量与财务报告标准，提高了会计准则的科学性和规范性，而且对财务报告的目标进行了重大修订，要求财务报告在反映企业管理者受托责任履行情况的同时，应当向使用者提供价值相关与决策有用的信息。在会计信息质量方面，新会计准则以高质量的会计信息的供给和需求为核心，强调会计信息应当兼具真实与公允的属性，并对会计信息披露的时间、空间、范围做出了全面系统的规定，首次构建了较为完善的会计信息质量标准体系，突出了充分披露原则，要求财务报告必须反映企业所有重大交易或者事项（财政部会计司编写组，2007）。同时，为了规范和控制企业对利润的人为操纵，夯实经营业绩，新会计准则大幅度压缩了会计估计和会计政策的选择项目，限定了企业利润调节的空间范围，体现了保护投资者和社会公众利益的基本理念（罗婷、薛健和张海燕，2008）。因此，基于上述对新会计准则的内容和特征的分析，可以合理预期，与旧会计准则相比，新会计准则将极大提高上市公司财务报告的质量，减少上市公司操纵会计信息的可能性，并为外部使用者维护自身的合法权益提供更好的制度保障，推动高质量会计信息均衡度不断提高。罗婷、薛健和张海燕（2008）的研究表明，新会计准则确实对原有会计准则的不合理部分做了修正，其实施有助于财务报告质量的整体提高。刘晓华（2009）研究发现，随着我国会计准则国际化协调进程的不断加深，上市公司的会计信息质量总体上呈现出显著上升的趋势。由此，我们提出本章的第3个假设：

假设3：财务报告质量与应付账款（预付账款或应付票据）的正（负）相关性在2007年之后显著高于2007年之前。

自1978年我国政府启动以市场化为取向的国有企业改革以来，民营企业发展迅速，自身实力不断增强，现已成为推动我国经济增长的重要力量和GDP的主要贡献者（Tsai，2002；Allen、Qian和Qian，2005；黄孟复，2011）。然而，在我国经济转轨过程中，为了实现体制内以国有企业为代表的经济体的稳定增长，政府在金融领域采取了以金融压抑和所有制歧视为特征的超强金融控制政策（辛念军，2006；安强身，2008）。超强金融控制政策下的金融压抑和所有制歧视造成民营企业与国有企业在银行信贷资金的获取方面存在很大差别（安强身，2008）。我国银行业将大部分信贷资源投放给了效率较低的国有企业，而经营绩效更好、还款能力更强且对经济增长做出重要贡献的民营企业却很难从银行获得发展所需要的贷款（卢峰和姚洋，2004；Allen、Qian和Qian，2005；黄孟复，2011）。企业的成长离不开资金的支持。当银行贷款因金融压抑和所有制歧视变得不可获得时，资金短缺迫使民营企业转而从其他渠道寻求资金来源。现有研究证实，商业信用作为银行贷款的一种替代性融资来源，已成为受正规金融歧视的企业解决其信贷资金短缺的一种重要方式（Cull、Xu和Zhu，2009）。换言之，正规金融市场上的金融压抑和所有制歧视将导致民营企业对商业信用产生过度依赖。相反，对于国有企业来说，由于国有银行的倾斜性贷款和陷入困境时来自政府救助的软预算约束预期，通常对商业信用的需求较低。因而，给定民营企业较高的商业信用需求，可以合理预期，与国有企业相比，融资约束使得转型期的民营企业更有动机通过向供应商提供高质量的财务报告以换取有利的商业信用模式。金融压抑和所有制歧视带来的银行贷款获取方面的差别将对国有企业和民营企业商业信用模式选择产生显著影响。基于上述分析，可提出本章第4个假设：

假设4：财务报告质量与应付账款（预付账款或应付票据）的正（负）相关性在民营企业表现得更强烈。

5.3 研究设计

5.3.1 财务报告质量的度量

财务报告的目标是向投资者提供做出合理决策、评价预期现金流量和企业价值有用的信息。在财务报告对外披露的众多信息中，会计盈余无疑是一种最重要、最综合也是投资者最为关心的会计信息。它不仅是公司会计系统确认、计量、记录和报告的要点，而且是委托代理模型下公司契约设计的重要参数（Lambert、Leuz和Verrecchia，2007）。因而，资本市场上的投资者对于会计信息质量的关注主要体现在对盈余质量的关注（田翠香，2006）。公司盈余质量越高，投资者越能直接根据盈余信息更准确地预测未来现金流量和判断公司价值。相反，公司盈余质量越低，说明被管理层隐藏的公司特质信息越多（Hutton、Marcus和Tehranian，2009；金智，2010）。所以，盈余质量水平一定程度上直接反映了财务报告质量的高低。[①]因此，在许多实证研究中，盈余质量常作为财务报告质量的替代指标。一般情况下，会计盈余中的应计利润部分可作为公司未来现金流量的线性估计。当应计利润中包含较低的估计误差时，收益将更能够代表公司未来的现金流量，此时财务报告对外传递的有关公司经营业绩尤其是预期现金流量的信息越准确，由此产生的会计信息质量也越高。概言之，不

①　Penman（2001）甚至认为，财务报告的质量等同于可证实的盈余。

论管理层的意图如何，应计利润的估计误差影响了盈余质量。基于上述思想，Dechow和Dichev（2002）构建了如下度量盈余质量的模型：

$$Acc_{i,t} = \alpha_0 + \alpha_1 CF_{i,t-1} + \alpha_2 CF_{i,t} + \alpha_3 CF_{i,t+1} + \varepsilon_{i,t} \tag{5-1}$$

模型5-1中，$Acc_{i,t}$是公司i第t年的经营性应计项目，等于公司应收账款变动额+应收票据变动额+存货变动额+其他应收款变动额−应付账款变动额−应付票据变动额−应交税金变动额−应付职工薪酬变动额−其他应付款变动额；$CF_{i,t-1}$、$CF_{i,t}$、$CF_{i,t+1}$分别为公司i第t−1年、第t年和第t+1年的经营活动产生的净现金流量；$\varepsilon_{i,t}$是误差项。为了消除规模差异带来的异质性影响，模型中所有变量都用当期的平均总资产进行了标准化处理。经营性应计项目反映了管理者对现金流量的估计，它们与前期、当期和未来一期现金流量不匹配的程度（回归中获取的残值或其标准离差）是对应计项目质量的逆向计量。匹配越差，则盈余质量越低（田翠香，2006）。

然而，McNichols（2002）指出，Dechow和Dichev（2002）模型没有区分操纵性应计项目和非操纵性应计项目，即未考虑管理者机会主义行为对盈余质量的影响，因而利用Dechow和Dichev（2002）模型估计的盈余质量可能存在衡量误差。如果把管理层操纵盈余的动机融入Dechow和Dichev（2002）的盈余质量模型中，将会产生完全不同的含义。为此，McNichols将Jones（1991）的操纵性应计利润模型与Dechow和Dichev（2002）的盈余质量模型结合在一起，即通过在Dechow和Dichev（2002）模型中加入销售收入净额变动额和固定资产原值，设定了如下估计盈余质量的模型（以下简称为McNichols（2002）模型）：

$$Acc_{i,t} = \alpha_0 + \alpha_1 CF_{i,t-1} + \alpha_2 CF_{i,t} + \alpha_3 CF_{i,t+1} + \alpha_4 \Delta Sale_{i,t} + \alpha_5 PPE_{i,t} + \varepsilon_{i,t} \tag{5-2}$$

模型5-2中，$\Delta Sale_{i,t}$和$PPE_{i,t}$分别为公司i第t年的销售收入净额变动额和固定资产原值，并用当年平均总资产进行标准化处理。McNichols（2002）研究发现，在Dechow和Dichev（2002）模型中加入销售收入净额变动额和固定资产原值后，不仅销售收入净额变动额和固定资产原值的系数高度显著（分别为正和负），而且与Dechow和Dichev（2002）模型相比，模型的解释力（拟合优度）也得到明显提高。上述结果亦说明通过

Dechow 和 Dichev（2002）模型估计得出的残差与销售收入净额变动额和固定资产原值高度相关，显示出 Dechow 和 Dichev（2002）模型存在遗漏变量偏误问题。

　　尽管经验研究中 Dechow 和 Dichev（2002）模型被学者广泛用于估计公司的盈余质量（Verdi，2006；Biddle、Hilary 和 Verdi，2009；李青原，2009），并取得了很好的实证效果，但 Ball 和 Shivakumar（2006）认为，根据稳健性原则，由于利得（"好"消息）和损失（"坏"消息）的确认是不对称的，即损失通常会以一种比利得更及时的方式得到确认（Basu，1997），因此经营性应计项目与现金流量可能是一种非线性关系。然而，Dechow 和 Dichev（2002）模型假设经营性应计项目是公司未来现金流量的线性估计，忽略了经营性应计项目所具有的不对称及时确认利得和损失的作用，而与稳健性相关的经济损失或"坏"消息的及时确认是财务报告最重要的质量特征（李青原，2009）。因此，标准的线性应计质量模型由于遗漏了经营性应计项目的利得和损失确认的不对称性功能，可能是误设的。Ball 和 Shivakumar（2006）利用损失及时确认是通过应计会计实现的观点提出了如下融合利得和损失不对称及时确认的非线性应计质量模型（以下简称为 Ball 和 Shivakumar（2006）模型）：

$$Acc_{i,t} = \alpha_0 + \alpha_1 CF_{i,t-1} + \alpha_2 CF_{i,t} + \alpha_3 CF_{i,t+1} + \alpha_4 DCF_{i,t} + \alpha_5 DCF_{i,t} \times CF_{i,t} + \varepsilon_{i,t} \qquad (5-3)$$

　　模型 5-3 中，$DCF_{i,t}$ 为衡量应计会计不对称及时确认损失和利得程度的虚拟变量。若公司 i 第 t 年的经营活动产生的净现金流量（$CF_{i,t}$）为负时取 1，否则取 0。由于经营性应计项目与当期经营活动产生的净现金流量是一种负相关关系，因此与利得（"好"消息）相比，更及时的损失（"坏"消息）确认意味着交乘项 $DCF_{i,t} \times CF_{i,t}$ 的系数 α_5 应显著为负。并且 α_5 的绝对值越大，表明应计会计确认损失相对于确认利得越及时，说明企业采用的会计政策越稳健。Ball 和 Shivakumar（2006）模型的最大优点在于可适用于非上市公司，且能有效避免股票价格中的噪音对会计稳健性计量的影响（杨华军，2007）。Ball 和 Shivakumar（2006）的研究结果显示，与 Dechow 和 Dichev（2002）标准的线性应计质量模型相比，包含了利得和损失确认不对称的非线性应计质量模型能够解释更多的应计项目变

103

异，并且显著提高了当期盈余预测未来现金流量的能力。

通过上述对盈余质量估计模型演变过程的分析和描述可以看出，无论是 McNichols（2002）模型，还是 Ball 和 Shivakumar（2006）模型，都是 Dechow 和 Dichev（2002）模型的进一步发展和完善，修正了 Dechow 和 Dichev（2002）模型存在的不足。因此，我们结合 McNichols（2002）模型与 Ball 和 Shivakumar（2006）模型的优点，同时考虑到我国新实施的会计准则变更可能带来的影响，拟构建如下模型估计我国上市公司的盈余质量，并以此作为其披露的财务报告质量水平的衡量指标：

$$Acc_{i,t} = \alpha_0 + \alpha_1 CF_{i,t-1} + \alpha_2 CF_{i,t} + \alpha_3 CF_{i,t+1} + \alpha_4 \Delta Sale_{i,t} + \alpha_5 PPE_{i,t} + \alpha_6 DCF_{i,t}$$
$$+ \alpha_7 DCF_{i,t} \times CF_{i,t} + \sum Ind + \sum Year + \varepsilon_{i,t} \tag{5-4}$$

关于模型5-4需要说明的是，尽管有关盈余质量的许多文献大多以单个公司的时间序列数据为样本，用估计残差的标准差来度量特定公司的盈余质量，但正如 Fama 和 French（1999）所指出的，由于存在样本量太小以及方差稳定性问题，时间序列检验不一定是最科学的方法。最近的许多研究已经证明，横截面检验比时间序列检验表现出更强的可靠性。此外，考虑到我国证券市场建立的时间比较短，上市公司披露现金流量数据也只是最近十几年的事情，多数公司不具备时间序列检验所需的样本量（李增泉和卢文彬，2003）。[①]因此，本章拟采用横截面数据对模型5-4进行检验。具体方法为：在对模型5-4进行 OLS 回归处理之后，对模型5-4的估计残差取绝对值。由于残差反映了经营性应计项目与已实现现金流量不相关的部分，因此，回归残差的绝对值越小，说明经营性应计项目与现金流量的匹配程度越高，其包含的估计误差也越低，相应地，会计盈余预测未来现金流量的能力越强，盈余质量就越高。为便于下文的回归分析，我们用1减残差的绝对值作为财务报告质量的度量指标。[②]该值越大，说明公司对外披露的财务报告质量越高。上市公司的行业分类来自于证监会2001年颁布的《上市公司行业分类指引》。该指引把上市公司按照主营业务收入的比重分为13个行业，其中，由于制造业的行业分类过于笼统，

---

① 运用 Dechow 和 Dichev（2002）模型通过回归残差的标准差来有效计量盈余质量至少需要一个公司10年以上包括现金流量在内的时间序列数据。
② Dechow 和 Dichev（2002）指出，度量公司盈余质量的方式除了残差的标准差外，也可以使用残差的绝对值，但在效果上可能会略逊于前者。

公司数目又较多，为了保证财务报告质量计量的准确性，我们对制造业做了进一步细分。

5.3.2 样本选择与数据来源

根据本章的研究内容，我们选取沪深证券交易所2003—2011年所有A股上市公司作为初始样本，同时为保证所收集数据的有效性，尽量减少其他因素对数据的影响，按照以下标准对初始样本进行了筛选：（1）剔除当年新上市的公司，许多学者的研究表明，我国上市公司IPO前3年和当年存在明显的盈余管理行为，财务数据可靠性较差；（2）鉴于金融类上市公司与一般上市公司经营业务上的差异性，为了保证数据的可比性，亦剔除金融和保险行业的上市公司；（3）考虑到极端值对研究结果的不利影响，剔除应付账款比例、应付票据比例、预付账款比例、银行借款比例、货币资金比例、存货比例、销售增长率、资产报酬率绝对值大于1和资不抵债的公司，以及数据存在缺失的公司；（4）剔除因资产重组或置换导致主营业务发生变更的公司，以及通过股权转让由原国有控股上市公司演变而来的民营（化）控股上市公司。依据上述标准进行筛选后，最后得到8 499个公司年度观测值。其中，国有控股公司和民营控股公司的观测值分别为6 326个和2 173个。样本的年度和行业分布详见第3章表3-1和表3-2。

本章关于上市公司终极控制人类型的数据系根据上海Wind资讯有限公司公布的上市公司年报手工收集整理而成。我们借鉴夏立军和方轶强（2005）的做法，如果上市公司的终极控制人为市（县）级或以上各级政府机构，则认定为国有控股；如果上市公司的终极控制人为自然人、职工持股会、民营企业、乡镇集体企业或外资企业，则认定为民营控股。本章使用的其他数据（包括应付账款、应付票据、预付账款、取得借款收到的现金、总资产、销售收入、营业利润、货币资金持有量、存货以及IPO日期）均来自深圳国泰安的中国股票市场与会计研究数据库。

5.3.3 模型设定与变量说明

根据理论分析，本章拟构建如下三个回归模型对假设1、2和3进行检验：

105

$$Trade\_Credit_{i,t} = \varphi_0 + \varphi_1 FRQ_{i,t-1} + \varphi_2 Bank_{i,t-1} + \varphi_3 Grow\,th_{i,t-1} + \varphi_4 ROA_{i,t-1} + \varphi_5 Ca\,sh_{i,t-1}$$
$$+ \varphi_6 INV_{i,t-1} + \varphi_7 LnTA_{i,t-1} + \varphi_8 Debt_{i,t-1} + \varphi_9 Asset\_Turn_{i,t-1}$$
$$+ \varphi_{10} Larg_{i,t-1} + \varphi_{11} LnAge_{i,t} + \sum Ind + \sum Year + \varepsilon_{i,t}$$

$$(5-5)$$

$$Trade\_Credit_{i,t} = \varphi_0 + \varphi_1 FRQ_{i,t-1} \times Befor_{i,t} + \varphi_2 FRQ_{i,t-1} \times Post_{i,t}$$
$$+ \varphi_3 Bank_{i,t-1} + \varphi_4 Grow\,th_{i,t-1} + \varphi_5 ROA_{i,t-1} + \varphi_6 Ca\,sh_{i,t-1} + \varphi_7 INV_{i,t-1}$$
$$+ \varphi_8 LnTA_{i,t-1} + \varphi_9 Debt_{i,t-1} + \varphi_{10} Asset\_Turn_{i,t-1} + \varphi_{11} Larg_{i,t-1}$$
$$+ \varphi_{12} LnAge_{i,t} + \sum Ind + \sum Year + \varepsilon_{i,t}$$

$$(5-6)$$

$$Trade\_Credit_{i,t} = \varphi_0 + \varphi_1 FRQ_{i,t-1} \times Pr\,iv_{i,t} + \varphi_2 FRQ_{i,t-1} \times State_{i,t}$$
$$+ \varphi_3 Bank_{i,t-1} + \varphi_4 Grow\,th_{i,t-1} + \varphi_5 ROA_{i,t-1} + \varphi_6 Ca\,sh_{i,t-1} + \varphi_7 INV_{i,t-1}$$
$$+ \varphi_8 LnTA_{i,t-1} + \varphi_9 Debt_{i,t-1} + \varphi_{10} Asset\_Turn_{i,t-1} + \varphi_{11} Larg_{i,t-1}$$
$$+ \varphi_{12} LnAge_{i,t} + \sum Ind + \sum Year + \varepsilon_{i,t}$$

$$(5-7)$$

模型5-5、5-6和5-7中，Trade Credit$_{i,t}$为公司i第t年的商业信用模式选择变量。根据本章的研究目的，我们分别用公司应付账款比例（应付账款与期末总资产之比，AP$_{i,t}$）、应付票据比例（应付票据与期末总资产之比，NP$_{i,t}$）和预付账款比例（预付账款与期末总资产之比，PA$_{i,t}$）表示。FRQ$_{i,t-1}$为公司i第t-1年财务报告质量的的替代变量，用1减去模型5-4的回归残差绝对值表示。该值越大，说明公司对外披露的财务报告质量越高，反之则越低。Growth$_{i,t-1}$为公司i第t-1年销售增长率，反映公司的成长机会。Bank$_{i,t-1}$为公司i第t-1年银行借款比例，等于公司i第t-1年借款收到的现金与该年末总资产的比值。ROA$_{i,t-1}$为公司i第t-1年资产报酬率，等于公司i第t-1年息税前利润与总资产的比值，代表公司的盈利能力。Cash$_{i,t-1}$为公司i第t-1年现金持有比例，等于公司i第t-1年货币资金除以总资产。INV$_{i,t-1}$为公司i第t-1年存货比例，用公司i第t-1年的存货与总资产之比表示。LnTA$_{i,t-1}$为公司i第t-1年总资产的自然对数，反映公司规模。Debt$_{i,t-1}$为公司i第t-1年的资产负债率。Asset_Turn$_{i,t-1}$为公司i第t-1年总资产周转率，等于公司销售收入净额与其总资产之比，用于衡量公司利用资产赚取收入的能力。通常情况下，该指标越大，公司利用资产赚取收入的能力就越强，其经营活动越有效。$Larg_{i,t-1}$ 为公司 i 第 t-1 年第一大股东持股比例，等于第一大股东持股数与公司发行在外的普通股股数之比。$LnAge_{i,t}$ 为截止到第 t 年公司 i 累积的已上市时间的对数。Ind 和 Year 分别为反映行业和年度效应的虚拟变量，用来控制其他无法观察到的行业因素或宏观经济波动对企业商业信用模式选择可能产生的影响。$\varepsilon_{i,t}$ 为误差项。

模型 5-6 中的 $Befor_{i,t}$ 和 $Post_{i,t}$ 均为时间虚拟变量。以新会计准则得到全面执行的 2007 年作为划分的标志，若样本期属于 2003—2006 年，$Befor_{i,t}$ 取 1，否则取 0；如果样本期属于 2007—2011 年，$Post_{i,t}$ 取 1，否则取 0。交乘项 $FRQ_{i,t-1} \times Befor_{i,t}$ 和 $FRQ_{i,t-1} \times Post_{i,t}$ 分别用来考察不同时期财务报告质量对公司商业信用模式选择的影响。若 2007 年之后实施的新会计准则相对于之前执行的旧会计准则显著提高了上市公司的财务报告质量，则交乘项 $FRQ_{i,t-1} \times Post_{i,t}$ 的回归系数（绝对值）应显著大于 $FRQ_{i,t-1} \times Befor_{i,t}$ 的回归系数（绝对值）。反之，说明财务报告质量在新会计准则实施后没有实质变化或出现了相反的变化。

模型 5-7 中的 $Priv_{i,t}$ 和 $State_{i,t}$ 都是反映公司终极控制人产权性质的虚拟变量。如果公司 i 股票初始公开发行时的终极控制人为自然人、职工持股会、民营企业、乡镇集体企业或外资企业时视为民营控股，$Priv_{i,t}$ 取 1，否则取 0；若公司 i 股票初始公开发行时的终极控制人为市（县）级或以上各级政府机构则认定为国有控股，$State_{i,t}$ 取 1，否则取 0。交乘项 $FRQ_{i,t-1} \times Priv_{i,t}$ 和 $FRQ_{i,t-1} \times State_{i,t}$ 分别用来考察控股股东的产权性质对财务报告质量与公司商业信用模式选择关系的影响。若民营控股公司相对于国有控股公司更有动机向外部使用者提供高质量的财务报告，则交乘项 $FRQ_{i,t-1} \times Priv_{i,t}$ 的回归系数（绝对值）应显著大于 $FRQ_{i,t-1} \times State_{i,t}$ 的回归系数（绝对值）。反之，说明民营控股公司与国有控股公司两者对外披露的财务报告质量没有实质差异或产生了相反的变化。

5.4 ——————— 实证结果与分析 ———————

5.4.1 财务报告质量模型的估计

表 5-1 报告了盈余质量模型 5-4 中主要变量的描述性统计，从中可以看出，样本期内公司前 1 期的经营性应计项目的均值和中位数分别为 0.01811 和 0.01438，显示出对大多数公司而言预示着在未来会有一笔现金流入，而 1/4 分位数 -0.02231 以及最小值 -0.96421 又说明这些公司在未来面临着很大一笔现金流出。公司前 2 期、前 1 期和当期经营现金流量的均值和中位数以及 1/4 分位数都大于 0，表明样本期内大多数公司经营活动产生的现金流量较好。前 1 期销售收入净额变动额和固定资产原值的均值（中位数）分别为 0.10356（0.07848）和 0.49771（0.45611）。样本期内有 20% 的公司前期经营现金流量为负。

表 5-1　　　　**财务报告质量模型主要变量的描述性统计**

变量	样本数	均值	中位数	最小值	1/4 分位数	3/4 分位数	最大值	标准差
$Acc_{i,t-1}$	8 499	0.01811	0.01438	-0.96421	-0.02231	0.05706	0.82504	0.08816
$CF_{i,t-2}$	8 499	0.06008	0.05740	-0.58541	0.01549	0.10536	0.71812	0.08635
$CF_{i,t-1}$	8 499	0.05647	0.05352	-0.58541	0.01147	0.10112	0.71812	0.08499
$CF_{i,t}$	8 499	0.05569	0.05024	-0.58541	0.01047	0.09837	1.06774	0.08360
$\Delta Sale_{i,t-1}$	8 499	0.10356	0.07848	-1.70119	0.01108	0.17405	2.63318	0.19901
$PPE_{i,t-1}$	8 499	0.49771	0.45611	0.00190	0.27247	0.69765	9.25039	0.30823
$DCF_{i,t-1}$	8 499	0.20	0	0	0	0	1	0.397

表 5-2 列出了盈余质量模型 5-4 的多元回归结果。出于比较的目的，我们依次列出了 Dechow 和 Dichev（2002）模型、McNichols（2002）模型、Ball 和 Shivakumar（2006）模型以及本章拟采用模型的回归结果。在基于 Dechow 和 Dichev（2002）模型的回归结果中，前 2 期、前 1 期和当期经营活动产生的净现金流量分别与经营性应计项目显著正相关、负相关和正相关，与 Dechow 和 Dichev（2002）构建模型时的预测一致，并由此解释经营性应计项目变异的 21.9%。McNichols（2002）模型则是在 Dechow 和 Dichev（2002）模型的基础上加入了销售收入净额变动额和固定资产原值以控制管理层机会主义行为对经营性应计项目的影响。从中可

以看出，各期经营活动产生的净现金流量的系数仍都显著，且和预期一致。销售收入净额变动额和固定资产原值的系数均在1%的置信水平上显著。同时，模型对经营性应计项目变异的解释力也由Dechow和Dichev（2002）模型的21.9%增加到23.8%。在Ball和Shivakumar（2006）模型中，容易发现，尽管与Dechow和Dichev（2002）模型相比，Ball和Shivakumar（2006）模型对经营性应计项目变异的解释力增加幅度不是很大（仅有0.009），且回归方程的整体显著性也有所降低（Dechow和Dichev（2002）模型的F统计值为77.719，Ball和Shivakumar（2006）模型的F统计值为76.854），但其显著为负的交乘项 $DCF_{i,t-1} \times CF_{i,t-1}$ 的系数说明，我国上市公司对利得（"好"消息）和损失（"坏"消息）的确认是不对称的，显然其对损失的确认比对利得的确认更及时，表明我国上市公司采取的会计政策是比较稳健的。在本章拟采用模型的回归结果中，可以看出，所有变量的系数都表现出了类似于McNichols（2002）模型与Ball和Shivakumar（2006）模型的特征，且与Ball和Shivakumar（2006）模型相比，其对经营性应计项目变异的解释力也从之前的22.8%上升到24.5%，亦是所有回归方程中最高的，由此说明本章综合McNichols（2002）模型和Ball和Shivakumar（2006）模型构建的用于估计我国上市公司盈余质量的模型的研究思路是适宜的。

表5-2　　　　　　　　　应计质量模型的多元回归结果

方程 变量	Dechow和Dichev模型		McNichols模型		Ball和Shivakumar模型		本章拟采用的模型	
	系数	t值	系数	t值	系数	t值	系数	t值
截距项	0.010	1.701*	0.014	2.402**	0.003	0.523	0.009	1.425
$CF_{i,t-2}$	0.140	12.049***	0.145	12.574***	0.128	11.055***	0.135	11.693***
$CF_{i,t-1}$	−0.520	−42.985***	−0.531	−44.144***	−0.428	−25.226***	−0.451	−26.621***
$CF_{i,t}$	0.128	10.721***	0.133	11.182***	0.115	9.640***	0.123	10.263***
$\Delta Sale_{i,t-1}$			0.061	12.841***			0.057	11.975***
$PPE_{i,t-1}$			−0.023	−6.209***			−0.023	−6.196***
$DCF_{i,t-1}$					−0.005	−1.537	−0.005	−1.630
$DCF_{i,t-1} \times CF_{i,t-1}$					−0.370	−9.748***	−0.325	−8.624***
行业	控制		控制		控制		控制	
年度	控制		控制		控制		控制	
$AdjR^2$	0.219		0.238		0.228		0.245	
F值	77.719***		81.500***		76.854***		79.711***	
样本数	8 499		8 499		8 499		8 499	

注：因变量为前期经营性应计项目；***、**和*表示检验分别在1%、5%和10%的置信水平上（2-tailed）显著。

5.4.2 财务报告质量、银行借款与公司商业信用模式选择分析

（1）主要变量的描述性统计

表5-3列出了模型5-5中主要变量的描述性统计。应付账款比例（$AP_{i,t}$）、应付票据比例（$NP_{i,t}$）和预付账款比例（$PA_{i,t}$）的均值（中位数）分别为0.08939（0.07146）、0.03482（0.01107）和0.03721（0.02433），最小值均为0，最大值则依次为0.65529、0.49787和0.63401，显示出样本期内公司在不同商业信用模式之间的选择存在很大差异，也就是使用应付账款较多，使用应付票据和预付账款相对较少。导致此种结果的原因可能与不同商业信用模式的签约成本和交易费用的大小有关。财务报告质量（$FRQ_{i,t-1}$）的均值为0.94709，中位数为0.96424，最小值为0.11910，最大值则为0.99999，标准差为0.06138，说明公司对外披露的财务报告质量差异较大。$Growth_{i,t-1}$的均值和中位数分别为0.17791和0.16310，最小值为−0.97339，最大值为0.99994，标准差为0.25689，说明样本期内公司间面临的成长机会差别很大。$Bank_{i,t-1}$的均值为0.20650，中位数为0.19794，最小值和最大值分别为0和0.80057，显示出样本期内不同公司银行借款获取能力存在较大差异。若从信贷资金的提供者——银行的角度来看，则表明银行很可能对不同公司的借款需求采取了区别对待的策略。$ROA_{i,t-1}$的均值和中位数分别为0.05639和0.05394，显示出多数上市公司处于微利状态，盈利能力偏低，且有些公司亏损较为严重（资产报酬率的最小值为−0.97793）。

（2）单变量分析

表5-4列出了国有控股公司与民营控股公司单变量均值和中位数比较分析的结果。从中可以看出，民营控股公司的应付账款比例（$AP_{i,t}$）、预付账款比例（$PA_{i,t}$）、财务报告质量（$FRQ_{i,t-1}$）、成长机会（$Growth_{i,t-1}$）、盈利能力（$ROA_{i,t-1}$）、现金持有量（$Cash_{i,t-1}$）和存货水平（$INV_{i,t-1}$）（均值（中位数）分别为0.09174（0.07396）、0.04004（0.02616）、0.95428（0.96495）、0.19171（0.17893）、0.06772（0.06737）、

表 5-3 主要变量的描述性统计 (n=8 499)

变量	均值	中位数	最小值	1/4分位数	3/4分位数	最大值	标准差
$AP_{i,t}$	0.08939	0.07146	0	0.03948	0.12201	0.65529	0.07014
$NP_{i,t}$	0.03482	0.01107	0	0	0.04834	0.49787	0.05382
$PA_{i,t}$	0.03721	0.02433	0	0.01026	0.04860	0.63401	0.04339
$FRQ_{i,t-1}$	0.94709	0.96424	0.11910	0.93163	0.98380	0.99999	0.06138
$Bank_{i,t-1}$	0.20650	0.19794	0	0.08161	0.31241	0.80057	0.14804
$Growth_{i,t-1}$	0.17791	0.16310	−0.97339	0.02821	0.32073	0.99994	0.25689
$ROA_{i,t-1}$	0.05639	0.05394	−0.97793	0.03089	0.08318	0.49268	0.06623
$Cash_{i,t-1}$	0.18121	0.14375	0.00065	0.08579	0.23659	0.86863	0.13641
$INV_{i,t-1}$	0.15710	0.13091	0.0000002	0.06879	0.20908	0.89688	0.12967
$LnTA_{i,t-1}$	21.57581	21.41910	18.60187	20.77569	22.17022	28.13564	1.14224
$Debt_{i,t-1}$	0.46784	0.47651	0.01082	0.33229	0.61041	0.99635	0.18650
$Larg_{i,t-1}$	0.40966	0.4027	0.02197	0.2858	0.5276	0.8941	0.15785
$Asset\_Turn_{i,t-1}$	0.70315	0.57903	0.01867	0.38313	0.86371	10.01522	0.52424
$Age_{i,t}$	7.83	8.00	1	4.00	11.00	21	4.509

0.23771（0.19507）和 0.16224（0.13708））显著高于国有控股公司（均值（中位数）分别为 0.08256（0.06475）、0.03624（0.02362）、0.94002（0.96252）、0.17316（0.15749）、0.05249（0.04927）、0.16181（0.13218）和 0.15533（0.12808）），但其应付票据比例（$NP_{i,t}$）、银行借款比例（$Bank_{i,t-1}$）、公司规模（$LnTA_{i,t-1}$）、资产负债率（$Debt_{i,t-1}$）、第一大股东持股比例（$Larg_{i,t-1}$）、总资产周转率（$Asset\_Turn_{i,t-1}$）和上市时间（$Age_{i,t}$）（均值（中位数）分别为 0.03406（0.00998）、0.17891（0.16691）、·21.14184（21.03558）、0.40225（0.40806）、0.37000（0.35290）、0.67137（0.56326）和 5.46（4.00））显著低于国有控股公司（均值（中位数）分别为 0.03705（0.01433）、0.21598（0.14924）、21.72487（21.56490）、0.49037（0.50036）、0.42306（0.42000）、0.71407

（0.58477）和8.64（9.00））。民营控股公司较低的银行借款与较高的应付账款比例、预付账款比例和财务报告质量，显示出我国以国有银行为主导的正规金融体系可能存在着对民营控股公司的信贷配给和所有制歧视，以及对国有控股公司的贷款偏好。民营控股公司为缓解其在正规金融市场上面临的融资约束，被迫寻求其他替代性资金来源。由于应付账款、应付票据和预付账款的性质、成本及其对企业生产经营的影响有所不同，为了能够获得更多的较为有利的应付账款，尽可能减少对成本较高的预付账款或应付票据的依赖，具有较高成长机会的民营控股公司采取了向外部使用者披露高质量财务报告的策略。相反，国有控股公司较高的银行借款则减少了其对应付账款和预付账款的使用。以上单变量均值和中位数比较分析的结果，为本章假设提供了初步的支持。

表5-4　　国有控股公司与民营控股公司单变量均值和中位数比较

变量	国有控股公司		民营控股公司		t值	Wilcoxon z值
	均值	中位数	均值	中位数		
$AP_{i,t}$	0.08256	0.06475	0.09174	0.07396	−5.453***	−5.048***
$NP_{i,t}$	0.03705	0.01433	0.03406	0.00998	2.236**	3.708***
$PA_{i,t}$	0.03624	0.02362	0.04004	0.02616	−3.517***	−4.480***
$FRQ_{i,t-1}$	0.94002	0.96252	0.95428	0.96495	−2.179**	−1.744*
$Bank_{i,t-1}$	0.21598	0.14924	0.17891	0.16691	10.417***	10.122***
$Growth_{i,t-1}$	0.17316	0.15749	0.19171	0.17893	−2.903***	−3.400***
$ROA_{i,t-1}$	0.05249	0.04927	0.06772	0.06737	−9.294***	−15.736***
$Cash_{i,t-1}$	0.16181	0.13218	0.23771	0.19507	−19.444***	−19.351***
$INV_{i,t-1}$	0.15533	0.12808	0.16224	0.13708	−2.223**	−4.620***
$LnTA_{i,t-1}$	21.72487	21.56490	21.14184	21.03558	24.045***	−20.881***
$Debt_{i,t-1}$	0.49037	0.50036	0.40225	0.40806	19.251***	18.420***
$Larg_{i,t-1}$	0.42306	0.42000	0.37000	0.35290	13.968***	13.768***
$Asset\_Turn_{i,t-1}$	0.71407	0.58477	0.67137	0.56326	3.375***	2.275**
$Age_{i,t}$	8.64	9.00	5.46	4.00	29.224***	29.701***

注：国有控股公司与民营控股公司的样本观测值分别为6 326和2 173。***、**和*表示检验分别在1%、5%和10%的置信水平上（2-tailed）显著。

（3）相关性分析

表 5-5 列出了模型 5-5 中主要变量的 Pearson 相关系数。容易发现，财务报告质量（$FRQ_{i,t-1}$）与应付账款（$AP_{i,t}$）的相关系数为 0.003，虽为正，但在传统的置信水平上不显著（p 值等于 0.756）。其与应付票据（$NP_{i,t}$）和预付账款（$PA_{i,t}$）的相关系数分别为 -0.039 和 -0.091，均在 1% 的置信水平上显著（p 值均等于 0.000），表明企业财务报告质量越高，其选择应付票据和预付账款进行货款结算的可能性越低。相反，高质量的财务报告对应付账款的选择则没有影响。此外，进一步分析发现，财务报告质量（$FRQ_{i,t-1}$）与银行借款（$Bank_{i,t-1}$）的相关系数为 -0.024，在 5% 的置信水平上显著，显示出高质量的财务报告不利于企业获得银行贷款，导致此种结果的原因可能与我国经济转轨过程中金融领域采取的以金融压抑和所有制歧视为特征的强金融控制政策的制度背景有关。最后，基于表 5-5 变量之间的相关系数亦可看出，财务报告质量高的企业，其成长机会更好（$FRQ_{i,t-1}$ 与 $Growth_{i,t-1}$ 的相关系数为 0.036，p 值等于 0.001），盈利能力更强（$FRQ_{i,t-1}$ 与 $ROA_{i,t-1}$ 的相关系数为 0.124，p 值等于 0.000），现金持有量更多（$FRQ_{i,t-1}$ 与 $Cash_{i,t-1}$ 的相关系数为 0.069，p 值等于 0.000），存货水平更低（$FRQ_{i,t-1}$ 与 $Cash_{i,t-1}$ 的相关系数为 -0.186，p 值等于 0.000），公司规模更大（$FRQ_{i,t-1}$ 与 $LnTA_{i,t-1}$ 的相关系数为 0.065，p 值等于 0.000），负债比例更低（$FRQ_{i,t-1}$ 与 $Debt_{i,t-1}$ 的相关系数为 -0.138，p 值等于 0.000），上市时间更短（$FRQ_{i,t-1}$ 与 $Age_{i,t}$ 的相关系数为 -0.046，p 值等于 0.000）。

（4）多元回归结果分析

表 5-6 报告了模型 5-5 的多元回归结果。在栏①以应付账款比例为因变量的回归方程中，$FRQ_{i,t-1}$ 的系数为 0.053，在 1% 的置信水平上显著，财务报告质量与应付账款之间表现出正相关关系；而在栏②和栏③以应付票据和预付账款比例为因变量的回归方程中，$FRQ_{i,t-1}$ 的系数依次为 -0.014 和 -0.043，并分别在 10% 和 1% 的置信水平上显著。前者表明高

表5-5

主要变量的 Pearson 相关系数

变量	$AP_{t,i}$	$NP_{t,i}$	$PA_{t,i}$	$FRQ_{t,i-1}$	$Bank_{t,i-1}$	$Growth_{t,i-1}$	$ROA_{t,i-1}$	$Cash_{t,i-1}$	$INV_{t,i-1}$	$LnTA_{t,i-1}$	$Debt_{t,i-1}$	$Larg_{t,i-1}$	$Asset\_Turn_{t,i-1}$	$Age_{t,i}$
$AP_{t,i}$	(−)													
$NP_{t,i}$	0.266*** (0.000)	(−)												
$PA_{t,i}$	0.006 (0.584)	0.171*** (0.000)	(−)											
$FRQ_{t,i-1}$	0.003 (0.756)	-0.039*** (0.000)	-0.091*** (0.000)	(−)										
$Bank_{t,i-1}$	-0.165*** (0.000)	0.009 (0.422)	0.104*** (0.000)	-0.024** (0.025)	(−)									
$Growth_{t,i-1}$	0.085*** (0.000)	0.092*** (0.000)	0.041*** (0.000)	0.036*** (0.001)	-0.015 (0.166)	(−)								
$ROA_{t,i-1}$	-0.084*** (0.000)	-0.072*** (0.000)	-0.036*** (0.001)	0.124*** (0.000)	-0.241*** (0.000)	0.295*** (0.000)	(−)							
$Cash_{t,i-1}$	0.021** (0.050)	0.010 (0.363)	0.011 (0.301)	0.069*** (0.000)	-0.460*** (0.000)	0.066*** (0.004)	0.225*** (0.000)	(−)						
$INV_{t,i-1}$	0.164*** (0.000)	0.090*** (0.000)	0.109*** (0.000)	-0.186*** (0.000)	-0.004 (0.745)	0.031*** (0.000)	-0.063*** (0.000)	-0.121*** (0.000)	(−)					
$LnTA_{t,i-1}$	0.084*** (0.000)	0.048*** (0.000)	-0.014 (0.212)	0.065*** (0.000)	0.176*** (0.000)	0.111*** (0.000)	0.139*** (0.000)	-0.183*** (0.000)	0.037*** (0.000)	(−)				
$Debt_{t,i-1}$	0.309*** (0.000)	0.271*** (0.000)	0.138*** (0.000)	-0.138*** (0.000)	0.660*** (0.000)	0.064*** (0.000)	-0.286*** (0.000)	-0.425*** (0.000)	0.231*** (0.000)	0.348*** (0.000)	(−)			
$Larg_{t,i-1}$	0.021** (0.048)	-0.031*** (0.005)	-0.023** (0.038)	0.011 (0.315)	-0.098*** (0.000)	0.069*** (0.000)	0.121*** (0.000)	0.069*** (0.040)	-0.022** (0.040)	0.162*** (0.000)	-0.090*** (0.000)	(−)		
$Asset\_Turn_{t,i-1}$	0.439*** (0.000)	0.272*** (0.000)	0.133*** (0.000)	0.015 (0.167)	-0.172*** (0.000)	0.149*** (0.000)	0.134*** (0.000)	0.058*** (0.000)	0.117*** (0.000)	0.082*** (0.000)	0.119*** (0.000)	0.049*** (0.000)	(−)	
$Age_{t,i}$	0.045*** (0.000)	-0.016 (0.151)	-0.015 (0.175)	-0.046*** (0.000)	0.145*** (0.000)	-0.142*** (0.000)	-0.124*** (0.000)	-0.322*** (0.000)	0.094*** (0.000)	0.255*** (0.000)	0.289*** (0.000)	-0.197*** (0.000)	0.056*** (0.000)	(−)

注：Pearson 相关系数下的括号中是 p 值。***、**和*表示检验分别在 1%、5%和 10%的置信水平上（2-tailed）显著。

质量的财务报告有助于增加企业对签约成本相对较低的应付账款的可获得性，后者则意味着高质量的财务报告能够减少企业对应付票据和预付账款的使用，降低企业在外购存货时使用应付票据或预付账款这两种签约成本相对较高的方式与供应商结算货款的可能性，避免企业资金过多地被存货所占用，显示出财务报告的质量对企业商业信用模式的选择产生了重要影响。从程度上来看，高质量财务报告对应付账款和预付账款的影响要显著大于其对应付票据的影响。由此，假设1和假设2b得到证实。

通过比较各分组回归的结果发现，$INV_{i,t-1}$、$Debt_{i,t-1}$ 和 $Asset\_Turn_{i,t-1}$ 的系数在三个回归方程中均显著为正，说明存货需求大或资产使用效率高的企业，在与供应商的货款结算上使用了更多的应付账款、应付票据和预付账款；就负债较多、财务风险相对较高的企业来说，既存在对限制较少的应付账款的较高需求，又在货款结算上应供应商的要求不得不采用更多具有较高签约成本的应付票据和预付账款。$Bank_{i,t-1}$ 的系数在以应付账款比例为因变量的回归方程中显著为负，而在以预付账款比例为因变量的回归方程中显著为正，显示出银行借款少的企业将使用更多的应付账款作为替代，银行借款相对充裕的企业则采用了更多的预付账款。这一结果表明，在正规金融体系不发达或相对落后的国家中，银行借款亦成为企业商业信用模式选择的重要决定因素。$RQA_{i,t-1}$ 的系数在栏①和栏②以应付账款比例和应付票据比例为因变量的回归方程中均显著为负，而在栏③以预付账款比例为因变量的回归方程中不显著（尽管也为负），盈利能力强的企业因其较高的经营积累从而可以减少对应付账款和应付票据的需求，但其对预付账款的影响则是有限的。$Cash_{i,t-1}$ 的系数在栏①以应付账款比例为因变量的回归方程中不显著（为正），而在栏②和栏③以应付票据比例和预付账款比例为因变量的回归方程中均显著为正；$LnTA_{i,t-1}$ 的系数在栏①以应付账款比例为因变量的回归方程中不显著，而在栏②和栏③以应付票据比例和预付账款比例为因变量的回归方程中则分别显著为正和负；$Larg_{i,t-1}$ 的系数在栏①和栏②以应付账款比例和应付票据比例为因变量的回归方程中分别显著为正和负，而在栏③以预付账款比例为因变量的回归方程中则不显著（为负）；$LnAge_{i,t}$ 的系数在三个回归方程中均显著为负。上述结果说明，现金相对充足的企业会更多地采用应付票据或预付账款的方式进行交易；规模大的企业因其较强的抗风险能力，故较少地使用预付账款，但较多地选择应付票据；持有公司较高股份比例的第一大股东会显著提高企业使用应付账款的能力，并降低企业对应付票据的依赖，但对企业预付账款则没有太大的影响；上市时间较长的企业，其采用应付账款、应付票据和预付账款与供应商进行货款结算的可能性较低。

表5-6　　**财务报告质量与公司商业信用模式选择多元回归结果：**
假设1和假设2的检验

方程 变量	应付账款比例①		应付票据比例②		预付账款比例③	
	系数	t值	系数	t值	系数	t值
截距项	-0.054	-3.609***	-0.039	-2.801***	0.102	8.364***
$FRQ_{i,t-1}$	0.053	5.549***	-0.014	-1.643*	-0.043	-5.603***
$Bank_{i,t-1}$	-0.069	-19.325***	0.005	1.477	0.011	3.902***
$Growth_{i,t-1}$	0.001	0.280	0.007	3.139***	0.005	2.538***
$ROA_{i,t-1}$	-0.058	-5.797***	-0.030	-3.232***	-0.009	-1.076
$Cash_{i,t-1}$	0.003	0.587	0.038	7.623***	0.014	3.314***
$INV_{i,t-1}$	0.027	4.587***	0.026	4.786***	0.010	1.988*
$LnTA_{i,t-1}$	0.000	-0.304	0.001	2.428**	-0.001	-2.935***
$Debt_{i,t-1}$	0.126	28.488***	0.081	19.874***	0.026	7.292***
$Asset\_Turn_{i,t-1}$	0.046	36.175***	0.018	15.801***	0.008	7.465***
$Larg_{i,t-1}$	0.016	4.107***	-0.010	-2.827***	-0.001	-0.343
$LnAge_{i,t}$	-0.003	-3.721***	-0.004	-5.207***	-0.003	-3.704***
行业	控制		控制		控制	
年度	控制		控制		控制	
$AdjR^2$	0.462		0.218		0.071	
F值	188.423***		61.704***		17.539***	
样本数	8 499		8 499		8 499	

注：***、**和*分别表示检验在1%、5%和10%的置信水平上（2-tailed）显著。

表5-7列出了模型5-6的多元回归结果。通过比较发现，在栏①以应付账款比例为因变量的回归方程中，交乘项 $FRQ_{i,t-1} \times Post_{i,t}$ 的系数显著为正，$FRQ_{i,t-1} \times Befor_{i,t}$ 的系数尽管为正，但只是在边际上显著，说明在2007年之前，根据旧会计准则编制的财务报告，其披露的会计信息不能显著增加企业对应付账款的使用，而在2007年之后，按照新会计准则编制的财务报告，其披露的会计信息可显著地提高企业应付账款的可获得性。在栏②以应付票据比例为因变量的回归方程中，交乘项 $FRQ_{i,t-1} \times Post_{i,t}$ 的系数为-0.035，且在1%的置信水平上显著，而 $FRQ_{i,t-1} \times Befor_{i,t}$ 的系数则为正（尽管不显著），显示出根据2007年之后实施的新会计准则编制的财务报告，其披露的高质量的会计信息可显著减少企业对应付票据的使用，而依据2007年之前实施的会计准则编制的财务报告，其披露的高质量的会计信息则不具有此种效应。在栏③以预付账款比例为因变量的回归方程中，交乘项 $FRQ_{i,t-1} \times Post_{i,t}$ 和 $FRQ_{i,t-1} \times Befor_{i,t}$ 的系数分别为-0.047和-0.039，均在1%的置信水平上显著，尽管前者的绝对值高于后者，但两者之间的差异并不显著，说明依据新旧会计准则编制的财务报告，其披露的高质量的会计信息均有助于减少企业对契约成本较高的预付账款的选择。综上可知，假设3得到一定的支持。

表5-7　财务报告质量与公司商业信用模式选择多元回归结果：假设3的检验

方程 变量	应付账款比例①		应付票据比例②		预付账款比例③	
	系数	t值	系数	t值	系数	t值
截距项	−0.050	−2.836***	−0.059	−3.665***	0.106	7.466***
$FRQ_{i,t-1} \times Befor_{i,t}$	0.048	1.630	0.006	0.524	−0.039	−3.661***
$FRQ_{i,t-1} \times Post_{i,t}$	0.058	4.357***	−0.035	−2.891***	−0.047	−4.404***
$Bank_{i,t}$	−0.069	−19.330***	0.005	1.516	0.011	3.893***
$Growth_{i,t-1}$	0.001	0.290	0.007	3.091***	0.005	2.548**
$ROA_{i,t-1}$	−0.058	−5.772***	−0.031	−3.325***	−0.009	−1.054
$Cash_{i,t-1}$	0.003	0.582	0.038	7.648***	0.014	3.309***
$INV_{i,t-1}$	0.027	4.599***	0.026	4.720***	0.010	2.001**
$LnTA_{i,t-1}$	0.000	−0.322	0.001	2.510**	−0.001	−2.951***
$Debt_{i,t-1}$	0.126	28.491***	0.081	19.819***	0.026	7.302***
$Asset\_Turn_{i,t-1}$	0.046	36.177***	0.018	15.781***	0.008	7.469***
$Larg_{i,t-1}$	0.016	4.112***	−0.010	−2.855***	−0.001	−0.337
$LnAge_{i,t}$	−0.003	−3.705***	−0.004	−5.274***	−0.003	−3.688***
行业	控制		控制		控制	
年度	控制		控制		控制	
$AdjR^2$	0.462		0.218		0.070	
F值	183.704***		60.348***		17.106***	
样本数	8 499		8 499		8 499	

注：***、**和*分别表示检验在1%、5%和10%的置信水平上（2-tailed）显著。

表 5-8 列出了模型 5-7 的多元回归结果。通过比较交乘项 $FRQ_{i,t-1} \times Priv_{i,t}$ 和 $FRQ_{i,t-1} \times State_{i,t}$ 在三个回归方程中的系数及其对应的 t 值，可以看出，在栏①以应付账款比例为因变量的回归方程中，尽管 $FRQ_{i,t-1} \times Priv_{i,t}$ 和 $FRQ_{i,t-1} \times State_{i,t}$ 的系数均在 1% 的置信水平上显著为正，表明就民营控股公司和国有控股公司而言，高质量的财务报告都有助于其获得更多的应付账款，但两者在程度上存在显著差异。在民营控股公司中，$FRQ_{i,t-1} \times Priv_{i,t}$ 的系数为 0.067，明显大于国有控股公司，显示出财务报告质量对民营控股公司选择应付账款的影响高于国有控股公司。导致这一结果的原因可能与民营控股公司在正规金融市场上面临较高的信贷配给和所有制歧视有关。为了能够获得更多较为有利的商业信用模式，民营控股公司选择了对外披露高质量财务报告的策略。在栏②以应付票据比例为因变量的回归方程中，交乘项 $FRQ_{i,t-1} \times Priv_{i,t}$ 的系数在 10% 的置信水平上显著为负，而 $FRQ_{i,t-1} \times State_{i,t}$ 的系数尽管也为负，但不显著，说明高质量的财务报告可以减少民营控股公司应付票据的使用，但对国有控股公司选择应付票据的影响则相对较小。在栏③以预付账款比例为因变量的回归方程中，交乘项 $FRQ_{i,t-1} \times Priv_{i,t}$ 和 $FRQ_{i,t-1} \times State_{i,t}$ 的系数（t 值）分别为 -0.041（-5.257）和 -0.043（-5.605），显示出高质量的财务报告能够降低民营控股公司和国有控股公司对契约成本较高的预付账款的依赖，且在程度上两者之间并不存在显著差异。由此可知，假设 4 得到部分支持。

表 5-8 财务报告质量与公司商业信用模式选择多元回归结果：假设 4 的检验

方程 变量	应付账款比例①		应付票据比例②		预付账款比例③	
	系数	t值	系数	t值	系数	t值
截距项	-0.045	-2.979***	-0.049	-3.455***	0.099	8.013***
$FRQ_{i,t-1} \times State_{i,t}$	0.033	4.844***	-0.008	-0.886	-0.043	-5.605***
$FRQ_{i,t-1} \times Priv_{i,t}$	0.067	5.556***	-0.014	-1.647*	-0.041	-5.257***
$Bank_{i,t-1}$	-0.068	-18.771***	0.003	0.959	0.011	3.691***
$Growth_{i,t-1}$	0.001	0.334	0.007	3.079***	0.005	2.515***
$ROA_{i,t-1}$	-0.056	-5.549***	-0.033	-3.509***	-0.010	-1.176

续表

方程 变量	应付账款比例①		应付票据比例②		预付账款比例③	
	系数	t值	系数	t值	系数	t值
$Cash_{i,t-1}$	0.003	0.566	0.038	7.655***	0.015	3.323***
$INV_{i,t-1}$	0.027	4.532***	0.026	4.859***	0.010	2.012**
$LnTA_{i,t-1}$	0.000	−0.577	0.002	2.743***	−0.001	−2.812***
$Debt_{i,t-1}$	0.124	27.971***	0.083	20.241***	0.027	7.418***
$Asset\_Turn_{i,t-1}$	0.046	36.075***	0.019	15.942***	0.008	7.510***
$Larg_{i,t-1}$	0.014	3.448***	−0.008	−2.084**	0.000	−0.081
$LnAge_{i,t}$	−0.004	−4.729***	−0.003	−3.544***	−0.002	−3.004***
行业	控制		控制		控制	
年度	控制		控制		控制	
$AdjR^2$	0.463		0.220		0.071	
F 值	184.353***		60.771***		17.167***	
样本数	8 499		8 499		8 499	

注：***、**和*分别表示检验在1%、5%和10%的置信水平上（2-tailed）显著。

（5）敏感性测试

为了检验本章研究结论是否稳健，我们进行了如下的敏感性测试：第一，由于应付账款、应付票据和预付账款均为存量指标，为了刻画企业商业信用模式选择的动态性，本章以应付账款变动额、应付票据变动额和预付账款变动额与总资产的比值替代应付账款比例、应付票据比例和预付账款比例，对模型5-5、5-6和5-7重新进行回归。第二，从表5-1财务报告质量模型主要变量的描述性统计可以看出，研究期间前期经营活动产生的现金流量的均值和中位数分别为0.05647和0.05352，前者大于后者，显示出样本公司的现金流量呈现右偏。现金流量右偏意味着对多数公司而言用来指示损失（"坏消息"）的虚拟变量$DCF_{i,t-1}$为0，这会对本章的研究结论产生一定的影响。为此，我们以 Ball 和 Shivakumar（2006）另外一种区分损失（"坏消息"）和利得（"好消息"）的方式，即前期经营性现金流量的变动额的正负为基准替代前期经营性现金流量的正负来反映应计项目对损失和利得及时确认的不对称性。换言之，若当期经营性现金流量的变动额为负，$DCF_{i,t-1}$ 取 1，否则取 0，并在此基础上利用表 5-2 的盈余质量模型重新估算公司的财务报告质量。第三，在经验研究中，除了盈余质量外，亦有学者利用操纵性应计利润衡量企业的财务报告质量。对此，我们运用截面修正的 Jones 模型计算每个公司的操纵性应计利润，并用 1 减去操纵性应计利润的绝对值取代盈余质量作为财务报告质量的计量。对模型 5-5、5-6 和 5-7 重新回归。第四，鉴于多数学者常用年末银行借款衡量公司一定时期内从银行取得的借款，为了保持与现有研究文献的一致性并检验本章研究结论对银行变量指标的选取是否敏感，我们亦用银行借款（短期借款与长期借款之和）与年末总资产之比替代公司借款收到的现金（流量指标）重新对模型 5-5 至 5-7 回归。第五，在实务中，衡量公司盈利能力的指标除了本章所使用的总资产报酬率外，还有销售利润率、权益净利率。为了考察不同的盈利能力表示方式对研究结果可能带来的影响，我们分别用这些指标替代总资产报酬率对表 5-6 至表 5-8 的结果重新进行检验。以上敏感性测试结果与本章研究结论没有实质性差异，这说明本章的研究结果是稳健的。限于篇幅，未列示敏感性检验的回归结果。

5.5 ———————————— 本章小结 ————————————

本章结合我国经济转型时期特殊的制度背景，在系统考察了应付账款、应付票据和预付账款等商业信用模式的交易成本、风险及其对企业经营活动影响的基础上，利用信息经济学的信号传递理论，以沪深证券交易所 2003—2011 年 8 499 个上市公司的观测数据为样本，实证检验了财务报告质量与企业商业信用模式选择的关系。研究发现，高质量的财务报告能够显著增加企业应付账款的可获得性，减少其对契约成本较高的应付票据和预付账款的依赖。进一步比较和分析证实，上述高质量财务报告对商业信用模式选择的影响在新会计准则实施之后和民营控股公司中表现得更强烈。此种结果说明，高质量的财务报告不仅能够缓解企业的代理问题，而且还有助于降低企业与供应商之间的信息不对称，减少企业对交易成本更高的商业信用的依赖，显示出现阶段我国企业对外提供高质量的财务报告具有重要的现实意义。

商业信用与产品购销有关，灵活性通常低于银行借款（Ge 和 Qiu，2007），且存在融资规模小、期限短、使用成本高的缺陷（Danielson 和 Scott，2004）。因此，尽管本章的研究结果证实了高质量的财务报告能够增加企业对交易成本较低的商业信用模式（应付账款）的可获得性，减少其对交易成本较高的商业信用模式（应付票据和预付账款）的选择，从而客观上促进了以民营企业为代表的体制外经济的发展。然而，与银行正式贷款相比，商业信用可能是一种较不适宜或次优的资金来源。

第 6 章

商业信用、银行借款与公司绩效

6.1 ————————— 引 言 —————————

第4章述及，金融资源从体制内以国有企业为代表的经济体流向民营企业的漏损效应的存在减弱了正规金融市场上的信贷配给和所有制歧视给民营企业带来的负面影响，有效缓解了民营企业面临的资金紧张的困境，并部分纠正了融资禀赋差异所导致的银行信贷资金初始配置的效率失衡问题。与此相关的问题是，这种"不合法"的金融资源配置方式的效率如何？与银行借款等正规金融资源相比，是否更显著提高了民营企业的经营业绩，从而成为银行借款的有效替代？本章将利用融资比较优势理论，分析和考察商业信用和银行借款两种资金来源的相对重要性，旨在对下列问题展开研究：商业信用和银行借款何者对民营企业的成长更重要，即非正规融资渠道能在多大程度上替代正规金融体系？

6.2 ——————— 制度背景、理论分析与研究假设 ———————

虽然理论分析表明，商业信用的存在能使民营企业间接获得正规金融的支持，有效缓解了民营企业遭受的资金紧张的困境，客观上促进了体制外以民营企业为代表的经济体的发展，并部分纠正了融资禀赋差异所导致的信贷资金初始配置的效率失衡问题（王彦超和林斌，2008）。然而，商业信用与产品购销有关，灵活性通常低于银行借款（Ge和Qiu，2007），且存在融资期限短、所筹资金规模小、使用成本高和附加条件苛刻的缺陷（Danielson和Scott，2004）。因此，对民营企业来说，商业信用可能是银行借款一种代价较高的替代。从融资角度来看，除非遭到信贷配给和所有制歧视，否则商业信用是一种较不适宜或次优的选择，一般不受企业欢迎。换言之，企业偏爱银行借款甚于商业信用。因而，作为一种典型的非正规融资模式，商业信用并不能有效替代银行正式贷款，仅仅依靠商业信用很难适应当前中国快速成长的民营企业的资金需要。此外，尽管中国经济转型期特有的源自体制内的国有部门的金融漏损为民营企业的成长提供了必要的资金支持，但由于金融漏损的本源是不合规的，且在资金非正规转移过程中会孳生各种寻租和腐败行为，造成国有资产大量流失。如果不能通过制度对其加以规范和引导，金融漏损积累的风险将不断膨胀，从而给整个社会和经济发展带来危害（辛念军，2006；安强身，2008）。所以，与Allen、Qian和Qian（2005）以及Ge和Qiu（2007）的推测相反，在中国民营企业快速成长的过程中，商业信用很可能并没有发挥关键作用，通过其筹集的资金只是维持中国经济快速增长的正式和非正式制度安排之一（Cull、Xu和Zhu，2009），直接获取银行借款对民营企业的成长而言仍是至关重要的。Ayyagari、Demirgüc-Kunt和Maksimovic（2010）以2002年中国2 400家企业层次的调查数据为对象，从经验上研究了融资模式与企业成长之间的关系。研究发现，拥有银行借款的企业的成长速度和再投资率均高于没有银行借款的企业，没有证据表明其他资金来源对企业成长具有正面效应。这一结果意味着，建立在声誉和隐性契约关系基础之上的非正规融资机制在支持私有企业成长中的积极作用是有限的，无法替代正规融资机制。Du、Lu和Tao（2008）使用世界银行有关中国企业的数据，系统考察了银行贷款和商业信用在提升企业绩效中的相对重要性。研究发现，获得银行贷款能够显著改善企业的绩效和成长，但只有微弱的证据表明商业信用对企业成长和再投资具有显著的促进作用。因而，商业信用的存在无助于企业实现更高的成长和业绩，难以有效替代银行贷款，非正规金融不能很好适应当今中国快速成长的民营企业的资金需要。刘小鲁（2012）基于中国工业企业的数据研究证实，我国商业信用的产生具有显著的恶意拖欠特征与违约风险。其存在不仅未能改善资源配置效率，反而进一步增大了金融市场的交易费用和运行风险。

经过30年的转轨历程，我国现已进入转轨后期（辛念军，2006）。替代效应表明，虽然短期内商业信用能够缓解民营企业面临的资金紧张的困境，但是从可持续增长的角度来看，商业信用自身存在的规模和范围劣势以及无法满足高端市场需要的缺陷，决定了其决不应成为支撑民营企业成长的主导融资模式。而且，作为一种重要的非正规融资机制，在现代市场经济中，商业信用对私有企业的资金支持并不是独立于正规融资渠道，其作用很大程度是通过正规金融体系实现的（余明桂和潘红波，2010）。另一方面，若一国经济中大多数企业在交易过程中过度依赖商业信用，那么该国经济有可能存在潜在的系统性支付风险，其金融体系将是不稳定的（刘民权、徐忠和赵英涛，2004）。因此，即使商业信用能够在提供外部融资支持企业成长方面发挥重要作用，但是一个有效或运行良好的正规金融体系对于一国经济的持续发展亦是必需的（Ge和Qiu，2007）。换言之，银行正式贷款对民营企业成长的重要性应远远高于商业信用。由此，可提出本章如下假设：

假设：商业信用对民营企业绩效的正面影响显著弱于银行借款对民营企业绩效的正面影响。

6.3   ————————   研究设计   ————————

6.3.1   样本选择与数据来源

根据本章的研究内容和出于比较的目的，以及计算全要素生产率的考虑，我们选取沪深证券交易所2003—2011年所有A股上市公司作为初始样本，同时为保证所收集数据的有效性，尽量减少其他因素对数据的影响，依据以下标准对初始样本进行了筛选：（1）剔除当年新上市的公司，许多学者的研究表明，我国上市公司IPO前3年和当年存在明显的盈余管理行为，财务数据可靠性较差；（2）鉴于金融类上市公司与一般上市公司经营业务上的差异性，为了保证数据的可比性，亦剔除金融和保险行业的上市公司；（3）考虑到极端值对研究结果的不利影响，剔除应付账款比例、应付票据比例、预收账款比例、销售增长率、银行借款比例、资产净利率绝对值大于1和资不抵债的公司，以及数据存在缺失的公司；（4）剔除因资产重组或置换导致主营业务发生变更的公司，以及通过股权转让由原国有控股上市公司演变而来的民营（化）控股上市公司。依据上述标准进行筛选后，最后得到8 499个公司年度观测值。其中，国有控股公司和民营控股公司观测值分别为6 326个和2 173个。样本的年度和行业分布详见第3章表3-1和表3-2。

本章关于上市公司终极控制人类型的数据系根据上海Wind资讯有限公司公布的上市公司年报手工收集整理而成。我们借鉴夏立军和方轶强（2005）的做法，如果上市公司的终极控制人为自然人、职工持股会、民营企业、乡镇集体企业或外资企业，则认定为民营控股；如果上市公司的终极控制人为市（县）级或以上各级政府机构，则认定为国有控股。本章使用的其他数据（包括应付账款、应付票据、预收账款、银行借款、现金持有量、存货、总资产、销售收入、净利润、负债总额、第一大股东持股比例以及公司IPO的日期）均来自深圳国泰安的中国股票市场与会计研究数据库。

6.3.2　模型构建与变量说明

对于本章所提出的研究假设，我们拟通过构建如下回归模型进行检验：

$$\text{Firm\_Per}_{i,t} = \phi_0 + \phi_1 \text{Bank}_{i,t-1} + \phi_2 \text{Trade Pay}_{i,t-1} + \phi_3 \text{Growth}_{i,t-1} + \phi_4 \text{LnTA}_{i,t-1} + \phi_5 \text{Debt}_{i,t-1}$$
$$+ \phi_6 \text{Asset\_Turn}_{i,t-1} + \phi_7 \text{Larg}_{i,t-1} + \phi_8 \text{LnAge}_{i,t} + \sum \text{Ind} + \sum \text{Year} + \varepsilon_{i,t}$$

$$(6-1)$$

模型6-1中，$\text{Firm\_Per}_{i,t}$ 为公司i第t年的经营业绩。为了更完整地刻画银行借款和商业信用在提升民营企业经营业绩中的相对重要性，并保证研究结论的可靠性，在回归中，我们选取三个学者最常用的指标作为公司经营绩效的替代。第一个指标是总资产净利率（$ROCE_{i,t}$），等于公司 i 第 t 年的净利润与年末总资产的比值，代表公司的盈利能力。第二个指标是全要素生产率（$TFP_{i,t}$）（其标准的计算方法参见下文）。第三个指标是行业超额价值的自然对数（$LnEV_{i,t}$）。计算公式如下：$LnEV_{i,t} = Ln\ (MV_{i,t}/BV_{i,t} \div MV_{k,t}/BV_{k,t})$。$MV_{i,t}$ 和 $BV_{i,t}$ 分别为公司 i 第 t 年末总资产的市场价值和总资产的账面价值；$MV_{k,t}$ 和 $BV_{k,t}$ 则分别为公司 i 所在行业 k 第 t 年末总资产的市场价值和总资产的账面价值的中位数。相对于 Tobins'q，用 $LnEV_{i,t}$ 反映企业价值的好处在于它可以克服行业因素的影响（Berger 和 Ofek，1995；Walker，2006；辛清泉、郑国坚和杨德明，2007）。

$Bank_{i,t-1}$ 为公司 i 第 t−1 年的银行借款比例，等于公司 i 第 t−1 年借款收到的现金与该年末总资产的比值。$Trade\ Pay_{i,t-1}$ 为公司 i 第 t−1 年获得的商业信用融资。用应付账款、应付票据和预收账款之和与当年的总资产之比衡量。若 $Bank_{i,t-1}$ 的系数 ϕ_1 显著为正且大于 $Trade\ Pay_{i,t-1}$ 的系数 ϕ_2，表明在提升民营企业绩效方面，商业信用的重要性要弱于银行贷款，因而与银行贷款相比，商业信用对民营企业而言并不是一种适宜的资金来源，难以有效替代银行贷款，由此本章所提出的研究假设将得到证实。

$Growth_{i,t-1}$ 为公司 i 第 t−1 年销售增长率，用来反映公司的成长机会。$LnTA_{i,t-1}$ 为公司 i 第 t−1 年总资产的自然对数，代表公司规模。$Debt_{i,t-1}$ 为公司 i 第 t−1 年资产负债率。$Asset\_Turn_{i,t}$ 为公司 i 第 t−1 年总资产周转率，等于公司销售收入净额与其总资产之比，用于衡量公司利用资产赚取收入的能力。通常情况下，该指标越大，则公司利用资产赚取收入的能力越强，其经营活动越有效。成长机会越多的企业、规模越大的企业以及利用资产赚取收入能力越强的企业，其经营绩效越好，因此可以合理预期，$Growth_{i,t-1}$、$LnTA_{i,t}$ 和 $Asset\_Turn_{i,t}$ 的系数 ϕ_3、ϕ_4 和 ϕ_6 均应显著为正。负债水平对公司经营业绩的影响是不确定的，通常取决于其治理效应和债务融资带来的财务困境何者占优，因此我们不就负债对公司经营业绩产生的影响做出预测。

$Larg_{i,t-1}$ 为公司 i 第 t−1 年第一大股东持股比例，等于第一大股东持股数与公司发行在外的普通股股数之比。$LnAge_{i,t}$ 为截止到第 t 年公司 i 累积已上市时间（$Age_{i,t}$）的对数。Ind 和 Year 分别为反映行业和年度效应的虚拟变量，用来控制其他无法观察到的行业因素或宏观经济波动对企业经营业绩可能产生的影响。$\varepsilon_{i,t}$ 为误差项。

为了探讨特定的商业信用融资方式对公司经营绩效的影响及其和银行借款相对重要性的差异，我们将 $Trade\ Pay_{i,t-1}$ 进一步细分为应付账款、应付票据和预收账款，并分别用应付账款比例（应付账款与期末总资产之比，$AP_{i,t-1}$）、应付票据比例（应付票据与期末总资产之比，$NP_{i,t-1}$）和预收账款比例（预收账款与期末总资产之比，$AA_{i,t-1}$）替代 $Trade\ Pay_{i,t-1}$ 对模型6−1重新回归。

6.3.3　全要素生产率的衡量

全要素生产率也称为综合要素生产率，是经济增长领域中的一个重要概念，可以理解为各要素（如资本和劳动等）投入之外的技术进步和能力实现改善（即技术效率提升）[1]等导致的产出增加，是剔除要素投入贡献后所得到的残差。因其最早由索洛（Solow，1957）提出，故也称为索洛残差（郭庆旺，2005）。它是衡量要素投入对经济增长贡献的一个重要手段，也是体现一个经济体的经济增长方式能否实现可持续的科学发展的重要指标（刘秉镰和李清彬，2009）。在新古典经济增长理论中，全要素生产率的增长被视为促进经济持续增长的唯一源泉。因此，在评价一个企业的市场竞争力及其在推动一国经济发展中的作用时并不能仅仅考虑它的销售额、资产额等财务指标，还应该考察企业所投入的各种生产要素的使用效率。从经济学角度来看，最应当重视的竞争力指标是全要素生产率，而基于微观数据的全要素生产率分析最接近实际（袁堂军，2009）。所以，近年来，部分学者为克服上市公司财务数据存在的失真问题和更准确地衡

---

① 能力实现改善测度了现有生产能力的利用程度，反映了现实经济的生产技术效率，通常利用产出缺口来度量（郭庆旺，2005）。

量企业的效率，在公司治理研究中开始采用全要素生产率衡量企业的经营绩效（李维安和徐业坤，2012）。所以，本章借鉴 Faccio（2010），Ayyagari、Demirguc-Kunt 和 Maksimovic（2010），以及李维安和徐业坤（2012）的做法，采用 Cobb-Douglas 生产函数计算企业的全要素生产率，并用其来衡量除投入要素之外的技术进步和能力实现等因素对企业产出的影响。

假设经济系统处于完全竞争状态，企业的生产函数符合三要素 Cobb-Douglas 函数形式，并满足规模报酬不变和希克斯中性技术的性质[①]：

$$Y_{i,t} = P_{i,t}K_{i,t}^{\alpha}L_{i,t}^{\beta}M_{i,t}^{\gamma} \tag{6-2}$$

式 6-2 中，$Y_{i,t}$ 为企业 i 第 t 期的产出，用销售收入净额衡量；$K_{i,t}$ 为企业 i 第 t 期的资本投入，通过企业的固定资产净额反映；$L_{i,t}$ 为企业 i 第 t 期的劳动投入，用员工人数衡量；$M_{i,t}$ 为企业 i 第 t 期的原材料投入。[②] $P_{i,t}$ 为企业 i 第 t 期的技术水平或全要素生产率。α、β 和 γ 分别为资本、劳动和原材料投入的产出弹性。为了估计全要素生产率 $P_{i,t}$，首先对 6-2 式两边取自然对数，可得：

$$y_{i,t} = \alpha k_{i,t} + \beta l_{i,t} + \gamma m_{i,t} + p_{i,t} \tag{6-3}$$

式 6-3 中，$y_{i,t}$、$k_{i,t}$、$l_{i,t}$、$m_{i,t}$ 和 $p_{i,t}$ 依次为企业 i 第 t 期的产品销售收入净额、资本、劳动、原材料投入和全要素生产率的自然对数。

考虑到我国正处于从计划经济体制向市场经济体制转型的特殊历史时期，受传统意识形态的束缚，政府在资源配置、整体经济政策导向和规范市场行为等方面仍然扮演着极为重要的角色（Li 和 Zhang，2007），因此国家所有制这一政府干预最强的制度安排依然在当前的经济体制中具有很强的影响力。而企业所有制、持股人的特殊身份等方面的差异，则反映出各个企业所面临的市场环境和竞争程度的不同，其经济学的含义即要素市场扭曲，它阻碍了资源顺利地从要素使用效率低的企业流向

---

① 希克斯中性技术性质假设，意味着技术进步不影响投入要素之间的边际替代率（郭庆旺，2005）。

② 由于缺乏现成的中间投入的计算指标，Faccio（2010）、李维安和徐业坤（2012）等在计算企业全要素生产率时均采用总资产和产品销售成本分别作为资本投入和原材料投入的衡量。然而，从总资产和产品销售成本的构成内容来看，前者包含了生产所需的固定资产和原材料，后者则不仅包括本期投入生产的原材料，而且还包含了本期计提的固定资产折旧和支付给雇员的人工成本（应付工资和应付福利费）。所以用总资产和产品销售成本来分别替代资本投入和原材料投入存在重复计算之嫌，必然会影响企业全要素生产率计算的准确性。

要素使用效率高的企业（袁堂军，2009）。因此，作为一个典型的政府主导型经济，我国各级政府的行为模式和动机及其背后面临的激励结构必然会对不同所有权性质的企业的经营绩效产生影响，并由此造成不同类型的企业追求的经营目标出现较大差异。同时，鉴于生产技术所决定的劳动和资本的投入结构往往会因行业和时间而变化，因此在计算企业的全要素生产率时也需要控制行业和年度效应。基于上述分析，为探讨不同所有权性质的企业的全要素生产率的差异，以及控股股东的行为模式和动机与行业和年度效应可能给企业全要素生产率带来的影响，根据本书研究主旨，我们在模型6-3的基础上分别引入反映企业终极控制人性质与行业和年度效应的虚拟变量，由此得到如下用于估算企业全要素生产率的回归模型：

$$y_{i,t} = \omega_0 + \omega_1 Priv_{i,t} + \alpha_1 k_{i,t} + \beta_1 l_{i,t} + \gamma_1 m_{i,t} + \alpha_2 Priv_{i,t} \times k_{i,t} + \beta_2 Priv_{i,t} \times l_{i,t}$$
$$+ \gamma_2 Priv_{i,t} \times m_{i,t} + \sum Ind + \sum Year + p_{i,t} \tag{6-4}$$

模型6-4中，我们选取国有控股公司作为参照组。$Priv_{i,t}$ 为反映公司终极控制人性质的虚拟变量。如果公司i股票初始公开发行时的终极控制人为自然人、职工持股会、民营企业、乡镇集体企业或外资企业，则定义为民营控股，$Priv_{i,t}$ 取1，否则取0。

在利用OLS法对模型6-4进行回归处理之后，所得模型的拟合值就是公司i第t期通过投入一定量的资本、劳动和原材料预期能够实现的产出自然对数的估计，残差则代表了总产出中无法由资本、劳动和原材料投入解释的那部分，即公司i第t期的全要素生产率自然对数的估计值 $\hat{p}_{i,t}$。

鉴于全要素生产率从静态角度描述了企业某一特定时点的经营绩效，因而是一个绝对数指标，自身存在规模效应，不能用于不同企业相对经营绩效的比较。为了动态地刻画某一时期企业的经营绩效以及企业间经营效率差异，作为补充和稳健性检验的一个指标，我们又选取全要素生产率增长率替代全要素生产率对模型6-1进行回归。全要素生产率增长率（$GTFP_{i,t}$）的计算公式如下：

$$GTFP_{i,t} = \frac{\hat{p}_{i,t} - \hat{p}_{i,t-1}}{\hat{p}_{i,t-1}} \qquad\qquad (6-5)$$

需要说明的是，由于受到数据可获得性的限制，我们无法准确收集到企业某一时期投入生产中的资本、劳动和原材料数量。因此，在计算企业某一特定时期的全要素生产率时，本章选取该期期初的固定资产净额、员工人数和原材料分别作为该期间资本、劳动和原材料投入的替代。由于是用期初的存量指标代替了一定时期投入生产的流量指标，因此会导致所估计的企业全要素生产率出现一定的衡量偏误。

6.4 ———— 实证结果与分析 ————

6.4.1 全要素生产率的分析

（1）变量的描述性统计

表6-1列出了全要素生产率模型中主要变量的描述性统计。从中容易看出，这些变量具有如下特征：产出（销售收入净额）对数的均值为21.13963，中位数为21.02644，最小值和最大值分别为15.14758和28.54958，标准差为1.39666，说明研究期间不同公司之间产出差异较大。公司雇员人数对数的均值和中位数分别为7.62492和7.61825，最大值和最小值分别为13.22256和2.56494，通过对数转换可知，公司员工人数最少只有13人，最多则高达552698人，平均有5222人，显示出公司之间因从事的经营业务不同使得公司所雇用的员工人数存在很大差异。公司使用的固定资产（原材料）的对数均值和中位数分别为20.11633（19.25869）和20.00839（19.31159），最大值为27.01613（25.77661），最小值则为4.63472（8.16107），在样本期内不同公司之间同样表现出了很大不同，导致此种差异的原因可能与公司行业属性和经营种类有很大关系。全要素生产率的对数均值为0，中位数为-0.01189，最大值和最小值分别为5.98128和-4.35420，显示出公司之间对除投入的各种生产要素之外的技术进步和能力实现的利用效率存在较大差异。

表 6-1　　　　　　　全要素生产率模型变量的描述性统计

变量	样本数	均值	中位数	最小值	1/4 分位数	3/4 分位数	最大值	标准差
$y_{i,t}$	8 499	21.13963	21.02644	15.14758	20.20975	21.90368	28.54958	1.39666
$k_{i,t}$	8 499	20.11633	20.00839	4.63472	19.21303	20.94602	27.01613	1.46753
$l_{i,t}$	8 499	7.62492	7.61825	2.56494	6.85329	8.38274	13.22256	1.25041
$m_{i,t}$	8 499	19.25869	19.31159	8.16107	18.41236	20.18555	25.77661	1.64672
$p_{i,t}$	8 499	0	−0.01189	−4.35420	−0.39395	0.38971	5.98128	0.66738

表 6-2 列出了国有控股公司和民营控股公司全要素生产率模型变量的均值和中位数及相应的 t 值或 z 值。通过比较可以发现，国有控股公司的产出（销售收入净额）和各种生产要素投入（员工人数、固定资产和原材料投入）的对数均值都显著大于民营控股公司相应的产出和生产要素投入，导致此种结果的原因可能与民营控股公司所属行业及其从事的经营业务的性质有关。从第 3 章样本公司行业分布来看，民营控股公司所在行业大多为竞争相对激烈、技术含量较低的行业，决定了其无论是产出还是生产中需要投入的要素均显著低于国有控股公司。另外，通过对国有控股公司和民营控股公司的全要素生产率做进一步的比较，容易看出，民营控股公司和国有控股公司的全要素生产率的均值分别为 −8.04E−15 和 −1.44E−14，都近似等于 0，两者之间并没有表现出显著的差异。国有控股公司相对较高的生产要素投入及其与民营控股公司相比无显著差异的全要素生产率，说明其产出的增加主要是通过要素投入而非技术进步和能力实现带动的，因而不具有可持续性。[①]

表 6-2　　国有控股公司与民营控股公司全要素生产率模型变量均值的比较

变量	国有控股公司		民营控股公司		t 值	Wilcoxon z 值
	均值	中位数	均值	中位数		
$y_{i,t}$	21.29382	21.15825	20.69079	20.67550	19.332[***]	17.108[***]
$k_{i,t}$	20.33477	20.20918	19.48040	19.51523	26.357[***]	23.722[***]
$l_{i,t}$	7.73216	7.72444	7.31271	7.29641	14.463[***]	14.787[***]
$m_{i,t}$	19.34957	19.41052	18.99413	19.02576	9.478[***]	10.799[***]
$p_{i,t}$	−1.44E−14	−0.00977	−8.04E−15	−0.01766	0.000	−0.138

注：国有控股公司与民营控股公司的样本观测值分别为 6 326 和 2 173。***表示检验在 1% 的置信水平上（2-tailed）显著。

①　Bai、Li 和 Wang（1997）指出，当一个混合经济中的企业不完全是利润最大化的经济个体时，经济中全要素生产率的提高并不一定表示资源配置效率的提高。

（2）全要素生产率模型的多元回归分析

表6-3栏①中列出了全要素生产率模型6-4混合回归的结果。从中可以看出，国有控股公司的劳动投入的边际产出弹性系数为0.174，而民营控股公司的劳动投入的边际产出弹性系数则为0.334（0.174+0.160），且差异在1%的置信水平上显著，说明民营控股公司每增加一单位劳动投入带来的产出高于国有控股公司，表现出了较高的劳动效率。相反，民营控股公司的资本投入的边际产出弹性系数为0.252（0.409-0.157），显著低于国有控股公司的固定资本投入0.409的边际产出弹性系数，表明国有控股公司的资本投入的使用效率要高于民营控股公司。类似地，就原材料投入的使用效率而言，国有控股公司亦表现出显著高于民营控股公司的原材料投入的边际弹性系数（国有控股公司的原材料投入的边际弹性系数为0.389，民营控股公司对应的原材料投入的边际弹性系数为0.360（0.389-0.029），两者差异在5%的置信水平上显著）。

表6-3　　　　　　　　　　　全要素生产率模型回归的结果

方程 变量	全样本①		国有控股公司②		民营控股公司③	
	系数	t值	系数	t值	系数	t值
截距项	3.738	23.611***	3.762	22.630***	6.302	22.827***
$Priv_{i,t}$	2.410	7.933***				
$k_{i,t}$	0.409	42.818***	0.415	41.491***	0.242	15.530***
$Priv_{i,t} \times k_{i,t}$	−0.157	−8.903***				
$l_{i,t}$	0.174	17.272***	0.174	16.796***	0.346	19.974***
$Priv_{i,t} \times l_{i,t}$	0.160	8.264***				
$m_{i,t}$	0.389	53.414***	0.387	50.045***	0.351	26.783***
$Priv_{i,t} \times m_{i,t}$	−0.029	−2.209**				
行业	控制		控制		控制	
年度	控制		控制		控制	
$AdjR^2$	0.771		0.776		0.717	
F值	817.171***		731.812***		184.679***	
样本数	8 499		6 326		2 173	

注：因变量为销售收入净额的自然对数；**和***表示检验分别在5%和1%的置信水平上（2-tailed）显著。

作为补充，我们在表6-3中又报告了分企业类型的全要素生产率模型的回归结果。容易看出，就劳动投入的边际产出弹性而言，民营控股公司要明显高于国有控股公司。而固定资本和原材料投入则相反，国有控股公司表现出了显著高于民营控股公司的边际产出弹性系数。上述分样本回归的劳动投入、固定资本投入和原材料投入边际产出弹性系数差异进一步证实了表6-3中全样本的分析结果。

6.4.2 银行借款、商业信用与公司绩效分析

（1）主要变量的描述性统计

表6-4报告了模型6-1中主要变量的描述性统计。民营控股公司的全要素生产率（$p_{i,t}$）的均值和中位数分别为0和-0.01766，最小值和最大值依次为-2.81696和3.64726，标准差为0.64027，显示出研究期间样本公司之间差异较大，且对大多数民营控股上市公司而言，其利用技术进步和能力改善实现提升公司经营业绩的效果不佳。导致此种结果的原因可能与民营控股公司所从事的行业属性以及我国经济转型过程中其面临的不利的外部制度环境有关。公司行业超额价值对数（$LnEV_{i,t}$）的均值为0.64446，中位数为0.59090，1/4分位数和3/4分位数分别为0.16950和1.03561，最大值达到2.68855，说明总体而言民营控股公司的市场价值高于行业中位数，但-1.32120的最小值又表明某些公司市场表现欠佳。资产净利率（$ROCE_{i,t}$）的均值和中位数依次为0.04518和0.04553，1/4分位数为0.02077，最小值则为-0.98380，最大值仅为0.38970，说明样本期内大多数民营控股公司处于微利状态，整体盈利能力偏低，且不同公司之间经营业绩也存在较大差异。

表6-4　　　　　　　　主要变量的描述性统计（n=2 173）

变量	均值	中位数	最小值	1/4 分位数	3/4 分位数	最大值	标准差
$p_{i,t}$	0	-0.01766	-2.81696	-0.37103	0.37551	3.64726	0.64027
$LnEV_{i,t}$	0.64446	0.59090	-1.32120	0.16950	1.03561	2.68855	0.59244
$ROCE_{i,t}$	0.04518	0.04553	-0.98380	0.02077	0.07301	0.38970	0.06852
$Bank_{i,t-1}$	0.17891	0.16691	0	0.04762	0.27934	0.80057	0.14096
$Trade\ Pay_{i,t-1}$	0.16446	0.13167	0	0.06997	0.22553	0.85221	0.12721
$AP_{i,t-1}$	0.08833	0.07069	0	0.03769	0.12125	0.53649	0.06976
$NP_{i,t-1}$	0.03762	0.01591	0	0	0.05681	0.40559	0.05179
$AA_{i,t-1}$	0.04295	0.01846	0	0.00694	0.04827	0.77415	0.06845
$Growth_{i,t-1}$	0.19171	0.17892	-0.94419	0.03054	0.33853	0.99913	0.25947
$LnTA_{i,t-1}$	21.14184	21.03558	19.12430	20.49907	21.68709	25.15589	0.89418
$Debt_{i,t-1}$	0.40225	0.40806	0.01082	0.26350	0.54020	0.90245	0.18489
$Larg_{i,t-1}$	0.37000	0.35290	0.02197	0.25567	0.47470	0.89410	0.15100
$Asset\_Turn_{i,t}$	0.67137	0.56326	0.01867	0.39693	0.79677	6.11711	0.50075
$Age_{i,t}$	5.46	4	1	2	8	21	4.427

（2）相关性分析

表6-5列出了模型6-1中主要变量的Pearson相关系数。容易发现，全要素生产率（$p_{i,t}$）与银行借款（$Bank_{i,t-1}$）的相关系数为0.025，且在5%的置信水平上显著，其与商业信用（$Trade\ Pay_{i,t-1}$）的相关系数则在1%的置信水平上显著为负（两者的相关系数为-0.081，对应的p值等于0.000），说明民营控股公司从正规金融市场上获得的银行借款有助于提高公司的全要素生产率，而商业信用对民营控股公司全要素生产率的作用则是负面的。从$Trade\ Pay_{i,t-1}$的具体构成来看，全要素生产率（$p_{i,t}$）与应付账款（$AP_{i,t-1}$）和应付票据（$NP_{i,t-1}$）的相关系数分别为-0.271和-0.156，均在1%的置信水平上显著（p值等于0.000），其与预收账款（$AA_{i,t-1}$）的相关系数虽为负，但不显著，表明商业信用对全要素生产率的负面影响主要来自应付账款和应付票据，而非预收账款。

行业超额价值（$LnEV_{i,t}$）与银行借款（$Bank_{i,t-1}$）和商业信用（$Trade\ Pay_{i,t-1}$）的相关系数分别为-0.206和-0.223，均在1%的置信水平上显著，表明民营控股公司从正规融资渠道获得的银行借款和非正规融资渠道获得的商业信用都对其市场价值造成了负面影响。进一步分析发现，行业超额价值（$LnEV_{i,t}$）与应付账款（$AP_{i,t-1}$）、应付票据（$NP_{i,t-1}$）和预收账款（$AA_{i,t-1}$）的相关系数也都在1%的置信水平上显著为负，显示出不管民营控股公司获得的商业信用的具体形式如何，均不利于增加公司的市场价值。

总资产净利率（$ROCE_{i,t}$）亦在1%的置信水平上与银行借款（$Bank_{i,t-1}$）和商业信用（$Trade\ Pay_{i,t-1}$）显著负相关（对应的相关系数分别为-0.038和-0.119，p值等于0.000），显示出银行借款和商业信用不仅没有提升公司的经营业绩，而且还进一步恶化了民营控股公司的总资产净利率。此外，从总资产净利率（$ROCE_{i,t}$）与特定的商业信用融资模式的相关系数来看，其与应付票据（$NP_{i,t-1}$）表现出了显著的负相关关系，而与应付账款（$AP_{i,t-1}$）和预收账款（$AA_{i,t-1}$）则不相关，由此可知，是应付票据而非应付账款和预收账款对民营控股公司的总资产净利率产生

表6-5

主要变量的Pearson相关系数（n=2 173）

	$P_{i,t}$	$LnEV_{i,t}$	$ROCE_{i,t}$	$Bank_{i,t-1}$	$Trade\ Pay_{i,t-1}$	$AP_{i,t-1}$	$NP_{i,t-1}$	$AA_{i,t-1}$	$Growth_{i,t-1}$	$LnTA_{i,t-1}$	$Debt_{i,t-1}$	$Larg_{i,t-1}$	$Asset\_Turn_{i,t-1}$	$Age_{i,t}$
$P_{i,t}$	(−)													
$LnEV_{i,t}$	-0.010 (0.648)	(−)												
$ROCE_{i,t}$	0.327*** (0.000)	0.327*** (0.000)	(−)											
$Bank_{i,t-1}$	0.025** (0.039)	-0.206*** (0.000)	-0.038*** (0.000)	(−)										
$Trade\ Pay_{i,t-1}$	-0.081*** (0.000)	-0.223*** (0.000)	-0.119*** (0.000)	0.688*** (0.000)	(−)									
$AP_{i,t-1}$	-0.271*** (0.000)	-0.110*** (0.000)	0.023 (0.291)	-0.027 (0.206)	0.367*** (0.000)	(−)								
$NP_{i,t-1}$	-0.156*** (0.000)	-0.108*** (0.000)	-0.044** (0.043)	0.130*** (0.000)	0.471*** (0.000)	0.287*** (0.000)	(−)							
$AA_{i,t-1}$	-0.001 (0.950)	-0.092*** (0.000)	0.011 (0.301)	-0.096*** (0.000)	0.193*** (0.000)	0.091*** (0.000)	-0.049** (0.021)	(−)						
$Growth_{i,t-1}$	0.278*** (0.000)	-0.040* (0.060)	0.238*** (0.000)	0.012 (0.575)	0.048** (0.024)	0.141*** (0.000)	0.089*** (0.000)	0.041* (0.057)	(−)					
$LnTA_{i,t-1}$	0.217*** (0.000)	-0.363*** (0.000)	0.052** (0.015)	0.152*** (0.000)	0.209*** (0.000)	0.145*** (0.000)	0.189*** (0.000)	0.191*** (0.000)	0.103*** (0.000)	(−)				
$Debt_{i,t-1}$	0.025 (0.240)	-0.359*** (0.000)	-0.225*** (0.000)	0.534*** (0.000)	0.615*** (0.000)	0.352*** (0.000)	0.345*** (0.000)	0.279*** (0.000)	0.231*** (0.000)	0.427*** (0.000)	(−)			
$Larg_{i,t-1}$	0.149*** (0.000)	0.085*** (0.000)	0.157*** (0.000)	-0.090*** (0.000)	-0.067*** (0.002)	0.060*** (0.005)	-0.033 (0.124)	-0.048** (0.026)	0.090*** (0.000)	0.028 (0.197)	-0.178*** (0.000)	(−)		
$Asset\_Turn_{i,t}$	0.539*** (0.000)	0.032 (0.136)	0.167*** (0.000)	0.011 (0.602)	0.143*** (0.000)	0.414*** (0.000)	0.226*** (0.000)	0.037* (0.088)	0.179*** (0.000)	0.089*** (0.000)	0.083*** (0.000)	0.078*** (0.000)	(−)	
$Age_{i,t}$	-0.110*** (0.000)	-0.198*** (0.000)	-0.169*** (0.000)	0.091*** (0.000)	0.091*** (0.000)	-0.055** (0.011)	-0.018 (0.392)	0.144*** (0.000)	-0.193*** (0.000)	0.417*** (0.000)	0.382*** (0.000)	-0.355*** (0.000)	-0.066*** (0.002)	(−)

注：Pearson相关系数下的括号中是p值。***、**和*表示检验分别在1%、5%和10%的置信水平上（2-tailed）显著。

了负面影响。

最后，通过观察，亦可发现，样本公司还具有如下特征：成长机会多或规模大的公司，其全要素生产率和总资产净利率亦较高，但对应的行业超额价值却较低。负债水平高的公司的行业超额价值和总资产净利率较低。第一大股东持股比例高的公司其具有的全要素生产率、行业超额价值和总资产净利率亦较高。相反，上市时间长的公司的全要素生产率、行业超额价值和总资产净利率则较低。

（3）多元回归结果分析

表6-6报告了模型6-1以全要素生产率为因变量时的多元回归结果。在方程①中，$Bank_{i,t-1}$的系数为0.035，在5%的置信水平上显著，说明民营控股公司在正规金融市场上获得的银行借款有助于增加公司的全要素生产率。$Trade\ Pay_{i,t-1}$的系数为-0.247，在10%的置信水平上显著，此种结果意味着民营控股公司通过非正规渠道取得的商业信用融资对其全要素生产率带来了负面影响。方程②是把企业的商业信用融资进一步细分为应付账款、应付票据和预收账款后所进行的回归，从中容易看出，$Bank_{i,t-1}$的系数虽变为0.027，有所降低，但依然在5%的置信水平上显著。$AP_{i,t-1}$和$NP_{i,t-1}$的系数不显著，分别为-0.748和0.314，而$AA_{i,t-1}$的系数仍在10%的置信水平显著为负，显示出民营控股公司获得的预收账款非但没有提升公司的全要素生产率，还一定程度上减少了公司的全要素生产率。

通过比较，可以发现，$Growth_{i,t-1}$、$LnTA_{i,t-1}$和$Asset\_Turn_{i,t-1}$在方程①和②中均显著为正，$Debt_{i,t-1}$和$LnAge_{i,t}$的系数都显著为负，$Larg_{i,t-1}$的系数则不显著。这说明，成长机会多的公司、规模大的公司，以及利用资产赚取收入能力强的公司，其全要素生产率可能更高；负债多的公司、上市时间长的公司，其全要素生产率反而较差，显示出整体而言负债融资的治理作用是失效的，其增加不利于提升公司的经营绩效；第一大股东持股比例的高低则对民营控股公司的全要素生产率没有影响。

表6-6 银行借款、商业信用与公司绩效：基于全要素生产率的回归结果

变量	方程①		方程②	
	系数	t值	系数	t值
截距项	−4.013	−13.731***	−4.040	−13.797***
$Bank_{i,t-1}$	0.035	2.200**	0.027	2.364**
$Trade\ Pay_{i,t-1}$	−0.247	−1.755*		
$AP_{i,t-1}$			−0.748	−1.389
$NP_{i,t-1}$			0.314	1.326
$AA_{i,t-1}$			−0.343	−1.668*
$Growth_{i,t-1}$	0.385	8.676***	0.386	8.738***
$LnTA_{i,t-1}$	0.195	13.575***	0.197	13.722***
$Debt_{i,t-1}$	−0.314	−3.027***	−0.334	−3.228***
$Larg_{i,t-1}$	0.035	0.456	0.020	0.259
$Asset\_Turn_{i,t}$	0.686	28.134***	0.663	26.479***
$LnAge_{i,t}$	−0.150	−9.413***	−0.147	−9.271***
行业	控制		控制	
年度	控制		控制	
$AdjR^2$	0.434		0.438	
F值	48.518***		46.666***	
样本数	2 173		2 173	

注：因变量为全要素生产率；***、**和*表示检验分别在1%、5%和10%的置信水平上（2-tailed）显著。

表6-7列出了模型6-1以行业超额价值对数为因变量时的多元回归结果。在方程①中，$Bank_{i,t-1}$的系数为−0.179，在1%的置信水平上显著，$Trade\ Pay_{i,t-1}$的系数为−0.401，也在1%的置信水平上显著，此种结果表明民营控股公司通过正规渠道获得的银行借款和非正规渠道取得的商业信用均对公司的市场价值带来了负面效应。此外，从程度上来看，$Trade\ Pay_{i,t-1}$显著更大的负的系数说明，商业信用给公司行业超额价值造成的不利影响要高于银行借款。

在方程②中，$Bank_{i,t-1}$的系数变为−0.190，依然在1%的置信水平上显著；$AP_{i,t-1}$和$AA_{i,t-1}$的系数则分别为−0.847和−0.274，分别在1%和10%的置信水平上显著；尽管$NP_{i,t-1}$的系数也为负，但并不显著。这说明，应付

表6-7 银行借款、商业信用与公司绩效：基于行业超额价值的回归结果

变量	方程①		方程②	
	系数	t值	系数	t值
截距项	4.282	20.127***	4.355	20.419***
Bank$_{i,t-1}$	−0.179	−3.365***	−0.190	−3.550***
Trade Pay$_{i,t-1}$	−0.401	−3.914***		
AP$_{i,t-1}$			−0.847	−5.270***
NP$_{i,t-1}$			−0.010	−0.058
AA$_{i,t-1}$			−0.274	−1.832*
Growth$_{i,t-1}$	0.255	7.886***	0.257	7.976***
LnTA$_{i,t-1}$	−0.194	−18.593***	−0.198	−18.892***
Debt$_{i,t-1}$	−0.393	−5.209***	−0.377	−5.010***
Larg$_{i,t-1}$	0.254	4.477***	0.268	4.737***
Asset_Turn$_{i,t}$	0.015	0.846	0.029	1.616
LnAge$_{i,t}$	0.011	0.987	0.011	0.923
行业	控制		控制	
年度	控制		控制	
AdjR^2	0.650		0.651	
F值	116.033***		110.709***	
样本数	2 173		2 173	

注：因变量为行业超额价值；***、**和*表示检验分别在1%、5%和10%的置信水平上（2-tailed）显著。

账款和预收账款对民营控股公司的行业超额价值的影响是负面的，且在程度上都超过了银行借款所带来的负面效应，而应付票据的影响则是较弱的。

通过观察，容易发现，Growth$_{i,t-1}$和Larg$_{i,t-1}$在方程①和方程②中均显著为正，LnTA$_{i,t-1}$和Debt$_{i,t-1}$的系数都显著为负，而Asset_Turn$_{i,t-1}$和LnAge$_{i,t}$的系数则是不显著的。这说明，成长机会多的公司或第一大股东持股比例多的公司，其行业超额价值可能更高；大公司或者负债水平高的公司，其行业超额价值反而较低；总资产周转率和上市时间则对民营控股公司的行业超额价值没有影响。

表6-8列出了模型6-1以总资产净利率为因变量时的多元回归结果。在方程①中，尽管Bank$_{i,t-1}$和Trade Pay$_{i,t-1}$的系数都为正，但均不显著，

显示出银行借款和商业信用对民营控股公司的总资产净利率没有产生影响。在方程②中，$Bank_{i,t-1}$ 的系数依然不显著，$AP_{i,t-1}$ 和 $NP_{i,t-1}$ 的系数尽管为正，但也不显著，而 $AA_{i,t-1}$ 的系数则在5%的置信水平上显著为负。这表明，应付账款和应付票据对民营控股公司总资产净利率的影响较弱，而预收账款的影响则是负面的。

表6-8　**银行借款、商业信用与公司绩效：基于总资产净利率的回归结果**

变量	方程①		方程②	
	系数	t值	系数	t值
截距项	−0.204	−5.462***	−0.208	−5.553***
$Bank_{i,t-1}$	0.002	0.251	0.005	0.507
$Trade\ Pay_{i,t-1}$	0.011	0.588		
$AP_{i,t-1}$			0.004	0.147
$NP_{i,t-1}$			0.036	1.178
$AA_{i,t-1}$			−0.067	−2.551**
$Growth_{i,t-1}$	0.061	10.727***	0.060	10.666***
$LnTA_{i,t-1}$	0.012	6.702***	0.012	6.725***
$Debt_{i,t-1}$	−0.097	−7.351***	−0.096	−7.286***
$Larg_{i,t-1}$	0.018	1.776*	0.018	1.810*
$Asset\_Turn_{i,t}$	0.018	5.755***	0.019	5.959***
$LnAge_{i,t}$	−0.007	−3.468***	−0.007	−3.586***
行业	控制		控制	
年度	控制		控制	
$AdjR^2$	0.196		0.198	
F值	16.099***		15.536***	
样本数	2 173		2 173	

注：因变量为总资产净利率；***、**和*表示检验分别在1%、5%和10%的置信水平上（2-tailed）显著。

通过观察，容易发现，$Growth_{i,t-1}$、$LnTA_{i,t-1}$、$Asset\_Turn_{i,t-1}$ 和 $Larg_{i,t-1}$ 在方程①和方程②中均为正，且分别在1%或10%的置信水平上显著。相反，$Debt_{i,t-1}$ 和 $LnAge_{i,t}$ 的系数都在1%的置信水平上显著为负。上述结果说明，成长机会多的公司、规模大的公司、资产使用效率高的公司、第一大股东持股比例多的民营控股公司的经营业绩可能更好；负债水平高的公司或者上市时间长的民营控股公司的经营业绩反而更差。

（4）敏感性测试

为了检验本章研究结论是否稳健，我们进行了如下的敏感性测试：第一，由于全要素生产率从静态角度描述了企业某一特定时点的经营绩效，因而是一个绝对数指标，自身存在规模效应，不能用于不同企业相对经营绩效的比较。为克服上述缺陷，我们用式6-5计算的全要素生产率增长率替代全要素生产率对模型6-1重新进行回归。第二，由于应付账款、应付票据和预收账款均为存量指标，为了刻画企业商业信用融资的动态性，本章以应付账款变动额、应付票据变动额和预收账款变动额与总资产的比值及三者之和分别替代应付账款比例、应付票据比例、预收账款比例和企业获得的总商业信用，对模型6-1重新进行回归。第三，鉴于多数学者常用年末银行借款衡量公司一定时期内从银行取得的借款，为了保持与现有研究文献的一致性并检验本章研究结论对银行借款变量指标的选取是否敏感，我们亦用银行借款（短期借款与长期借款之和）与年末总资产之比替代公司借款收到的现金（流量指标）重新对表6-6、表6-7和表6-8进行检验。以上敏感性测试结果与本章研究结论没有实质性差异，这说明本章的研究结果是稳健的。限于篇幅，未列示敏感性检验的回归结果。

6.5　　　　　　　　　　　　　　　本章小结

本章利用融资比较优势理论，以沪深证券交易所2003—2011年2 173个民营控股上市公司的观测数据为样本，选取全要素生产率、行业超额价值和总资产净利率三个经验研究中常用的指标作为公司经营绩效的衡量，实证分析和考察了商业信用和银行借款两种资金来源的相对重要性。研究发现，民营控股公司从正规金融市场上获得的银行借款对公司的全要素生产率有显著的正面影响，但对行业超额价值的影响则是负面的，其不仅没有增加民营控股公司的行业超额价值，反而进一步对民营控股公司的行业超额价值带来了负面效应，对民营控股公司总资产净利率的影响则较弱。商业信用对民营控股公司的全要素生产率和行业超额价值的影响都是显著为负的，且在程度上超过了银行借款所带来的影响，其对总资产净利率的影响则较弱。进一步研究还发现，应付账款对民营控股公司行业超额价值的影响是恶化的，其对全要素生产率和总资产净利率的影响则较弱。预收账款对民营控股公司的全要素生产率、行业超额价值和总资产净利率的影响均是负面的，而应付票据对公司经营业绩的影响整体而言则较弱。上述结果说明，商业信用还难以有效替代银行正式借款，民营企业的成长最终仍然离不开正规金融的支持。

第 7 章

政治关联、银行借款与商业信用

7.1 ——————————— 引 言 ———————————

第6章的研究结果显示，尽管民营控股公司从正规金融市场上获得的银行借款对公司行业超额价值的影响是负面的，但其却能够显著地提升公司的全要素生产率。商业信用对民营控股公司经营业绩的影响整体而言是负面的，其存在不仅未能提高公司的经营业绩，反而在一定程度上恶化了公司的经营业绩，显示出非正规渠道获得的商业信用尚无法有效替代银行借款，仅仅依靠商业信用很难适应当前中国快速成长的民营企业的资金需要。此外，包括商业信用在内的非正规金融存在规模和范围上的劣势，决定了非正规金融活动只能在一个较小的地域内才有效率。非正规金融的另一缺陷在于其难以满足高端市场的需要（刘民权、徐忠和俞建拖，2003）。所以，对民营企业而言，直接获得银行借款对其成长仍是至关重要的。民营企业的巨大潜力与其相对有限的正规金融支持表明，民营企业的正规融资渠道亟待拓展。然而，歧视性的金融生态环境使得民营企业很难在市场化的基础上公平获得银行贷款。在正规渠道受阻的情况下，民营企业需要寻求其他获取银行贷款的途径。Peng 和 Heath（1996）指出，对于转型经济体，虽然市场机制发挥了一定的作用，但由于政府的干预及其掌握着包括银行等在内的关键资源的分配，使得企业的发展很大程度上仍需依赖非市场机制获取资源。Choi、Lee 和 Kim（1999）认为，在经济转型过程中，由于缺乏良好的价格体系和完善的法律系统，政府在资源配置、整体经济政策导向和规范市场行为等方面依然有着极为重要的影响（Li 和 Zhang，2007；姜翰、金占明、焦捷和马力，2009）。从定价和法律执行的角度出发，交易成本将十分高昂。因此，转轨经济中的企业更倾向于把人际关系网络作为自身经营战略的一部分，而不是完全通过市场去获取成长所需的资源（张建君和张志学，2005）。Alford（2003）亦指出，尽管中国已经拥有了一系列相当完整且较合理的成文法，但是执法力度却非常弱。因此，在评价中国法律体系的时候，仅仅研究中国的正式法律条文是不够的，还需要更多地关注中国正式法律和非正式执行机制之间的相互影响（卢峰和姚洋，2004）。

我国发展至今仍被看作一个乡土性社会，"人情"或曰"关系"在其中扮演的角色远比法律或其他正式制度更重要。因此，在我国银行信贷决策依然受到各级政府控制或干预的制度背景下（谭劲松、陈艳艳、谭燕，2010）[①]，与政府建立一定的（政治）关联，取得类似于国有企业的待遇，可能是当前制度环境下民营企业克服正规金融歧视、增加银行贷款可获得性、减少对商业信用依赖的最为有效的途径或策略选择之一。现有研究已证实，转轨经济下的政治关联已成为有价值的"租"，许多民营企业出于自身生存和发展的诉求，试图通过寻租的方式，谋求与政府官员建立各种政治关联。政治关联可视为转型期民营企业应对市场、政府和法律失灵的一种策略和措施，能有效防止或避免政府官员对企业的随意侵害或掠夺，并从政府那里获得更多法律之外的支持和保护，通过政治家对银行信贷决策的干预和影响，最终可使民营企业获得更多银行贷款方面的好处。这对于克服或减少民营企业在正规金融市场上面临的信贷配给和所有制歧视，缓解民营企业遭受的资金短缺问题具有很大的帮助。一系列研究结果显示，同等条件下，拥有政治关联的民营企业比没有政治关联的民营企业

143

---

①　金融机构并不是独立创造产品和提供金融服务的，它的运作更广泛地取决于其赖以生存区域的政治、经济、文化、法治等外部环境。所以，尽管国有商业银行在微观治理层面进行了重大变革，股份制商业银行的运作趋向市场化，但由于金融生态环境并未发生根本改变，金融机构仍无法完全摆脱各级政府的干预和影响（谭劲松、陈艳艳和谭燕，2010）。

能够获得更多的银行贷款和更长的贷款期限（Khwaja 和 Mian，2005；Fraccio，2006；Charumilind、Kali 和 Wiwattanakantang，2006；余明桂和潘红波，2008；谭劲松、陈艳艳和谭燕，2010）。

基于上述分析，本章拟利用政治关联的寻租理论，对非市场化融资策略——政治关联的微观机理和效果进行考察，要研究的问题有两个：第一，政治关联能否帮助民营企业克服正规金融市场上的信贷配给和所有制歧视，增加银行贷款的可获得性，从而降低民营企业对成本更高的商业信用的依赖？第二，政治关联对应付账款、应付票据和预收账款与银行贷款之间的替代效应的影响有何不同？

7.2 —————— 制度背景、理论分析与研究假设 ——————

随着全球经济一体化趋势的加剧和政治经济的融合，企业已经步入政治竞争的时代（徐晋、贾馥华和张祥建，2011）。在许多行业，政治上的成功与经济上的成功同等重要，企业通过政治战略获得的好处并不亚于其从市场中赚取的利润（Baron，1996；张建君和张志学，2005），因此，企业在设计竞争战略时，无不重视政治战略的运用与实施。当前，我国经济正处于转型期，转型期低效率的国有银行垄断和所有制歧视，造成不同背景的企业在表面上公平的市场机制中有着完全不同的经济资源的获取能力，导致民营企业的外部融资面临许多政策性障碍和不确定性。然而，民营企业并不是只能被动地等待政策出台并接受环境的束缚，相反，其可以积极制定和采取合适的政治策略，参与和影响政策与法规的形成过程（卫武和田志龙，2004）。与政府建立一定的关系是民营企业能够选择的主要政治策略之一。田国强（2001）认为，在转型条件下，企业家除了应具备传统的企业家能力外，其与政府交往的能力对于企业的生存和发展亦有着非常重要的影响。张军和詹宇波（2006）证实，转型经济体中的民营企业发展的最优模式是民营企业家集融资能力和经营能力于一体，即民营企业家同时亦是政府企业家。实现上述模式的有效途径是与政府建立政治关联。从资源配置的角度来看，政治关联可以通过政治家对银行信贷决策的干预和影响，给企业带来许多贷款上的好处，并克服或减少企业在正规金融市场上面临的信贷配给和所有制歧视。所以，同等条件下，有政治关联的民营企业更可能得到银行的青睐，满足自身对金融资源的需要，而没有政治关联的民营企业则相反。胡旭阳（2006）以 2004 年浙江民营百强企业为样本，研究发现，在我国银行业受到政府严格管制的情况下，民营企业家的政治身份降低了民营企业进入金融业的壁垒，提高了民营企业金融资源的获得能力。Khwaja 和 Mian（2005）基于巴基斯坦的研究表明，政治关联企业能从国有银行多获得 45% 的借款，但在贷款违约率上却比非政治关联企业高 50%。Charumilind、Kali 和 Wiwattanakantang（2006）分析了 1997 年亚洲金融危机爆发前 270 家泰国公司政治关联与长期贷款之间的关系。研究结果显示，与银行或政治家有关联的公司更容易获得长期贷款，并且政治关联公司所需抵押更少，长期贷款更多。余明桂和潘红波（2008）研究证实，政治关联能有效缓解落后的制度给民营企业发展带来的阻碍，为民营企业获得银行贷款提供了必要的支持。罗党论和甄丽明（2008）研究发现，有政治关联的民营企业外部融资面临的约束较低，更容易从银行取得贷款。

　　在我国法律保护水平普遍较低的情况下，政治关联作为企业与政府沟通的重要手段，除了可以帮助企业争取各种稀缺资源外，还能够作为一种替代机制，弥补法律的不足。由于政府在我国整个政治体系中居于强势地位，而法律和监督力量难以约束和限制政府的权力，因此政府对民营企业具有较强的侵害能力。民营企业家在产权得不到妥善保护的情况下，会积极寻求其他自我保护渠道（罗党论和甄丽明，2008）。政治关联可视为转型期民营企业应对市场、政府和法律失灵的一种策略和措施，能有效防止或避免政府官员对企业的随意侵害或掠夺，并从政府那里获得更多法律之外的支持和保护（Xin 和 Pearce，1996）。Yang（1994）指出，在正式制度支持缺乏的情况下，政治关联可以为民营企业提供更多关于行业调整、政府干预和政策走势等方面及时准确的内部信息，从而很大程度上增加了制度环境的可预测性，降低了民营企业的运行风险和交易成本（张建君和张志学，2005），使得具有政治关联的民营企业在缺乏保护债权人利益的法律环境下仍能够获得银行贷款的支持（孙铮、刘凤委和李增泉，

2004）。商业信用与银行借款之间的替代效应表明，民营企业利用政治关联获得的银行贷款越多，其对商业信用的需求或依赖程度则越低。换言之，政治关联的存在会弱化商业信用融资对民营企业的重要性。基于上述分析，可提出本章的第1个假设：

假设1：商业信用与银行借款的负相关性在有政治关联的民营企业中显著强于没有政治关联的民营企业。

尽管理论分析表明，与应付账款和应付票据相比，预收账款具有资金使用灵活性高、限制条件少的优势，因而对于在正规金融市场上面临较强信贷约束的企业而言是一种较为理想的商业信用融资方式。然而，考虑到企业和客户之间通常是一种零和博弈关系，某种商业信用融资方式对一方来说是最优的，对另一方而言则是最差的，反之则反是。所以，当我们将分析对象转向企业的客户时，预付账款非但未能使客户从企业融得资金，反而还要挤占自身的一部分资金，并丧失由此带来的潜在收益，因而，对客户来说是一种代价极高的商品购置模式。除非情况特殊或资金充裕，否则客户一般不会采用预付账款的方式进行商品交易。换言之，就企业而言，预收账款是一种较难取得的商业信用融资方式。[①]作为对客户预先支付货款的一种补偿，通常会要求企业做出较大的价格折让，因而其隐性成本较高。银行借款与预收账款更显著的负相关性表明，当政治关联极大地提高了企业银行借款的可获得性时，企业将会明显减少对预收账款的使用。基于以上分析，可提出本章的第2个假设：

假设2：政治关联对银行借款与商业信用的负相关性的强化效应在预收账款方面表现得更强烈。

7.3　研究设计

7.3.1　样本选择与数据来源

根据本章的研究内容，我们选取沪深证券交易所2003—2011年所有A

[①] 根据财务学教材的界定，预收账款一般适用于生产周期长、资金需求量大和价值比较高的产品销售。

股民营控股上市公司作为初始样本。为保证所收集数据的有效性，尽量减少其他因素对数据的影响，本章依据以下标准对初始样本进行了筛选：（1）剔除当年新上市的公司，许多学者的研究表明，我国上市公司IPO前3年和当年存在明显的盈余管理行为，财务数据可靠性较差；（2）鉴于金融类上市公司与一般上市公司经营业务上的差异性，为了保证数据的可比性，亦剔除金融和保险行业的上市公司；（3）考虑到极端值对研究结果的不利影响，剔除应付账款比例、应付票据比例、预收账款比例、销售增长率、资产报酬率绝对值大于1和资不抵债的公司，以及数据存在缺失的公司；（4）剔除因资产重组或置换导致主营业务发生变更的公司，以及通过股权转让由原国有控股上市公司演变而来的民营（化）控股上市公司和被国有化的民营控股公司。依据上述标准进行筛选后，最后得到 2 173 个观测数据。

　　本章所使用的民营企业政治关联的数据是通过上市公司年报和上海 Wind 资讯有限公司提供的高管深度资料手工收集整理而成。借鉴 Chen、Li 和 Su（2005）以及余明桂和潘红波（2008）的研究，如果公司的董事长或者总经理曾经或者现在是市县级以上的政府官员（含银行行长）或共产党组织的领导、人大代表或政协委员，则将其定义为具有政治关联。本章使用的其他财务数据，包括应付账款、应付票据、预收账款、银行借款、销售收入、营业利润、现金持有量、存货、公司规模、负债水平、第一大股东持股比例以及IPO时间等，均来源于深圳国泰安信息技术有限公司开发的中国股票市场会计研究（CSMAR）数据库。

7.3.2　模型设定与变量说明

　　根据理论分析，本章拟构建如下回归模型对假设1和假设2进行检验：

$$\begin{aligned}
\text{Trade Pay}_{i,t} = {} & \omega_0 + \omega_1 PC_{i,t-1} + \omega_2 Bank_{i,t-1} + \omega_3 PC_{i,t-1} \times Bank_{i,t-1} + \omega_4 ROA_{i,t-1} \\
& + \omega_5 Growth_{i,t-1} + \omega_6 Cash_{i,t-1} + \omega_7 INV_{i,t-1} + \omega_8 LnTA_{i,t-1} + \omega_9 LnQR_{i,t-1} \\
& + \omega_{10} Larg_{i,t-1} + \omega_{11} Asset\_Turn_{i,t-1} + \omega_{12} LnAge_{i,t} \qquad (7-1) \\
& + \sum Ind + \sum Year + \varepsilon_{i,t}
\end{aligned}$$

　　模型 7-1 中，$\text{Trade Pay}_{i,t}$ 为公司 i 第 t 年获得的商业信用，用应付账款、应付票据和预收账款之和与当年的总资产之比衡量。在检验假设2时，我们分别用应付账款比例（应付账款与期末总资产之比，$AP_{i,t}$）、应付票据比例（应付票据与期末总资产之比，$NP_{i,t}$）和预收账款比例（预收账款与期末总资产之比，$AA_{i,t}$）替代 Trade Pay$_{i,t}$ 对模型 7-1 重新进行回归。

$PC_{i,t-1}$ 为反映公司政治背景的虚拟变量。如果公司 i 第 $t-1$ 年的总经理或董事长曾经或者现在是市县级以上的政府官员（含银行行长）或共产党组织的领导、人大代表或政协委员，$PC_{i,t-1}$ 取 1，否则取 0。$Bank_{i,t-1}$ 为公司 i 第 $t-1$ 年银行借款比例，等于公司 i 第 $t-1$ 年借款收到的现金与该年末总资产的比值。交乘项 $PC_{i,t-1} \times Bank_{i,t-1}$ 用来考察政治关联对民营企业商业信用融资与银行借款之间替代效应的影响。若政治关联能够显著提高民营企业的银行借款的可获得性，从而减少其对成本较高的商业信用的依赖，则可以合理预期交乘项 $PC_{i,t-1} \times Bank_{i,t-1}$ 的回归系数 ω_3 应显著为负；反之，则说明政治关联对民营企业银行借款与商业信用之间的替代关系没有影响或产生了相反的作用。

ROA$_{i,t-1}$ 为公司 i 第 $t-1$ 年的资产报酬率，等于公司 i 第 $t-1$ 年的息税前利润与该年总资产之比，代表公司的盈利能力。Growth$_{i,t-1}$ 为公司 i 第 $t-1$ 年的成长机会，用销售增长率表示。Cash$_{i,t-1}$ 为公司 i 第 $t-1$ 年的现金持有量，等于公司 i 第 $t-1$ 年的货币资金除以总资产。INV$_{i,t-1}$ 为公司 i 第 $t-1$ 年的存货比例，用公司 i 第 $t-1$ 年的存货与总资产之比表示。LnTA$_{i,t-1}$ 为公司 i 第 $t-1$ 年的总资产的自然对数，反映公司规模。LnQR$_{i,t-1}$ 为公司 i 第 $t-1$ 年的速动比率（$QR_{i,t-1}$）的自然对数，用来衡量公司的短期偿债能力。Larg$_{i,t-1}$ 为公司 i 第 $t-1$ 年的第一大股东持股比例。Asset_Turn$_{i,t-1}$ 为公司 i 第 $t-1$ 年的总资产周转率，等于公司销售收入净额与其总资产之比。LnAge$_{i,t}$ 为公司 i 截止到第 t 年累积的已上市时间（Age$_{i,t}$）的自然对数。Ind 和 Year 分别为反映行业和年度效应的虚拟变量，用来控制其他无法观察到的行业因素或宏观经济波动对民营企业商业信用融资可能产生的影响。$\varepsilon_{i,t}$ 为误差项。

7.4 ———————— 实证结果与分析 ————————

7.4.1 主要变量的描述性统计

表 7-1 列出了模型中主要变量的描述性统计。$\text{Trade Pay}_{i,t}$ 的均值和中位数分别为 0.17096 和 0.13775，最小值为 0.000009，最大值为 0.85221，标准差为 0.12948。其中，$\text{AP}_{i,t}$、$\text{NP}_{i,t}$ 和 $\text{AA}_{i,t}$ 的均值（中位数）分别为 0.09174（0.07396）、0.03406（0.00998）和 0.04516（0.01999），显示出民营企业主要的商业信用来源为应付账款，其次是预收账款，应付票据则排在最后。$\text{Trade Rec}_{i,t-1}$ 的均值和中位数分别为 0.18569 和 0.16999，最大值达到当期总资产的 92.958%，说明企业在获得商业信用的同时，亦对其他企业提供了较多的商业信用，且从其构成上来看，以应收账款为主（$\text{AR}_{i,t-1}$ 的均值和中位数分别为 0.12601 和 0.10898），而预付账款和应收票据则相对较少（$\text{PA}_{i,t-1}$ 和 $\text{NR}_{i,t-1}$ 的均值（中位数）仅为 0.03862（0.02538）和 0.02104（0.00573））。$\text{PC}_{i,t-1}$ 的均值为 0.38，显示出研究样本大约 38% 的民营企业通过不同途径与政府建立了某种关系，远远高于 Faccio（2006）对 47 个国家 20 202 家上市公司研究的比例，显示出政治关联在我国民营企业更为普遍，造成这一结果的原因可能与我国民营企业面临的外部制度环境更为恶劣有关。$\text{Bank}_{i,t-1}$ 的均值为 0.17891，中位数为 0.16691，最小值和最大值分别为 0 和 0.80057，显示出样本期内不同民营控股公司银行借款获得能力存在较大差异。若从信贷资金的提供者——银行的角度进行分析，则表明银行很可能对不同企业的借款需求采取了区别对待的策略。$\text{ROA}_{i,t-1}$ 的均值和中位数分别为 0.06772 和 0.06737，3/4 分位数为 0.09442，显示出多数民营控股公司处于微利状态，盈利能力偏低，且有些公司亏损较为严重（资产报酬率的最小值为 -0.741167）。$\text{Growth}_{i,t-1}$ 的均值和中位数分别为 0.19171 和 0.17892，最小值为 -0.94419，最大值为 0.99913，说明样本期内公司之间面临的成长机会差别很大。

$Cash_{i,t-1}$ 的均值和中位数分别为0.23771和0.19507，最小值为0.00145，显示出样本期内民营控股公司之间现金持有量存在很大差异，且有些公司的现金持有量明显过多（最大值为0.86603）。企业资产过多地占用在流动性过强的现金上，必然会影响企业的盈利能力。$Larg_{i,t-1}$ 的均值和中位数分别为0.37000和0.35290，1/4分位数为0.25567，最大值达到0.89410，说明就大多数民营控股公司而言，其重大决策权很可能掌握在第一大股东手中，显示出民营控股公司的经营活动更多地体现了控股股东的意愿。

表7-1   主要变量的描述性统计（n=2 173）

变量	均值	中位数	最小值	1/4分位数	3/4分位数	最大值	标准差
Trade Pay$_{i,t}$	0.17096	0.13775	0.000009	0.07473	0.23392	0.85221	0.12948
AP$_{i,t}$	0.09174	0.07396	0	0.04002	0.12509	0.60086	0.07121
NP$_{i,t}$	0.03406	0.00998	0	0	0.04586	0.49787	0.05430
AA$_{i,t}$	0.04516	0.01999	0	0.00756	0.05109	0.77415	0.07014
Trade Rec$_{i,t-1}$	0.18569	0.16999	0	0.10976	0.24432	0.92958	0.10654
AR$_{i,t-1}$	0.12601	0.10898	0	0.05943	0.16910	0.92792	0.09432
NR$_{i,t-1}$	0.02104	0.00573	0	0.09716	0.02238	0.29771	0.03811
PA$_{i,t-1}$	0.03862	0.02538	0	0.01089	0.05003	.60154	0.04506
PC$_{i,t-1}$	0.38	0	0	0	1	1	0.487
Bank$_{i,t-1}$	0.17891	0.16691	0	0.04762	0.27934	0.80057	0.14096
ROA$_{i,t-1}$	0.06772	0.06737	−0.97793	0.04289	0.09442	0.49268	0.06647
Growth$_{i,t-1}$	0.19171	0.17892	−0.94419	0.03054	0.33853	0.99913	0.25947
Cash$_{i,t-1}$	0.23771	0.19507	0.00145	0.11328	0.32054	0.86603	0.16847
INV$_{i,t-1}$	0.16224	0.13708	0.00005	0.08610	0.20443	0.89688	0.12228
LnTA$_{i,t-1}$	21.14184	21.03558	19.12430	20.49907	21.68709	25.15589	0.89418
QR$_{i,t-1}$	2.24344	1.14873	0.05566	0.71766	2.09108	7.69351	4.34339
Larg$_{i,t-1}$	0.37000	0.35290	0.02197	0.25567	0.47470	0.89410	0.15100
Asset_Turn$_{i,t-1}$	0.67137	0.56326	0.01867	0.39693	0.79677	6.11711	0.50075
Age$_{i,t}$	5.46	4	1	2	8	21	4.427

7.4.2 单变量分析

表7-2列出了政治关联民营控股公司与非政治关联民营控股公司单变量均值和中位数比较分析的结果。从中可以看出，政治关联民营控股公司的商业信用融资（Trade Pay$_{i,t}$）、应付账款（AP$_{i,t}$）、应付票据（NP$_{i,t}$）、

对外提供的商业信用（Trade Rec$_{i,t-1}$）和应收账款（AR$_{i,t-1}$）（均值（中位数）分别为 0.16344（0.12687）、0.08481（0.06475）、0.02897（0.00476）、0.18011（0.17197）和 0.11559（0.10600））显著低于非政治关联民营控股公司（相应的均值（中位数）分别为 0.17453（0.14343）、0.09503（0.07861）、0.03647（0.01246）、0.18917（0.16885）和 0.13252（0.11183）），但其预收账款（AA$_{i,t}$）、预付账款（PA$_{i,t-1}$）、银行借款（Bank$_{i,t-1}$）、成长机会（Growth$_{i,t-1}$）、盈利能力（ROA$_{i,t-1}$）、存货水平（INV$_{i,t-1}$）、公司规模（LnTA$_{i,t-1}$）、第一大股东持股比例（Larg$_{i,t-1}$）和总资产周转率（Asset_Turn$_{i,t-1}$）（均值（中位数）分别为 0.04965（0.02013）、0.04213（0.02950）、0.19352（0.17157）、0.20951（0.19208）、0.07258（0.07234）、0.17374（0.14401）、21.29805（21.14481）、0.37900（0.36500）和 0.70060（0.57139））显著高于非政治关联民营控股公司（相应的均值（中位数）分别为 0.04302（0.01999）、0.03644（0.02274）、0.16452（0.16471）、0.18059（0.17371）、0.06470（0.06455）、0.15506（0.13255）、21.04435（20.95951）、0.36438（0.34555）和 0.65312（0.55977）），两者的应收票据（NR$_{i,t-1}$）、现金持有量（Cash$_{i,t-1}$）、速动比率（QR$_{i,t-1}$）和上市时间（Age$_{i,t}$）则差异不显著。结果表明：（1）政治关联民营控股公司具有较高的银行借款与较低的商业信用融资、应付账款、应付票据，说明尽管政治关联民营控股公司的短期偿债能力低于非政治关联民营控股公司，但银行仍然为其提供了较高比例的贷款，显示出政治关联有助于提升民营企业的银行借款获取能力，从而减轻了其对商业信用的依赖。非政治关联民营控股公司则恰恰相反，较低的银行借款迫使其为解决面临的资金短缺问题不得不使用更多的商业信用作为替代。（2）非政治关联民营控股公司具有较高的应收账款比例，显示出非政治关联民营控股公司对外（客户）提供了更多的商业信用，表明非关联民营控股公司更倾向于利用商业信用作为其赢得产品市场竞争（吸引客户）的手段。由于缺乏政府的优惠待遇，非政治关联民营控股公司所在的行业通常为竞争较为激烈的行业，面临的竞争压力较大，为了能够在激烈的市场竞争中求得生存和发展，不得不更多地采用赊销的策略。政治关联民营控股公司较

151

低的商业信用和应收账款比例，反映出其在面临市场竞争时较少依赖于商业信用。以上单变量均值和中位数比较分析的结果，为本章假设提供了初步的支持。

表7-2　　　政治关联民营控股公司与非政治关联民营控股公司
单变量均值和中位数比较

变量	政治关联公司		非政治关联公司		t值	Wilcoxon z值
	均值	中位数	均值	中位数		
Trade Pay$_{i,t}$	0.16344	0.12687	0.17453	0.14343	−3.102***	−5.479***
AP$_{i,t}$	0.08481	0.06475	0.09503	0.07861	−5.221***	−5.048***
NP$_{i,t}$	0.02897	0.00476	0.03647	0.01246	−5.340***	−7.067***
AA$_{i,t}$	0.04965	0.02013	0.04302	0.01999	3.341***	0.179
Trade Rec$_{i,t-1}$	0.18011	0.17197	0.18917	0.16885	−1.989**	1.088
AR$_{i,t-1}$	0.11559	0.10600	0.13252	0.11183	−4.223***	−3.732***
NR$_{i,t-1}$	0.02238	0.00589	0.02020	0.00554	1.264	0.515
PA$_{i,t-1}$	0.04213	0.02950	0.03644	0.02274	2.934***	5.381***
Bank$_{i,t-1}$	0.19352	0.17157	0.16452	0.16471	2.161**	0.251
Growth$_{i,t-1}$	0.20951	0.19208	0.18059	0.17371	2.530**	2.091**
ROA$_{i,t-1}$	0.07258	0.07234	0.06470	0.06455	2.692***	3.643***
Cash$_{i,t-1}$	0.23251	0.19160	0.24096	0.19873	−1.138	−0.985
INV$_{i,t-1}$	0.17374	0.14401	0.15506	0.13255	3.377***	3.340***
LnTA$_{i,t-1}$	21.29805	21.14481	21.04435	20.95951	6.336***	5.810***
QR$_{i,t-1}$	0.20832	1.16780	0.23434	1.13605	−1.479	−0.282
Larg$_{i,t-1}$	0.37900	0.36500	0.36438	0.34555	2.197**	2.231**
Asset_Turn$_{i,t-1}$	0.70060	0.57139	0.65312	0.55977	2.016**	−0.424
Age$_{i,t}$	5.32	4.00	5.54	4.00	−1.143	−1.331

注：政治关联公司与非政治关联公司的样本观测值分别为835和1 338。***、**和*表示检验分别在1%、5%和10%的置信水平上（2-tailed）显著。

7.4.3　相关性分析

表7-3列出了模型7-1中主要变量的Pearson相关系数。容易发现，银行借款（$Bank_{i,t-1}$）与商业信用融资（$Trade\ Pay_{i,t}$）的相关系数为-0.115，在1%的置信水平上显著，说明民营控股公司在正规金融市场上获得的银行借款越多，其对商业信用的需求则越少，显示出银行借款和商业信用在民营控股公司中亦呈现出一种替代关系。从商业信用的具体构成来看，银行借款（$Bank_{i,t-1}$）与应付账款（$AP_{i,t}$）和预收账款（$AA_{i,t}$）的相关系数亦显著为负，而与应付票据（$NP_{i,t}$）的相关系数则不显著为正，说明对民营控股公司而言，银行借款与商业信用之间的替代关系主要来自于应付账款和预收账款。相反，银行借款和应付票据的关系则是不确定的。

成长机会（$Growth_{i,t-1}$）、存货水平（$INV_{i,t-1}$）、公司规模（$LnTA_{i,t-1}$）、总资产周转率（$Asset\_Turn_{i,t-1}$）与商业信用总额（$Trade\ Pay_{i,t-1}$）、应付账款（$AP_{i,t}$）、应付票据（$NP_{i,t}$）的相关系数亦在1%的置信水平上显著为正，说明成长机会多的公司、持有存货多的公司、公司规模大的公司以及利用资产赚取收入能力强的公司易于获得或对商业信用存在较高的需求。而速动比率（$QR_{i,t-1}$）对商业信用取得的影响则是负面的。现金持有量（$Cash_{i,t-1}$）、第一大股东持股比例（$Larg_{i,t-1}$）和上市时间（$Age_{i,t}$）对商业信用（应付账款、应付票据和预收账款）可获得性的影响则是不确定的。

7.4.4　多元回归结果分析

表7-4列出了模型7-1的多元回归结果。在栏①以商业信用总额为因变量的回归方程中，$PC_{i,t-1}$的系数为-0.001，但不显著，说明政治关联民营控股公司和非政治关联民营控股公司获得的商业信用平均而言并不存在显著差异。$Bank_{i,t-1}$的系数为-0.069，在1%的置信水平上显著（t值等于-8.276），交乘项$PC_{i,t-1} \times Bank_{i,t-1}$的系数为-0.051，亦在1%的置信水

表7-3

主要变量的Pearson相关系数 (n=2 173)

变量	Trade Pay$_{i,t}$	AP$_{i,t}$	NP$_{i,t}$	AA$_{i,t}$	Bank$_{i,t-1}$	ROA$_{i,t-1}$	Growth$_{i,t-1}$	Cash$_{i,t-1}$	INV$_{i,t-1}$	LnTA$_{i,t-1}$	QR$_{i,t-1}$	Larg$_{i,t-1}$	Asset_Turn$_{i,t-1}$	Age$_{i,t}$
Trade Pay$_{i,t}$	(−)													
AP$_{i,t}$	0.744***(0.000)	(−)												
NP$_{i,t}$	0.592***(0.000)	0.283***(0.000)	(−)											
AA$_{i,t}$	0.552***(0.000)	0.063***(0.003)	−0.055**(0.011)	(−)										
Bank$_{i,t-1}$	−0.115***(0.000)	−0.142***(0.000)	0.019(0.366)	−0.077***(0.000)	(−)									
ROA$_{i,t-1}$	−0.059***(0.006)	−0.014(0.507)	−0.056***(0.009)	−0.046**(0.030)	−0.202***(0.000)	(−)								
Growth$_{i,t-1}$	0.111***(0.000)	0.108***(0.000)	0.089***(0.000)	0.014(0.511)	−0.042*(0.051)	0.316***(0.000)	(−)							
Cash$_{i,t-1}$	−0.056***(0.008)	−0.019(0.388)	−0.024(0.254)	−0.064***(0.003)	−0.527***(0.000)	0.207***(0.000)	0.108***(0.000)	(−)						
INV$_{i,t-1}$	0.281***(0.000)	0.107***(0.000)	0.052**(0.016)	0.361***(0.000)	0.094***(0.000)	−0.030(0.165)	0.032(0.134)	−0.273***(0.000)	(−)					
LnTA$_{i,t-1}$	0.244***(0.000)	0.126***(0.000)	0.172***(0.000)	0.171***(0.000)	0.229***(0.000)	0.102***(0.000)	0.103***(0.000)	−0.220***(0.000)	0.181***(0.000)	(−)				
QR$_{i,t-1}$	−0.216***(0.000)	−0.165***(0.000)	−0.139***(0.000)	−0.105***(0.000)	−0.358***(0.000)	0.100***(0.000)	0.012(0.584)	0.539***(0.000)	−0.205***(0.000)	−0.157***(0.000)	(−)			
Larg$_{i,t-1}$	−0.002(0.914)	0.055**(0.011)	−0.009(0.675)	−0.056**(0.010)	−0.180***(0.000)	0.166***(0.000)	0.090***(0.000)	0.266***(0.000)	0.062***(0.004)	0.028(0.197)	0.136***(0.000)	(−)		
Asset_Turn$_{i,t-1}$	0.339***(0.000)	0.389***(0.000)	0.230***(0.000)	0.015(0.474)	−0.144***(0.000)	0.201***(0.000)	0.179***(0.000)	0.003(0.902)	0.085***(0.000)	0.089***(0.000)	−0.008(0.695)	0.078***(0.000)	(−)	
Age$_{i,t}$	0.018(0.399)	−0.064***(0.003)	−0.046**(0.031)	0.141***(0.000)	0.274***(0.000)	−0.183***(0.000)	−0.193***(0.000)	−0.461***(0.000)	0.125***(0.000)	0.417***(0.000)	−0.207***(0.000)	−0.355***(0.000)	−0.066***(0.002)	(−)

注：Pearson相关系数下的括号中是p值。***、**和*表示检验分别在1%、5%和10%的置信水平上显著。

平上显著（对应的 t 值为 −3.788），显示出无论是拥有政治关联的民营控股公司还是没有政治关联的民营控股公司，银行借款的增加均有助于降低企业对商业信用的需求，但两种类型的企业面临的银行借款和商业信用的替代效用在程度上存在差异。政治关联民营控股公司 $Bank_{i,t-1}$ 的系数为 −0.120（−0.069−0.051），说明对政治关联民营控股公司而言，银行借款每增加 1%，将减少其对商业信用的需求 0.120%，经济意义明显，显著大于非政治关联民营控股公司的银行借款对商业信用的替代效应。此种结果意味着政治关联的存在能够极大提升民营企业的银行借款能力，可有效降低其对非正规融资——商业信用的使用。综上可知，假设1得到证实。

表7-4 政治关联、银行借款与商业信用融资多元回归结果：假设1和假设2的检验

方程\变量	商业信用①		应付账款②		应付票据③		预收账款④	
	系数	t值	系数	t值	系数	t值	系数	t值
截距项	−0.349	−6.661***	−0.071	−2.205**	−0.212	−7.446***	−0.066	−2.007***
$PC_{i,t-1}$	−0.001	−0.479	−0.001	−0.873	−0.003	−2.234**	0.003	1.896*
$Bank_{i,t-1}$	−0.069	−8.276***	−0.045	−9.250***	0.034	7.574***	−0.058	−10.713***
$PC_{i,t-1} \times Bank_{i,t-1}$	−0.051	−3.788***	−0.011	−1.448	−0.022	−3.070***	−0.017	−1.977**
$Growth_{i,t-1}$	0.026	3.204***	0.012	2.348**	0.008	1.844*	0.006	1.215
$ROA_{i,t-1}$	−0.234	−7.472***	−0.103	−5.373***	−0.109	−6.427***	−0.022	−1.104
$Cash_{i,t-1}$	0.173	8.755***	0.030	2.453**	0.065	6.045***	0.078	6.285***
$INV_{i,t-1}$	0.220	10.593***	0.031	2.426**	0.024	2.169**	0.165	12.551***
$LnTA_{i,t-1}$	0.021	8.391***	0.006	3.636***	0.010	7.544***	0.005	3.276***
$LnQR_{i,t-1}$	−0.050	−13.020***	−0.018	−7.501***	−0.015	−7.349***	−0.017	−7.033***
$Larg_{i,t-1}$	−0.023	−1.638	0.010	1.167	−0.011	−1.422	−0.022	−2.497**
$Asset\_Turn_{i,t-1}$	0.067	16.182***	0.048	19.295***	0.018	8.243***	−0.000	−0.133
$LnAge_{i,t}$	−0.010	−3.115***	−0.007	−3.630***	−0.004	−2.543***	0.001	0.766
行业	控制		控制		控制		控制	
年度	控制		控制		控制		控制	
$AdjR^2$	0.444		0.383		0.214		0.238	
F值	45.403***		35.595***		16.147***		18.377***	
样本数	2 173		2 173		2 173		2 173	

注：***、**和*表示检验分别在1%、5%和10%的置信水平上（2-tailed）显著。

从控制变量来看，$Growth_{i,t-1}$、$Cash_{i,t-1}$、$INV_{i,t-1}$、$LnTA_{i,t-1}$和$Asset\_Turn_{i,t-1}$的系数显著为正，而$ROA_{i,t-1}$、$LnQR_{i,t-1}$和$LnAge_{i,t}$的系数显著为负，$Larg_{i,t-1}$的系数不显著。这说明，平均而言，短期偿债能力弱或者规模比较小的民营控股公司不易取得商业信用；成长机会多、现金持有量充足或者持有存货多的民营控股公司较容易获得商业信用；盈利能力强的民营控股公司因其较高的经营积累通常会减少其对商业信用的需求；上市时间较长的企业因其较高的声誉通常有其他可供选择的资金来源，从而会减少对商业信用的依赖；第一大股东持股比例对民营控股公司商业信用融资没有影响。

通过比较各分组回归结果，容易看出：（1）在栏②以应付账款为因变量的回归方程中，$Bank_{i,t-1}$的系数依然在1%的置信水平上显著为负，交乘项$PC_{i,t-1} \times Bank_{i,t-1}$的系数尽管也为负，但不再显著，说明在银行借款和应付账款替代效应方面，政治关联民营控股公司和非政治关联民营控股公司两者之间并不存在显著差异。在栏③以应付票据为因变量的回归方程中，$Bank_{i,t-1}$和交乘项$PC_{i,t-1} \times Bank_{i,t-1}$的系数分别为0.034和$-0.022$，均在1%的置信水平上显著，政治关联民营控股公司对应的$Bank_{i,t-1}$的系数则为0.012（0.034-0.022），显示出无论是非政治关联民营控股公司还是政治关联民营控股公司，其银行借款和应付票据均表现出互补关系。而在栏④以预收账款为因变量的回归方程中，$Bank_{i,t-1}$和交乘项$PC_{i,t-1} \times Bank_{i,t-1}$的系数依次为$-0.058$和$-0.017$，分别在1%和5%的置信水平上显著，说明对民营控股公司而言，银行借款和预收账款表现出一种替代关系，且这种替代关系在政治关联民营控股公司中表现得更强烈。此外，就影响程度而言，根据$Bank_{i,t-1}$和交乘项$PC_{i,t-1} \times Bank_{i,t-1}$的系数可知，政治关联民营控股公司的银行借款和预收账款的替代效应为-0.075（-0.058 -0.017），其对应的银行借款和应付账款的替代效应为-0.056（$-0.045-0.011$），两者相差-0.019，说明当存在政治关联时，民营控股公司银行借款每增加1%将更显著减少其对预收账款的需求，其次是减少其对应付账款的需求，但对应付票据的使用则没有影响。由此假设2在经验上得到支持。（2）$Growth_{i,t-1}$在栏②和栏③以应付账款和应付票据为因变量的回归方程中，依然显著为正，而在栏④以预收账款为因变量的回归方程中则不再显著（尽管仍为正）。$Larg_{i,t-1}$ 在栏④以预收账款为因变量的回归方程中已变得显著为负，而在栏②和栏③以应付账款和应付票据为因变量的回归方程中依然不显著。$LnAge_{i,t}$ 在栏②和栏③以应付账款和应付票据为因变量的回归方程中，依然显著为负，而在栏④以预收账款为因变量的回归方程中则不再显著（且已变为正）。这说明，成长机会和上市时间对民营控股公司预收账款的可获得性没有影响，而第一大股东持股比例则对其产生负面影响。

7.4.5　敏感性测试

为了检验本章研究结论是否稳健，我们进行了如下的敏感性测试：（1）由于应付账款、应付票据和预收账款均为存量指标，为了刻画企业商业信用融资的动态性，本章以应付账款变动额、应付票据变动额和预收账款变动额与总资产的比值及三者之和分别替代应付账款比例、应付票据比例、预收账款比例和民营控股公司获得的商业信用融资总额，对模型7-1重新进行回归。（2）在经验研究中衡量政治关联的指标除了采用虚拟变量从总经理和董事长的视角考察外，有些学者还把范围扩大到公司其他高层，以董事会中具有政治关联的董事比例这一连续变量作为替代（Chen、Li和Su，2005）。为此，借鉴已有学者的研究，本章亦把政治关联的范围扩大至涵盖公司其他高管。换言之，若公司除总经理或董事长之外的其他高管曾经或现在担任政府官员（含银行行长）或共产党组织的领导、人大代表或政协委员，我们也将其视为存在政治关联，并用具有政治背景的高管在公司全部高管中所占比例来反映企业的政治关系的强度。（3）鉴于学者在研究时除了选用企业借款收到的现金这一流量指标衡量公司一定时期内从银行取得的借款外，还经常采用银行借款（短期借款与长期借款之和）这一存量指标来衡量。为了检验本章研究结论对银行借款变量指标的选取是否敏感，我们亦用公司银行借款合计与年末总资产之比替代借款收到的现金对模型7-1重新进行回归。（4）在实务中衡量公司盈利能力的指标除了本章所使用的总资产报酬率外，还有销售利润率、权益净利率，为了考察不同的盈利能力表示方式对研究结果可能产生的影响，我

157

们分别用这些指标替代总资产报酬率对表7-4的结果重新进行检验。以上敏感性测试结果与本章研究结论没有实质性差异，这说明本章的研究结果是稳健的。限于篇幅，本章未列示敏感性测试的回归结果。

7.5 ——————————— 本章小结 ———————————

　　本章利用政治关联的寻租理论，选取我国沪深证券交易所2003—2011年2 173个民营控股上市公司观测数据为样本，以公司总经理或董事长是否为现任或前任政府官员（含银行行长）或共产党组织的领导、人大代表或政协委员作为民营企业政治关联的度量，结合我国经济转型时期特殊的制度背景，实证检验了政治关联、银行贷款与民营企业商业信用融资之间的关系，旨在对非市场化融资策略——政治关联的微观机理和效果进行考察。研究结果表明，政治关联民营控股公司在正规金融市场上获得的银行借款显著高于非政治关联民营控股公司，但通过非正规渠道获得的商业信用融资则显著低于非政治关联民营控股公司，显示出政治关联能够显著地提高民营企业银行借款的可获得性，从而降低其对成本较高的商业信用的依赖，说明总体而言政治关联融资策略是有效的。通过进一步比较和分析发现，就商业信用的具体构成而言，政治关联所带来的银行借款的增加会显著降低民营控股公司对预收账款的使用，其次是对应付账款的使用，但与应付票据则表现出一种互补关系。

第 8 章

法治、金融发展、银行借款与商业信用

8.1 ————————— 引 言

通过第7章对非市场化融资策略——政治关联缓解民营企业在正规金融市场上面临的信贷配给和所有制歧视,增加其银行借款可获得性,减少对非正规融资——商业信用依赖的微观机理和作用效果的分析,可以看出,尽管在制度缺失条件下,政治关联能够给民营企业带来一系列融资便利,减少企业对其他成本较高的替代性资金来源——商业信用的需求,然而,民营企业借助政治关联获取银行贷款对于正规金融资源的配置来说,也并非总是没有成本的(Johnson 和 Mitton,2003)。民营企业与政府官员建立政治关联的过程实际上亦是企业向政府官员寻租的过程,会耗费企业大量的稀缺资源。因寻租而发生的资源耗费本身并不能创造价值,只是财富在相关利益集团之间的一种转移(Shleifer 和 Vishny,1994)。高昂的寻租成本决定了并不是所有的民营企业都具备同等的与政府官员建立政治关联的经济实力和条件。与此同时,政治关联所导致的政府官员对银行信贷决策的干预会破坏银行与企业之间的自由签约之精神,扭曲金融资源配置的价格机制,造成新的不公平,并导致金融资源的配置由此偏离经济和效率目标(余明桂和潘红波,2008),因而,仅仅通过政治关联这种非市场化的融资策略并不能有效解决民营企业面临的银行贷款难问题。所以，对民营企业来说，提升银行借款能力，减少自身对商业信用等非正规融资依赖的关键仍然在于制度环境的改善。因此，呼吁政府加大私有产权的法律保护力度，创新和完善正规金融体系，消除国有银行垄断和政策性歧视，约束和限制各级政府官员的权力，减少其对金融的不当干预，使市场在资源配置中发挥决定性作用，进而努力为每个企业提供公平的外部资源获取机会便构成了可供民营企业选择的第二个融资策略——市场化融资策略。

近年来，法与金融的一系列研究结果显示，一国或一个地区的法律体系对投资者权利保护得越好，则：①公司价值或经营业绩越高（Claessens 和 Fan，2002）；②股权越分散，政府或家族控制的企业越少（La Porta、Lopez-de-Silanes 和 Shleifer，1999）；③信息不对称造成的负面影响越小，企业流动性越强（Shleifer 和 Wolfenson，2002）；④资本市场规模越大，金融体系越发达（La Porta、Lopez-de-Silanes、Shleifer 和 Vishny，1998）；⑤企业的资本成本越低（Shleifer 和 Wolfenson，2002）。这些研究表明，通过法律，给予债权人利益更充分的保护，会增强债权人的出资意愿，促进一国或一个地区的金融发展，扩大正规金融服务的范围，提高企业银行贷款的规模和期限（Giannetti，2003；Mitton，2008），缓解企业在正规金融市场上面临的信贷配给和所有制歧视（Ge 和 Qiu，2007；余明桂和潘红波，2010）。尽管整体而言，我国的法律建设还处在一个相对较低的水平，有法不依、执法不严的现象还较为严重，公民的法律意识还较为淡薄，但不同地区的投资者保护程度和金融发展水平却存在系统性差异。因此，将 La Porta、Lopez-de-Silanes、Shleifer 和 Vishny 等人开创的法与金融的跨国研究框架应用到我国同一法源下不同地区的比较，我们便可以从制度层面对市场化融资策略的微观机理及其作用效果进行探讨。与此相关的问题是，一国或一个地区法治、金融发展水平的提高能否使民营企业在市场化的基础上公平地获得更多的银行借款，从而降低其对商业信用的需求。本章之所以选择法治和金融发展作为提高民营企业银行借款可获得性、降低对商业信用依赖的融资策略，是因为根据法与金融理论，法治和金融发展不仅构成了一国或一个地区经济增长最为根本的基础性制度，而且是建立现代市场经济体制和造就有限且有效政府的重要制度安排（钱颖一，2003）。同时，法治又是决定一个地区乃至一国公司治理水平和金融发展模式及其运行绩效的重要因素（钱颖一，2000）。

8.2 ———— 制度背景、理论分析与研究假设 ————

在市场经济中，法律制度是出资者权利最重要的来源（La Porta、Lopez-de-Silanes、Shleifer 和 Vishny，1998）。它通过约束机制、激励机制和信息机制规范并协调经济主体的行为，试图在事前给所有出资者提供关于经济公正的稳定预期，消除其被公司内部人侵害的担忧，以此增强出资者的信心。[①]市场经济的本质是法治经济，法律的完整性及其执行效率外生地决定了出资人权利得到保证和有效行使的程度。因此，借助法律，给予包括银行在内的出资者权利更多的法律保护[②]，不仅可以增强其出资意愿，降低企业外部融资障碍，缓解企业在正规金融市场上遭受的信贷配给和所有制歧视[③]，促进一国或地区的金融发展[④]，而且可以通过法律的激励和约束功能控制公司的代理问题，消除公司内部人对外部出资者利益的侵害[⑤]。

除了法治外，金融发展亦有助于减少企业在正规金融市场上面临的信贷配给和所有制歧视，增强企业银行借款的可获得性，从而降低其对非正规金融的依赖。一国或一个地区的金融体系主要由金融中介机构和金融市场构成。前者是金融活动的主体，后者则是前者活动的场所。金融发展通常是金融体系动态发展变化的一个综合过程，它通过金融资产的增加、金

161

[①] 在现代市场经济中，法治有两个重要作用：一是约束政府，减少政府对经济的任意干预，防止政府权力演变为掠夺之手，保护政治上处于弱势地位的经济体的财产权和免遭政府侵害；二是约束经济人行为，保护相关主体的利益不受他人侵害，包括产权界定和保护、合同和法律的执行、公平裁判、维护市场秩序等。如果没有法治的这两个作用作为制度保障，产权从根本上说是不安全的，企业和出资者不可能真正独立自主，市场不可能形成有序竞争并高效运作，经济的发展也就不会是可持续的（钱颖一，2000）。

[②] 法律制度之所以能够给外部投资者提供保护，原因在于法律赋予了投资者一定的权利以约束管理者和控制性股东的侵害行为。

[③] La Porta、Lopez-de-Silanes、Shleifer 和 Vishny（1999）认为，在投资者法律保护较高的国家或地区，出资者预期公司收益不易被内部人侵占，愿意为金融资产支付更高的价格，因而能够使公司以较低的成本筹集到所需的资金，缓解其在正规金融市场上面临的信贷配给和歧视。

[④] 法与金融理论认为，在法律强调私人产权、支持私人契约并保护投资者合法权利的国家，出资者更愿意资助企业，金融市场活跃。

[⑤] La Porta、Lopez-de-Silanes、Shleifer 和 Vishny（2002）认为，消除侵害的一个最直接的办法就是改善一国或一个地区的法律环境，并给予投资者保护自身免受侵害或在侵害已经发生的情况下寻求补偿的权利。

融结构的优化和金融工具的创新，不断改善金融中介机构和金融市场的运行效率。一般认为，发达的金融体系具有信息收集、动员储蓄、资源配置、流动性管理、公司治理、便利商品和服务交易等基本功能（Levine，1997）。第一，金融体系的信息收集和处理功能可有效降低信息不对称和契约不完备引起的资本市场摩擦（逆向选择和道德风险），改进金融市场的运行效率。金融市场运行效率的提高，一方面，可以刺激信息生产，便于出资者获得有助于形成正确资产定价和投资决策的相关信息，减少由于错误定价或决策带来的损失，并为金融体系其他功能的充分发挥提供关键信息支持；另一方面，为反映代理人（管理者）的努力程度提供衡量尺度和相应的反馈机制，协助缔约并监督签约的履行情况，降低出资者约束管理者的信息成本和激励成本（Scott，2000）。第二，金融体系的动员储蓄功能通过改变居民的储蓄水平，能够动员大量社会闲散资金，增加一国潜在资本供给，并借助利率和汇率等杠杆促进储蓄以更高的比例转化为投资，从而更充分地扩大企业可用于投资的资金量，缓解企业面临的融资约束。第三，金融体系的资源配置功能可将不同空间或时点的资源按照投资报酬率的高低在不同项目之间进行配置，引导企业合理地进行投资，改善一国或一个地区的资本投资的质量和效率。第四，金融体系的降低风险、便利交易的功能，为投资者提供了大量流动性强、安全性高、收益稳定的金融工具，改善了储蓄结构，降低了整个社会流动性资产的持有量，有利于企业扩大投资和资本形成。第五，金融体系的治理功能（监督投资并在融资后实施公司治理）能够克服中小出资者在公司治理中的"搭便车"问题，便于出资者对公司实施控制（Cai，2014）。

自改革开放以来，虽然我国各地区的法律环境有了明显改善，金融体系的运行效率也在不断提高，但作为一个转型经济体，由于地理与文化上的差异、地区经济发展路径的不同、中央政府主导下的非均衡区域发展策略的影响，以及现行分权体制下基于相对经济绩效的政治晋升制度安排所导致的各级政府行为的扭曲等因素（李扬和刘煜辉，2005），造成我国各地区法治水平和金融业市场化程度事实上的不平衡（樊纲、王小鲁和朱恒鹏，2011）。卢峰和姚洋（2004）亦指出，尽管中国的各省、自治区和直辖市共享同样的成文法,但是它们的法治和金融发展水平都参差不齐,中国的正规金融体系具有显著的抑制特征。利率通常由中央银行制定,且远远低于市场的实际利率。金融压抑[①]严重阻碍了资本积累、技术进步和经济增长。中国各地区法治和金融发展水平的差异将会对民营企业银行借款的可获得性与商业信用融资的动机和成本产生系统的影响。在法治水平、金融业市场化程度较高的地区,由于法律的规范和限制,政府官员对银行信贷决策的干预会受到一定程度的约束,银行市场化观念较强,通常更倾向于基于经济和效率原则配置金融资源(余明桂、罗娟和汪忻好,2010)。因此,法治水平的提高不仅有助于改善金融体系的运行效率,而且亦会增加银行的信贷意愿和规模。与此同时,银行为应对日益增加的同业竞争,有动机对经营绩效更高、成长前景更好的民营企业进行深入分析,并逐步减少对民营企业的信贷配给和歧视,放宽其贷款要求(方军雄,2007)。所以,在法治水平和金融业市场化程度较高的地区,民营企业银行借款能力将显著提高(江伟和李斌,2006),从而弱化民营企业使用商业信用的动机,减少对商业信用的需求。有关中国法治和金融发展的研究亦表明,加强法治有助于提高私有部门银行贷款的获得份额(卢峰和姚洋,2004)。相反,在法治水平和金融业市场化程度较低的地区,由于法治的作用有限,很难制约政府官员的行为(钱颖一,2003),银行信贷决策会更多地受到政府的干预和影响,法律对债权人利益保护较弱,金融市场规模相对狭小,银行资金市场化配置的程度较低(余明桂、罗娟和汪忻好,2010),因而,民营企业面临的信贷配给和所有制歧视仍很严重,难以在市场化的基础上公平取得银行借款,为满足资金需求,对商业信用存在较高的依赖。Fisman 和 Love(2003)认为,企业对商业信用的依赖与一国无效的金融体系相关。在金融发展水平较低的国家,企业会使用更多的商业信用替代银行借款支持自身的成长。Demirguc-Kunt 和 Maksimovic(2002)的研究结果显示,商业信用的使用与一国或一个地区的法律体系

---

① 根据 Mckinnon(1973)和 Shaw(1973)的观点,金融压抑(Financial Repression)是指中央银行或货币管理当局对各种金融机构的市场准入、市场经营流程和市场退出按照法律和货币政策实施严格管理,通过行政手段严格控制各金融机构的设置及其资金运营方式、方向、结构及空间布局。金融压抑的表现形式主要有:严格的利率管制;高额的存款准备金、信贷配给;本币汇率高估等。由于金融压抑政策减少了可用于投资的资金规模,因此,这种政策不利于经济的长期增长。

的效率有很大关系。法律体系效率高的国家或地区的企业会使用较多的银行借款，而法律体系效率低的国家或地区的企业则会使用更高比例的商业信用。Wurgler（2000）以1963—1995年65个国家的数据为样本，研究了金融发展对资本配置效率的影响。研究表明，与金融市场不发达的国家相比，金融市场发达国家的成长性（衰退性）行业增加（减少）更多的投资。资本配置效率也与经济体中国家所有权的程度负相关，与一国股票报酬变动和投资者保护程度正相关。

不仅如此，随着法律对债权人利益保护的增强，企业对外提供商业信用的意愿将增加，某种程度上亦会提高民营企业商业信用的可获得性。但是从合约的签订和实施机制来看，由于商业信用以实物资产为载体，其提供者在监督和防范债务人违约方面具有比较优势，相对而言不容易受到债务人潜在道德风险的侵害（Petersen 和 Rajan，1997；余明桂、罗娟和汪忻好，2010）。商业信用合约的签订和实施主要基于诸如关系、信任和声誉等非正式机制，对法律等正式制度的依赖较弱。相反，银行贷款则以现金为交易对象，易受到债务人潜在道德风险的影响，因此更需要正式的合约和适宜的法律制度作为保障，法律框架外生地在银行信贷合约的签订和实施中起到了非常关键的作用（余明桂、罗娟和汪忻好，2010）。法律对银行和商业信用提供者的影响是不对称的，显然法治对于银行借款的重要性要高于商业信用。因此，与商业信用相比，银行借款对于法律变化更敏感。在法治水平较高的地区，法律更可能得到遵守，银行的信贷规模较大，企业充当"金融中介"的比较优势不再明显（Demirgüc-Kunt 和 Maksimovic，2002；余明桂、罗娟和汪忻好，2010），此时包括民营企业在内的大多数企业更倾向于通过银行而非供应商取得自身发展所需要的资金。银行借款的增加速度快于商业信用，商业信用作为一种资金来源对民营企业的重要性将降低。藉此，可提出本章如下假设：

假设：商业信用与银行借款之间的替代效应在法治、金融发展水平较高的地区显著大于在法治、金融发展水平较低的地区。

164

8.3 ——————————— 研究设计 ———————————

8.3.1　样本选择与数据来源

根据本章的研究内容，我们选取沪深证券交易所 2003—2011 年所有 A 股民营控股上市公司作为初始样本。为保证所收集数据的有效性，尽量减少其他因素对数据的影响，本章依据以下标准对初始样本进行了筛选：（1）剔除当年新上市的公司，许多学者的研究表明，我国上市公司 IPO 前 3 年和当年存在明显的盈余管理行为，财务数据可靠性较差；（2）鉴于金融类上市公司与一般上市公司经营业务上的差异性，为了保证数据的可比性，亦剔除金融和保险行业的上市公司；（3）考虑到极端值对研究结果的不利影响，剔除应付账款比例、应付票据比例、预收账款比例、销售增长率、资产报酬率绝对值大于 1 和资不抵债的公司，以及数据存在缺失的公司；（4）剔除因资产重组或置换导致主营业务发生变更的公司，以及通过股权转让由原国有控股上市公司演变而来的民营（化）控股上市公司和被国有化的民营控股公司。依据上述标准进行筛选后，最后得到 2 173 个观测数据。

本章使用的地区（省、自治区或直辖市，下同）律师人数来自历年《中国律师年鉴》，年末各省银行总贷款余额和 GDP 以及人口数手工取自历年《中国统计年鉴》。本章使用的其他财务数据，包括应付账款、应付票据、预收账款、银行借款、销售收入、营业利润、现金持有量、存货、公司规模、第一大股东持股比例以及 IPO 时间等，均来源于深圳国泰安信息技术有限公司开发的中国股票市场会计研究数据库。

8.3.2　模型设定与变量说明

根据理论分析，我们拟构建如下回归模型对本章假设进行检验：

$$
\begin{aligned}
\text{Trade Pay}_{i,t} = {} & \pi_0 + \pi_1 \text{Law}_{i,t-1} + \pi_2 \text{FD}_{i,t-1} + \pi_3 \text{Bank}_{i,t-1} + \pi_4 \text{Bank}_{i,t-1} \times \text{Law}_{i,t-1} \\
& + \pi_5 \text{Bank}_{i,t-1} \times \text{FD}_{t-1} + \pi_6 \text{ROA}_{i,t-1} + \pi_7 \text{Growth}_{i,t-1} + \pi_8 \text{Cash}_{i,t-1} \\
& + \pi_9 \text{INV}_{i,t-1} + \pi_{10} \text{LnTA}_{i,t-1} + \pi_{11} \text{LnQR}_{i,t-1} + \pi_{12} \text{L arg}_{i,t-1} \\
& + \pi_{13} \text{Asset\_Turn}_{i,t-1} + \pi_{14} \text{LnAge}_{i,t} + \sum \text{Ind} + \sum \text{Year} + \varepsilon_{i,t}
\end{aligned}
\tag{8-1}
$$

模型 8-1 中， $\text{Trade Pay}_{i,t}$ 为公司 i 第 t 年获得的商业信用，用应付账款、应付票据和预收账款之和与当年的总资产之比衡量。 $\text{Law}_{i,t-1}$ 和 $\text{FD}_{i,t-1}$ 分别为公司 i 所在地区第 t-1 年的法治和金融发展指数。其中，法治（ $\text{Law}_{i,t-1}$ ）用公司 i 所在地区第 t-1 年的每百万人口中律师人数的自然对数反映。金融发展（ $\text{FD}_{i,t-1}$ ）则借鉴卢峰和姚洋的研究（2004），使用金融深度（公司 i 所在地区银行第 t-1 年末总贷款余额与该省 GDP 的比值）刻画。[①] Bank 为公司 i 第 t-1 年银行借款比例，等于公司 i 第 t-1 年借款收到的现金与该年末总资产的比值。交乘项 $\text{Bank}_{i,t-1} \times \text{Law}_{i,t-1}$ 和 $\text{Bank}_{i,t-1} \times \text{FD}_{i,t-1}$ 分别用来考察公司 i 所在地区的法治水平和金融业市场化程度对民营企业银行借款和商业信用替代效应的影响。根据本章假设，可以合理预期 $\text{Bank}_{i,t-1} \times \text{Law}_{i,t-1}$ 和 $\text{Bank}_{i,t-1} \times \text{FD}_{i,t-1}$ 的系数 π_4 和 π_5 应显著为负。反之，若 π_4 和 π_5 不显著或显著为正，则说明法治和金融发展水平对提升民营企业银行借款的可获得性，减少其对商业信用的依赖没有影响或产生了相反的作用。为了克服多重共线性可能对研究结果带来的影响，在对模型 8-1 进行回归时，我们对 $\text{Law}_{i,t-1}$ 、 $\text{FD}_{i,t-1}$ 、 $\text{Bank}_{i,t-1}$ 及其交乘项 $\text{Bank}_{i,t-1} \times \text{Law}_{i,t-1}$ 和 $\text{Bank}_{i,t-1} \times \text{FD}_{i,t-1}$ 进行了去均值处理。

$\text{ROA}_{i,t-1}$ 为公司 i 第 t-1 年的资产报酬率，等于公司 i 第 t-1 年的息税前利润与该年总资产之比，代表公司的盈利能力。 $\text{Growth}_{i,t-1}$ 为公司 i 第 t-1 年的成长机会，用销售增长率表示。 $\text{Cash}_{i,t-1}$ 为公司 i 第 t-1 年的现金持有量，等于公司 i 第 t-1 年的货币资金除以总资产。 $\text{INV}_{i,t-1}$ 为公司 i 第 t-1 年的存货比例，用公司 i 第 t-1 年的存货与总资产之比表示。 $\text{LnTA}_{i,t-1}$ 为公

166

---

① 考虑到在我国经济转型时期特殊的制度背景下，由于软预算约束和信贷歧视（关系贷款）的存在，银行贷款可能无法反映市场的实际需求。而且，中国银行业的不良贷款数额相当惊人（卢峰和姚洋，2004），其数据通常难以获得，因此，利用各省年末银行贷款总额占 GDP 的比重衡量一个地区金融发展可能存在很大噪音，并在一定程度上会削弱其解释力（卢峰和姚洋，2004）。

司 i 第 t−1 年的总资产的自然对数，反映公司规模。$\text{LnQR}_{i,t-1}$ 为公司 i 第 t−1 年的速动比率（$\text{QR}_{i,t-1}$）的自然对数，用来衡量公司的短期偿债能力。$\text{Larg}_{i,t-1}$ 为公司 i 第 t−1 年第一大股东持股比例。$\text{Asset\_Turn}_{i,t-1}$ 为公司 i 第 t−1 年的总资产周转率，等于公司销售收入净额与其总资产之比。$\text{LnAge}_{i,t}$ 为公司 i 截止到第 t 年累积的已上市时间（$\text{Age}_{i,t}$）的自然对数。Ind 和 Year 分别为反映行业和年度效应的虚拟变量，用来控制其他无法观察到的行业因素或宏观经济波动对民营企业商业信用融资可能产生的影响。$\varepsilon_{i,t}$ 为误差项。

除采用模型 8−1 对民营企业采用的法治、金融发展融资策略的效果进行检验外，我们借鉴 Demirguc-Kunt 和 Maksimovic（2002）的研究方法，通过构建以下模型就法治、金融发展对银行借款和商业信用的相对重要性（影响的不对称性）展开分析：

$$\text{Ln}\frac{\text{Bank}_{i,t}}{\text{Trade Pay}_{i,t}} = \lambda_0 + \lambda_1 \text{Law}_{i,t-1} + \lambda_2 \text{FD}_{i,t-1} + \lambda_3 \text{ROA}_{i,t-1} + \lambda_4 \text{Growth}_{i,t-1}$$
$$+ \lambda_5 \text{Cash}_{i,t-1} + \lambda_6 \text{INV}_{i,t-1} + \lambda_7 \text{LnTA}_{i,t-1} + \lambda_8 \text{LnQR}_{i,t-1} + \lambda_9 \text{Larg}_{i,t-1} \quad (8-2)$$
$$+ \lambda_{10} \text{Asset\_Turn}_{i,t-1} + \lambda_{11} \text{LnAge}_{i,t} + \sum \text{Ind} + \sum \text{Year} + \varepsilon_{i,t}$$

模型 8−2 中，$\text{Ln}\dfrac{\text{Bank}_{i,t}}{\text{Trade Pay}_{i,t}}$ 为公司 i 第 t 年取得借款收到的现金与商业信用融资（应付账款、应付票据与预收账款之和）之比的自然对数。这个指标反映了企业对银行借款和商业信用的相对依赖程度。较高的 $\dfrac{\text{Bank}_{i,t}}{\text{Trade Pay}_{i,t}}$ 的值（>1）显示出企业从正规金融体系获得的银行贷款多于从非正规渠道获得的商业信用。若模型 8−2 中 $\text{Law}_{i,t-1}$ 和 $\text{FD}_{i,t-1}$ 的系数 λ_1 和 λ_2 都显著为正，则表明尽管法治和金融发展水平的提高均有助于提升民营企业银行借款和商业信用的可获得性，但法治和金融发展的改善对银行借款的影响大于其对商业信用融资的影响。此时，银行借款的增加速度快于商业信用，从而相对减少了企业对商业信用的需求。

为了检验法治和金融发展对特定的商业信用融资模式的影响，我们分别用应付账款比例（应付账款与期末总资产之比，$\text{AP}_{i,t}$）、应付票据比例（应付票据与期末总资产之比，$\text{NP}_{i,t}$）和预收账款比例（预收账款与期末总资产之比，$AA_{i,t}$）替代 $Trade_{i,t} Pay_{i,t}$ 对模型 8-1 和 8-2 重新进行回归以对如下问题进行研究：法治、金融发展对应付账款、应付票据和预收账款与银行借款之间替代效应的影响有何不同？

8.4 ———————— 实证结果与分析 ————————

8.4.1 主要变量描述性统计

表 8-1 列出了模型 8-1 中主要变量的描述性统计。从中容易看出，$Law_{i,t-1}$ 的均值和中位数分别为 2.74757 和 2.79305，最小值为 1.14396，最大值为 4.48346。通过对数转换，可以发现，民营控股公司所在地区每百万人口平均有律师 18.76053 人，中位数为 16.33091 人，最低每百万人口仅有律师 3.13917 人，最高则达到每百万人口有律师 88.54113 人。动态地看，尽管自改革开放以来，我国各地区的法治建设已经取得了长足进步，但是不同地区之间仍存在很大差异，且总体上仍处于偏低的水平。$FD_{i,t-1}$ 的均值为 1.03674，中位数为 0.93983，最小值为 0.62954，最大值为 1.97485，显示出各地区银行年末贷款总额占其 GDP 的比重存在很大不同，说明与法治建设一样，我国不同地区金融深化的程度也很可能出现了系统性差异。其他变量的描述性统计分析参见第 7 章 7.4.1 部分。

表 8-1　　　　　主要变量的描述性统计（n=2 173）

变量	均值	中位数	最小值	1/4 分位数	3/4 分位数	最大值	标准差
$Trade\ Pay_{i,t}$	0.17096	0.13775	0.000009	0.07473	0.23392	0.85221	0.12948
$AP_{i,t}$	0.09174	0.07396	0	0.04002	0.12509	0.60086	0.07121
$NP_{i,t}$	0.03406	0.00998	0	0	0.04586	0.49787	0.05430
$AA_{i,t}$	0.04516	0.01999	0	0.00756	0.05109	0.77415	0.07014
$Law_{i,t-1}$	2.74757	2.79305	1.14396	2.47190	2.87092	4.48346	0.52850
$FD_{i,t-1}$	1.03674	0.93983	0.62954	0.86302	1.27018	1.97485	0.28566

变量	均值	中位数	最小值	1/4 分位数	3/4 分位数	最大值	标准差
Trade Rec$_{i,t-1}$	0.18569	0.16999	0	0.10976	0.24432	0.92958	0.10654
AR$_{i,t-1}$	0.12601	0.10898	0	0.05943	0.16910	0.92792	0.09432
NR$_{i,t-1}$	0.02104	0.00573	0	0.09716	0.02238	0.29771	0.03811
PA$_{i,t-1}$	0.03862	0.02538	0	0.01089	0.05003	0.60154	0.04506
Bank$_{i,t-1}$	0.17891	0.16691	0	0.04762	0.27934	0.80057	0.14096
ROA$_{i,t-1}$	0.06772	0.06737	-0.97793	0.04289	0.09442	0.49268	0.06647
Growth$_{i,t-1}$	0.19171	0.17892	-0.94419	0.03054	0.33853	0.99913	0.25947
Cash$_{i,t-1}$	0.23771	0.19507	0.00145	0.11328	0.32054	0.86603	0.16847
INV$_{i,t-1}$	0.16224	0.13708	0.00005	0.08610	0.20443	0.89688	0.12228
LnTA$_{i,t-1}$	21.14184	21.03558	19.12430	20.49907	21.68709	25.15589	0.89418
QR$_{i,t-1}$	2.24344	1.14873	0.05566	0.71766	2.09108	7.69351	4.34339
Larg$_{i,t-1}$	0.37000	0.35290	0.02197	0.25567	0.47470	0.89410	0.15100
Asset_Turn$_{i,t-1}$	0.67137	0.56326	0.01867	0.39693	0.79677	6.11711	0.50075
Age$_{i,t}$	5.46	4	1	2	8	21	4.427

169

8.4.2 相关性分析

表8-2列出了模型8-1中主要变量的Pearson相关系数。容易发现，Law$_{i,t-1}$与Trade Pay$_{i,t}$的相关系数为0.044，且在1%的置信水平上显著，说明法治水平的提高有利于企业获得更多的商业信用。就Trade Pay$_{i,t}$具体构成而言，法治（Law$_{i,t-1}$）与应付账款（AP$_{i,t}$）、应付票据（NP$_{i,t}$）和预收账款（AA$_{i,t}$）的相关系数分别为-0.041、-0.114和0.129，均在1%的置信水平上显著，表明一个地区法治水平的提高能够减少民营控股公司对应付账款和应付票据的依赖，但会增加对预收账款的使用，显示出法治对特定的商业信用融资来源的影响是不同的。法治（Law$_{i,t-1}$）与银行借款（Bank$_{i,t-1}$）的相关系数为0.056，在1%的置信水平上显著，说明一个地区法治水平的提高会显著增加所在地区民营控股公司银行借款的可获得性。类似地，法治（Law$_{i,t-1}$）与盈利能力（ROA$_{i,t-1}$）、现金持有量（Cash$_{i,t-1}$）、速动比率（QR$_{i,t-1}$）和上市时间（Age$_{i,t}$）也在1%或5%的置

信水平上显著正相关，说明一个地区的法治水平越高，所在地区的民营控股公司的经营业绩越好、现金持有越多、短期偿债能力越强、上市遭受的制度性障碍越低。而法治对所在地区民营控股公司的成长机会、存货水平、公司规模、第一大股东持股比例、总资产周转率则没有显著影响（$Law_{i,t-1}$ 与 $Growth_{i,t-1}$、$INV_{i,t-1}$、$LnTA_{i,t-1}$、$Larg_{i,t-1}$ 和 $Asset\_Turn_{i,t-1}$ 的相关系数不显著，分别为-0.030、0.026、-0.008、0.001 和-0.017）。

金融发展（$FD_{i,t-1}$）与 $Trade\,Pay_{i,t}$ 的相关系数在 1%的置信水平上显著为正（两者的相关系数为 0.039，对应的 p 值等于 0.000），说明一个地区的金融发展能够显著增加所在地区民营控股公司商业信用的可获得性。从 $Trade\,Pay_{i,t}$ 的具体构成来看，金融发展（$FD_{i,t-1}$）与应付账款（$AP_{i,t}$）、应付票据（$NP_{i,t}$）和预收账款（$AA_{i,t}$）的相关系数分别为 0.044、-0.130 和 0.127，相应的 p 值均等于 0.000，表明一个地区金融发展水平的提高能够显著增加所在地区民营控股公司应付账款和预收账款的使用，但会减少对应付票据的依赖，显示出金融发展对特定的商业信用融资来源的影响是有差异的。此外，金融发展（$FD_{i,t-1}$）与法治（$Law_{i,t-1}$）的相关系数则达到了 0.893，且在 1%的置信水平上显著，说明一个地区法治水平的提高有助于促进该地区金融体系的发展。金融发展（$FD_{i,t-1}$）与 $Bank_{i,t-1}$ 的相关系数为 0.103，亦在 1%的置信水平上显著，说明一个地区金融发展水平的提高能够显著增加所在地区民营控股公司银行借款的可获得性。同样，金融发展（$FD_{i,t-1}$）与盈利能力（$ROA_{i,t-1}$）、现金持有量（$Cash_{i,t-1}$）、公司规模（$LnTA_{i,t-1}$）、速动比率（$QR_{i,t-1}$）和上市时间（$Age_{i,t}$）的相关系数分别为 0.092、0.142、0.049、0.084 和 0.064，均在 1%或 5%的水平上显著，说明一个地区的金融发展水平越高，所在地区的民营控股公司的经营业绩越好、现金持有越多、公司规模越大、短期偿债能力越强、上市面临的制度性歧视越低。而金融发展对所在地区民营控股公司的成长机会、存货水平、第一大股东持股比例、总资产周转率则没有影响（$FD_{i,t-1}$ 与 $Growth_{i,t-1}$、$INV_{i,t-1}$、$Larg_{i,t-1}$ 和 $Asset\_Turn_{i,t-1}$ 的相关系数不显著，分别为-0.020、0.018、0.029 和 0.003）。

表8-2

主要变量的 Pearson 相关系数 （n=2 173）

变量	Trade Pay$_{i,t}$	AP$_{i,t}$	NP$_{i,t}$	AA$_{i,t}$	Law$_{i,t-1}$	FD$_{i,t-1}$	Bank$_{i,t-1}$	ROA$_{i,t-1}$	Growth$_{i,t-1}$	Cash$_{i,t-1}$	INV$_{i,t-1}$	LnTA$_{i,t-1}$	QR$_{i,t-1}$	Larg$_{i,t-1}$	Asset_Turn$_{i,t-1}$	Age$_{i,t}$
Trade Pay$_{i,t}$	(-)															
AP$_{i,t}$	0.744*** (0.000)	(-)														
NP$_{i,t}$	0.592*** (0.000)	0.283*** (0.000)	(-)													
AA$_{i,t}$	0.552*** (0.000)	0.063*** (0.003)	-0.055** (0.011)	(-)												
Law$_{i,t-1}$	0.044*** (0.000)	-0.041*** (0.000)	-0.114*** (0.000)	0.129*** (0.000)	(-)											
FD$_{i,t-1}$	0.039*** (0.000)	0.044*** (0.000)	-0.130*** (0.000)	0.127*** (0.000)	0.893*** (0.000)	(-)										
Bank$_{i,t-1}$	-0.115*** (0.000)	-0.142*** (0.000)	0.019 (0.366)	-0.077*** (0.000)	0.056*** (0.000)	0.103*** (0.000)	(-)									
ROA$_{i,t-1}$	-0.059*** (0.006)	-0.014 (0.507)	-0.056*** (0.009)	-0.046** (0.030)	0.068*** (0.002)	0.092*** (0.000)	-0.202*** (0.000)	(-)								
Growth$_{i,t-1}$	0.111*** (0.000)	0.108*** (0.000)	0.089*** (0.000)	0.014 (0.511)	-0.030 (0.163)	-0.020 (0.357)	-0.042* (0.051)	0.316*** (0.000)	(-)							
Cash$_{i,t-1}$	-0.056*** (0.008)	-0.019 (0.388)	-0.024 (0.254)	-0.064*** (0.003)	0.076*** (0.000)	0.142*** (0.000)	-0.527*** (0.000)	0.207*** (0.000)	0.108*** (0.000)	(-)						
INV$_{i,t-1}$	0.281*** (0.000)	0.107*** (0.000)	0.052** (0.016)	0.361*** (0.000)	0.026 (0.226)	0.018 (0.395)	0.094*** (0.000)	-0.030 (0.165)	0.032 (0.134)	-0.273*** (0.000)	(-)					
LnTA$_{i,t-1}$	0.244*** (0.000)	0.126*** (0.000)	0.172*** (0.000)	0.171*** (0.000)	-0.008 (0.695)	0.049** (0.022)	0.229*** (0.000)	0.102*** (0.000)	0.103*** (0.000)	-0.220*** (0.000)	0.181*** (0.000)	(-)				
QR$_{i,t-1}$	-0.216*** (0.000)	-0.165*** (0.000)	-0.139*** (0.000)	-0.105*** (0.000)	0.054** (0.012)	0.084*** (0.000)	-0.358*** (0.000)	0.100*** (0.000)	0.012 (0.584)	0.539*** (0.000)	-0.205*** (0.000)	-0.157*** (0.000)	(-)			
Larg$_{i,t-1}$	-0.002 (0.914)	0.055** (0.011)	-0.009 (0.675)	-0.056** (0.010)	0.001 (0.981)	0.029 (0.176)	-0.180*** (0.000)	0.166*** (0.000)	0.090*** (0.000)	0.266*** (0.000)	0.062*** (0.004)	0.028 (0.197)	0.136*** (0.000)	(-)		
Asset_Turn$_{i,t-1}$	0.339*** (0.000)	0.389*** (0.000)	0.230*** (0.000)	0.015 (0.474)	-0.017 (0.437)	0.003 (0.883)	-0.144*** (0.000)	0.201*** (0.000)	0.179*** (0.000)	0.003 (0.902)	0.085*** (0.000)	0.089*** (0.000)	-0.008 (0.695)	0.078*** (0.000)	(-)	
Age$_{i,t}$	0.018 (0.399)	-0.064*** (0.003)	-0.046** (0.031)	0.141*** (0.000)	0.047** (0.029)	0.064*** (0.003)	0.274*** (0.000)	-0.183*** (0.000)	-0.193*** (0.000)	-0.461*** (0.000)	0.125*** (0.000)	0.417*** (0.000)	-0.207*** (0.000)	-0.355*** (0.000)	-0.066*** (0.002)	(-)

注：Pearson相关系数下的括号中是 p 值。***、**和*表示检验分别在 1%、5%和 10%的置信水平上（2-tailed）显著。

8.4.3 多元回归结果分析

表8-3列出了模型8-1的多元回归结果。在栏①以商业信用为因变量的回归结果中，$Law_{i,t-1}$的系数为0.000，且不显著，说明总体而言，无论是从经济意义还是统计意义上看，法治对民营控股公司商业信用的可获得性没有影响。$Bank_{i,t-1}$的系数为-0.081，在1%的置信水平上显著（t值等于-11.329），而交乘项$Bank_{i,t-1} \times Law_{i,t-1}$的系数尽管也为负（-0.015），但并不显著（对应的t值为-0.769），表明民营控股公司在正规金融市场上获得的银行借款与其商业信用融资呈现出一种替代关系，但在法治水平高的地区，银行借款的增加并没有显著降低民营控股公司对商业信用的使用。$FD_{i,t-1}$的系数为-0.014，在10%的置信水平上显著，一个地区的金融发展能够显著减少民营控股公司对商业信用的依赖。交乘项$Bank_{i,t-1} \times FD_{i,t-1}$的系数尽管为负，但并不显著，表明金融发展水平高的地区，银行借款的增加亦不能显著降低民营控股公司对商业信用的依赖。

通过比较各分组回归结果，容易发现，在栏②、栏③和栏④以应付账款、应付票据和预收账款为因变量的回归方程中，$Law_{i,t-1}$的系数均不显著，交乘项$Bank_{i,t-1} \times Law_{i,t-1}$的系数在栏②中显著为负，而在栏③和栏④中仍不显著，说明在法治水平高的地区，银行借款的增加能够显著减少民营控股公司对应付账款的依赖，但法治对民营控股公司银行借款与应付票据和预收账款替代关系则没有产生影响。$FD_{i,t-1}$的系数在栏③中显著为负，在栏②和栏④中则均不显著，说明金融发展能够减少所在地区民营控股公司对应付票据的需求，但在应付票据和预收账款的使用上则没有影响。交乘项$Bank_{i,t-1} \times FD_{i,t-1}$系数在栏②中显著为正，在栏③中不显著，在栏④中则显著为负，说明在金融发展水平高的地区，民营控股公司银行借款的增加会显著提高其应付账款的可获得性，减少对预收账款的使用，而金融发展对银行借款和应付票据的关系则没有影响。

表8-3 法治、金融发展、银行借款与商业信用融资：基于模型8-1的回归结果

方程 变量	商业信用①		应付账款②		应付票据③		预收账款④	
	系数	t值	系数	t值	系数	t值	系数	t值
截距项	−0.354	−6.772***	−0.064	−2.002**	−0.210	−7.417***	−0.080	−2.428**
$Bank_{i,t-1}$	−0.081	−11.329***	−0.047	−11.127***	0.028	4.527***	−0.063	−13.402***
$Law_{i,t-1}$	0.000	−0.140	0.000	−0.367	0.000	−0.412	0.001	0.453
$Bank_{i,t-1} \times Law_{i,t-1}$	−0.015	−0.769	−0.034	−2.966***	0.010	0.951	0.009	0.692
$FD_{i,t-1}$	−0.014	−1.952*	0.001	0.221	−0.020	−5.255***	0.005	1.121
$Bank_{i,t-1} \times FD_{i,t-1}$	−0.019	−0.491	0.057	2.503**	−0.017	−0.794	−0.060	−2.342**
$Growth_{i,t-1}$	0.026	3.192***	0.012	2.412**	0.008	1.714*	0.006	1.248
$ROA_{i,t-1}$	−0.229	−7.278***	−0.103	−5.339***	−0.101	−5.937***	−0.025	−1.265
$Cash_{i,t-1}$	0.178	8.914***	0.030	2.478**	0.072	6.646***	0.076	6.017***
$INV_{i,t-1}$	0.217	10.482***	0.029	2.304**	0.027	2.380**	0.161	12.318***
$LnTA_{i,t-1}$	0.021	8.158***	0.005	3.198***	0.010	7.523***	0.005	3.372***
$LnQR_{i,t-1}$	−0.050	−13.193***	−0.018	−7.668***	−0.016	−7.581***	−0.017	−6.965***
$Larg_{i,t-1}$	−0.021	−1.516	0.010	1.232	−0.009	−1.233	−0.022	−0.254
$Asset\_Turn_{i,t-1}$	0.066	15.957***	0.048	19.069***	0.018	8.238***	−0.000	−0.133
$LnAge_{i,t}$	−0.009	−2.805***	−0.007	−3.525***	−0.004	−2.138**	0.002	0.803
行业	控制		控制		控制		控制	
年度	控制		控制		控制		控制	
$AdjR^2$	0.444		0.383		0.221		0.239	
F值	43.368***		33.868***		16.039***		17.631***	
样本数	2 173		2 173		2 173		2 173	

注：***、**和*表示检验分别在1%、5%和10%的置信水平上（2-tailed）显著。

表8-4报告了模型8-2的多元回归结果。由于部分上市公司的商业信用融资（应付账款、应付票据、预收账款）和银行借款的数据为0，使得

不同样本组的观测数据出现了一定程度的减少。从中可以看出，在栏①，$Law_{i,t-1}$的系数为0.214，在1%的置信水平上显著，说明法治水平的提高，能使民营控股公司以比商业信用更快的速度增加其银行借款。相反，$FD_{i,t-1}$的系数则在10%的置信水平上显著为负，显示出在金融发展水平高的地区，民营控股公司银行借款的增加速度低于商业信用融资的增加速度，上述结果意味着法治和金融发展对民营控股公司银行借款和商业信用融资的影响是不对称的，其中法治对银行借款可获得性的影响大于对商业信用融资的影响，金融发展则相反，其对商业信用融资的影响高于对银行借款的影响。

表8-4　法治、金融发展、银行借款与商业信用融资：基于模型8-2的回归结果

方程 变量	商业信用①		应付账款②		应付票据③		预收账款④	
	系数	t值	系数	t值	系数	t值	系数	t值
截距项	5.265	7.039***	4.863	6.383***	8.544	6.863***	6.824	6.091***
$Law_{i,t-1}$	0.214	4.117***	0.247	4.606***	0.309	3.597***	0.182	2.382***
$FD_{i,t-1}$	−0.179	−1.748*	−0.328	−3.111***	0.457	2.739***	−0.243	−1.625
$Growth_{i,t-1}$	−0.070	−0.599	−0.056	−0.469	−0.270	−1.413	0.048	0.271
$ROA_{i,t-1}$	1.540	2.951***	0.988	1.858*	3.662	3.860***	1.219	1.566
$Cash_{i,t-1}$	−1.680	−5.698***	−0.949	−3.158***	−1.657	−3.365***	−1.732	−3.939***
$INV_{i,t-1}$	−1.806	−6.197***	−0.975	−3.284***	−0.489	−0.980	−3.917	−9.033***
$LnTA_{i,t-1}$	−0.171	−4.748***	−0.098	−2.674***	−0.280	−4.784***	−0.154	−2.861***
$LnQR_{i,t-1}$	−0.227	−4.088***	−0.360	−6.371***	−0.176	−1.668*	−0.305	−3.679***
$Larg_{i,t-1}$	0.061	0.303	−0.163	−0.798	0.360	1.150	0.868	2.908***
$Asset\_Turn_{i,t-1}$	−0.526	−8.565***	−0.630	−10.069***	−0.475	−5.189***	−0.296	−3.239***
$LnAge_{i,t}$	−0.050	−1.142	−0.056	−1.249**	0.141	1.978**	−0.221	−3.372***
行业	控制		控制		控制		控制	
年度	控制		控制		控制		控制	
$AdjR^2$	0.249		0.273		0.185		0.219	
F值	17.775***		20.006***		9.220***		15.062***	
样本数	1 921		1 921		1 380		1 910	

注：栏①、栏②、栏③和栏④的因变量分别为 $Ln\dfrac{Bank_{i,t}}{Trade\ Pay_{i,t}}$、$Ln\dfrac{Bank_{i,t}}{AP_{i,t}}$、$Ln\dfrac{Bank_{i,t}}{NP_{i,t}}$ 和 $Ln\dfrac{Bank_{i,t}}{AA_{i,t}}$；***、**和*表示检验分别在1%、5%和10%的置信水平上（2-tailed）显著。

在栏②、栏③和栏④分组回归中，$Law_{i,t-1}$的系数依次为0.247、0.309和0.182，分别在1%或5%的置信水平上显著，显示出法治对民营控股公

司银行借款可获得性的影响高于其对应付账款、应付票据和预收账款的影响，即在法治水平高的地区，民营控股公司银行借款的增加速度快于应付账款、应付票据和预收账款的增加速度。$FD_{i,t-1}$的系数分别为-0.328，0.457和-0.243，前两者在1%的置信水平上显著，而后者则不显著，说明金融发展对应付账款可获得性的影响高于对银行借款的影响，但对应付票据可获得性的影响低于对银行借款的影响，且对银行借款和预收账款可获得性的影响是无差异的。

通过比较，容易发现，在栏①、栏②、栏③和栏④中，控制变量$Growth_{i,t-1}$的系数均不显著，说明成长机会对银行借款和商业信用（应付账款、应付票据、预收账款）的相对重要性没有影响。而$Cash_{i,t-1}$、$INV_{i,t-1}$、$LnTA_{i,t-1}$、$LnQR_{i,t-1}$和$Asset\_Turn_{i,t-1}$的系数均显著为负，显示出持有现金多的企业、存货水平高的企业、规模大的企业、短期偿债能力强的企业以及资产使用效率高的企业可获得更多的商业信用（应付账款、应付票据、预收账款），从而降低了企业对银行借款的使用。换言之，对具有这些特征的企业而言，商业信用的增加速度要快于银行借款的增加速度。$Larg_{i,t-1}$的系数在栏①、栏②、栏③中均不显著，在栏④中则显著为正，说明第一大股东持股比例对银行借款与应付账款和应付票据的相对重要性没有影响，但会对银行借款和预收账款相对依赖程度带来影响。

8.4.4　敏感性测试

为了检验本章研究结论是否稳健，我们进行了如下的敏感性测试：（1）由于应付账款、应付票据和预收账款均为存量指标，为了刻画企业商业信用融资的动态性，本章以应付账款变动额、应付票据变动额和预收账款变动额与总资产的比值及三者之和分别替代应付账款比例、应付票据比例、预收账款比例和民营控股公司获得的商业信用融资总额，对模型8-1和8-2重新进行回归。（2）在经验研究中用于衡量地区法治水平的指标除上市公司所在地区每百万人口中律师人数外，亦有学者利用各省法院每年经济案件的结案率（即结案数和收案数之比）来衡量一个地区的法治水平（卢峰和姚洋，2004）。为此，借鉴现有学者的研究，本章用样本期内各省法院每年经济案件的结案率作为公司所在地区的法治水平的替代，对本章模型8-1和8-2重新进行回归。（3）在法与金融的研究中，除了选取金融深度（银行年末贷款总额与GDP的比值）衡量一个地区或国家的金融发展外，亦有学者用一个地区银行业的竞争（各省除四大国有银行以外的其他银行的信贷份额）及樊纲、王小鲁和朱恒鹏（2009）构造的三个地区性金融市场化指标，即"金融业的市场化"、"金融业的竞争"和"信贷资金分配的市场化"来刻画各地区的金融发展水平（Levine，1997；卢峰和姚洋，2004；夏立军和方轶强，2005）。我们借鉴学者已有研究，分别用上述指标替代本章的金融深度指标对模型8-1和8-2重新进行回归。（4）鉴于学者在研究时除了使用企业借款收到的现金这一流量指标衡量公司一定时期内从银行获得的借款外，还经常采用银行借款（短期借款与长期借款之和）这一存量指标反映企业的银行借款能力。为了检验本章研究结论对银行变量指标的选取是否敏感，我们亦用公司银行借款合计与年末总资产之比替代借款收到的现金重新对模型8-1和8-2进行回归。以上敏感性测试结果与本章研究结论没有实质性差异，这说明本章的研究结果是稳健的。限于篇幅，本章未列示敏感性测试的回归结果。

8.5 ——————— 本章小结 ———————

　　本章利用法与金融理论，选取我国沪深证券交易所2003—2011年2 173个民营控股上市公司观测数据为样本，分别以各省每百万人口中律师人数的自然对数和各省银行年末总贷款余额与其GDP的比值（金融深度）作为一个地区法治和金融发展水平的替代指标，从制度层面系统考察了市场化融资策略——法治、金融发展缓解民营企业在正规金融市场上面临的信贷配给和所有制歧视，增加其银行借款的可获得性，减少对商业信用依赖的微观机理及其作用效果。研究发现，尽管金融发展能够显著降低民营控股公司对商业信用的使用，但在法治和金融发展水平高的地区，银行借款的增加并没有明显减少民营控股公司对商业信用的需求。从商业信用的具体构成来看，在法治水平高的地区，银行借款的增加会显著减少民营控股公司对应付账款的使用，但对应付票据和预收账款的可获得性则没有明显影响。而在金融发展水平高的地区，银行借款的增加会显著减少预收账款的使用，增加应付账款的使用，但对应付票据的可获得性则没有影响。进一步研究发现，法治和金融发展对银行借款和商业信用融资的影响是不对称的。其中，在法治水平高的地区，民营控股公司银行借款增加的速度要高于商业信用融资（应付账款、应付票据和预收账款）。而在金融发展水平高的地区，银行借款增加的速度则表现出低于应付账款、高于应付票据，但与预收账款增加的速度是无差异的。以上结果表明，在当前转型经济背景下，制度的缺失和政府部门过于强势及其对银行信贷决策不当干预导致法治和金融发展在缓解民营企业融资困境中所能够发挥的作用还很有限。

第 9 章

政治关联、法治、金融发展、银行借款与商业信用

9.1 ———————— 引　言 ————————

通过第 7 章和第 8 章的研究，我们发现，无论是政治关联还是法治和金融发展，两种融资策略均能够一定程度上增加民营企业银行借款的可获得性，降低其对非正规金融的使用。然而，两种融资策略的作用机理并不完全一致，其后果和影响范围及由此带来效应也可能不同。本章主要对市场化融资策略和非市场化融资策略的作用效果进行比较和分析，旨在回答问题：政治关联和法治、金融发展两种融资策略的效果存在何种差异，即哪种融资策略的效果更好？

9.2 ———————— 制度背景、理论分析与研究假设 ————————

虽然如前所述，无论是政治关联还是法治、金融发展均能够提高民营企业银行借款的可获得性，减少企业对商业信用的依赖和需求，但由于两种融资策略的作用机理、适用范围和条件乃至实施成本等均存在很大差异，因此，政治关联和法治、金融发展两种融资策略给民营企业带来的最终要达到的效果可能有所不同。政治关联融资策略的作用机理是通过与政

府官员建立一定的私人关系，借助政治家对银行信贷决策的隐性干预和影响来提升民营企业的银行借款获取能力，减少企业对商业信用的依赖。其一般适用于正式制度存在缺失难以通过正规渠道获得银行借款的情形。由于民营企业建立政治关联的过程实际上亦是其向政府官员寻租的过程，常常伴有高昂的寻租成本（Shleifer 和 Vishny，1993），不仅会消耗企业大量的稀缺资源，而且还要为此承担增加就业、改善民生、发展经济等诸多与政府官员政治晋升相关的社会责任。因此，并非所有民营企业都具备同等的与政府官员建立政治关联的能力和条件。所以，非市场化融资策略带来的好处仅仅局限于少数能够与政府官员建立政治关联的企业，受益范围很有限。另外，政治关联所导致的政府官员对银行信贷决策的过度干预会破坏金融机构市场化运作的制度基础，扭曲整个社会稀缺资源的有效配置，造成企业间新的不公平，并对经济增长和产业结构变革产生不利影响（余明桂和潘红波，2008；徐晋、贾馥华和张祥建，2011）。Malesky 和 Taussig（2008）研究发现，政治关联虽然可给企业带来更多的融资便利，但其投资的盈利能力却显著低于非政治关联企业。张敏、张胜、申慧慧和王成方（2010）以及何镜清、李善民和周小春（2013）等的研究也表明，政治关联对银行信贷资金配置效率的影响是负面的。

179

相反，法治、金融发展融资策略的作用机理是通过加强对债权人利益的法律保护，促进金融深化，提高银行贷款的意愿和规模，并利用市场机制来公平地配置金融资源，以此达到增加民营企业银行借款的可获得性、减少对商业信用依赖的目的。所以，法治、金融发展水平的提高不仅会改善银行体系的运行效率和金融资源市场化配置的程度，而且还能够降低民营企业的融资成本并由此增加企业银行借款的额度，从而使市场中的所有企业受益，因此效果更好，且对促进一国或一个地区经济持续增长亦是有利的。另外，法治、金融发展水平的提高也有助于降低或抑制政府官员对银行和企业信贷契约的干预，使得民营企业家利用政治寻租方式获得银行借款的必要性降低。Zhou 和 Peng（2010）指出，随着正式制度的逐步完善和交易复杂性的增加，通过政治关联这种非市场化的提升银行借款能力的融资策略对企业来说不再是如此重要，单个企业的政治行为也将变得非常不经济，取而代之的则是建立在法治、金融发展等支持性制度安排之上的市场化融资策略。由上可知，与政治关联相比，法治和金融发展可能是影响或决定民营企业银行借款可获得性更为根本的因素，所以是一个更为有效的解决民营企业资金需求的融资策略。理论和实践均已证明，非市场化融资策略是低效率的，会造成资源分配新的不公平，企业成长在很大程度上仍须依赖市场机制来获取资源。因此，若要真正提高民营企业的银行借款能力，减少其对非正规融资来源的依赖，关键在于制度环境的改善，而非与政府建立政治关联。简言之，法治、金融发展对民营企业外部融资能力的提升可能更重要。由此可提出本章如下假设：

假设：同等条件下，政治关联策略缓解民营企业融资难的效果将显著弱于法治、金融发展融资策略的效果。

9.3 ———————— 研究设计 ————————

9.3.1 样本选择与数据来源

根据本章的研究内容，我们选取沪深证券交易所2003—2011年所有A股民营控股上市公司作为初始样本。为保证所收集数据的有效性，尽量减少其他因素对数据的影响，本章依据以下标准对初始样本进行了筛选：（1）剔除当年新上市的公司，许多学者的研究表明，我国上市公司IPO前3年和当年存在明显的盈余管理行为，财务数据可靠性较差；（2）鉴于金融类上市公司与一般上市公司经营业务上的差异性，为了保证数据的可比性，亦剔除金融和保险行业的上市公司；（3）考虑到极端值对研究结果的不利影响，剔除应付账款比例、应付票据比例、预收账款比例、销售增长率、存货比例、资产报酬率绝对值大于1和资不抵债的公司，以及数据存在缺失的公司；（4）剔除因资产重组或置换导致主营业务发生变更的公司，以及通过股权转让由原国有控股上市公司演变而来的民营（化）控股上市公司和被国有化的民营控股公司。依据上述标准进行筛选后，最后得到2 173个观测数据。

本章所使用的民营企业政治关联的数据是通过上市公司年报和上海

Wind资讯有限公司提供的高管深度资料手工收集整理而成。借鉴 Chen、Li 和 Su（2005）以及余明桂和潘红波（2008）的研究，如果公司的董事长或者总经理曾经或者现在是市县级以上的政府官员（含银行行长）或共产党组织的领导、人大代表或政协委员，则将其定义为具有政治关联。各地区（省、自治区或直辖市，下同）律师人数来自历年《中国律师年鉴》，年末各省银行总贷款余额和GDP以及人口数手工取自历年《中国统计年鉴》。本章使用的其他财务数据，包括应付账款、应付票据、预收账款、银行借款、销售收入、营业利润、现金持有量、存货、公司规模、第一大股东持股比例以及IPO时间等，均来源于深圳国泰安信息技术有限公司开发的中国股票市场会计研究数据库。

9.3.2　模型设定与变量说明

根据理论分析，我们拟构建如下两个回归模型对本章假设进行检验：

$$
\begin{aligned}
\text{Trade Pay}_{i,t} = {} & \varphi_0 + \varphi_1 PC_{i,t-1} + \varphi_2 Law_{i,t-1} + \varphi_3 FD_{i,t-1} + \varphi_4 Bank_{i,t-1} + \varphi_5 Bank_{i,t-1} \times PC_{i,t-1} \\
& + \varphi_6 Bank_{i,t-1} \times Law_{i,t-1} + \varphi_7 Bank_{i,t-1} \times FD_{i,t-1} + \varphi_8 ROA_{i,t-1} + \varphi_9 Growth_{i,t-1} \\
& + \varphi_{10} Cash_{i,t-1} + \varphi_{11} INV_{i,t-1} + \varphi_{12} LnTA_{i,t-1} + \varphi_{13} LnQR_{i,t-1} + \varphi_{14} Larg_{i,t-1} \\
& + \varphi_{15} Asset\_Turn_{i,t-1} + \varphi_{16} LnAge_{i,t} + \sum Ind + \sum Year + \varepsilon_{i,t}
\end{aligned}
$$

$$(9\text{-}1)$$

$$
\begin{aligned}
Ln\frac{Bank_{i,t}}{\text{Trade Pay}_{i,t}} = {} & \psi_0 + \psi_1 PC_{i,t-1} + \psi_2 Law_{i,t-1} + \psi_3 FD_{i,t-1} + \psi_4 ROA_{i,t-1} + \psi_5 Growth_{i,t-1} \\
& + \psi_6 Cash_{i,t-1} + \psi_7 INV_{i,t-1} + \psi_8 LnTA_{i,t-1} + \psi_9 LnQR_{i,t-1} + \psi_{10} Larg_{i,t-1} \\
& + \psi_{11} Asset\_Turn_{i,t-1} + \psi_{12} LnAge_{i,t} + \sum Ind + \sum Year + \varepsilon_{i,t}
\end{aligned}
$$

$$(9\text{-}2)$$

模型 9-1 中，$\text{Trade Pay}_{i,t}$ 为公司 i 第 t 年获得的商业信用，用应付账款、应付票据和预收账款之和与当年的总资产之比衡量。模型 9-2 中，$Ln\dfrac{Bank_{i,t}}{\text{Trade Pay}_{i,t}}$ 为公司 i 第 t 年取得借款收到的现金与商业信用融资（应付账款、应付票据与预收账款之和）之比的自然对数。这个指标反映了企业对银行借款和商业信用的相对依赖程度。较高的 $\dfrac{Bank_{i,t}}{\text{Trade Pay}_{i,t}}$ 的数值（> 1）显示出企业从正规金融体系获得的银行借款多于从非正规渠道获得的商业信用。此外，为了检验政治关联、法治和金融发展对特定的商业信用融资模式的影响，我们分别用应付账款比例（应付账款与期末总资产之比，$AP_{i,t}$）、应付票据比例（应付票据与期末总资产之比，$NP_{i,t}$）和预收账款比例（预收账款与期末总资产之比，$AA_{i,t}$）替代 $Trade\ Pay_{i,t}$ 对模型9–1和9–2重新进行回归。

PC$_{i,t-1}$为反映公司政治背景的虚拟变量。如果公司i第t–1年的总经理或董事长曾经或者现在是市县级以上的政府官员（含银行行长）或共产党组织的领导、人大代表或政协委员，$PC_{i,t-1}$取1，否则取0。$Law_{i,t-1}$为公司i所在地区第t–1年每百万人口中律师人数的自然对数，用来衡量民营企业所在地区的法治水平。$FD_{i,t-1}$为公司i所在地区银行第t–1年末总贷款余额与该地区GDP的比值，反映一个地区的金融发展。$Bank_{i,t-1}$为公司i第t–1年的银行借款比例，等于公司i第t–1年借款收到的现金与该年末总资产的比值。根据本章假设，如果市场化融资策略的效果优于非市场化融资策略的效果，从而可更有效地降低民营企业在正规金融市场上遭受的信贷配给和所有制歧视，使民营企业在市场化的基础上公平地获得更多的银行贷款，并能够弱化民营企业对政治关联的依赖，则可以合理预期模型9–1中的交乘项 $Bank_{i,t-1} \times Law_{i,t-1}$ 和 $Bank_{i,t-1} \times FD_{i,t-1}$ 的系数 φ_6 和 φ_7（绝对值）应显著大于 $Bank_{i,t-1} \times PC_{i,t-1}$ 的系数 φ_5（绝对值）。模型9–2中的 $Law_{i,t-1}$ 和 $FD_{i,t-1}$ 的系数 ψ_2 和 ψ_3 应显著为正且大于 $AA_{i,t}$ 的系数 ψ_1。同样，为了克服多重共线性可能对研究结果带来的影响，在对模型9–1进行回归时，我们亦对 $Law_{i,t-1}$、$FD_{i,t-1}$、$Bank_{i,t-1}$ 及其交乘项 $Bank_{i,t-1} \times PC_{i,t-1}$、$Bank_{i,t-1} \times Law_{i,t-1}$ 和 $Bank_{i,t-1} \times FD_{i,t-1}$ 做了去均值处理。

ROA$_{i,t-1}$为公司i第t–1年的资产报酬率，等于公司i第t–1年的息税前利润与该年总资产之比，代表公司的盈利能力。$Growth_{i,t-1}$为公司i第t–1年的成长机会，用销售增长率表示。$Cash_{i,t-1}$为公司i第t–1年的现金持有量，等于公司i第t–1年的货币资金除以总资产。$INV_{i,t-1}$为公司i第t–1年的存货比例，用公司i第t–1年的存货与总资产之比表示。$LnTA_{i,t-1}$为公司i第t–1年的总资产的自然对数，反映公司规模。$LnQR_{i,t-1}$为公司i第t–1

年的速动比率（ $QR_{i,t-1}$ ）的自然对数，用来衡量公司的短期偿债能力。 $Larg_{i,t-1}$ 为公司 i 第 t-1 年第一大股东持股比例。 $Asset\_Turn_{i,t-1}$ 为公司 i 第 t-1 年的总资产周转率，等于公司销售收入净额与其总资产之比。 $LnAge_{i,t}$ 为公司 i 截止到第 t 年累积的已上市时间（ $Age_{i,t}$ ）的自然对数。 Ind 和 Year 分别为反映行业和年度效应的虚拟变量，用来控制其他无法观察到的行业因素或宏观经济波动对民营企业商业信用融资可能产生的影响。 $\varepsilon_{i,t}$ 为误差项。

9.4 ———————— 实证结果与分析[①] ————————

9.4.1　多元回归结果分析

　　模型 9-1 的多元回归结果见表 9-1。从中可以看出，在栏①以商业信用为因变量的回归方程中，交乘项 $Bank_{i,t-1} \times PC_{i,t-1}$ 的系数为 -0.053，在 1% 的置信水平上显著，而交乘项 $Bank_{i,t-1} \times Law_{i,t-1}$ 和 $Bank_{i,t-1} \times FD_{i,t-1}$ 的系数尽管也为负，但并不显著，说明对于民营控股公司而言，政治关联所带来的银行借款的增加会显著减少其对商业信用的使用，而在法治和金融发展水平高的地区，民营控股公司银行借款的增加并不能显著地减少其对商业信用的依赖。这显示出，与政治关联非市场化策略相比，基于法治和金融发展之上的市场化融资策略在提高民营控股公司银行借款的可获得性、降低其对非正规金融的依赖是相对无效的。

　　通过比较，容易发现，交乘项 $Bank_{i,t-1} \times PC_{i,t-1}$ 的系数在栏③和栏④中依然显著为负，其在栏②中尽管也为负，但并不显著，说明相对于非政治关联民营控股公司，政治关联民营控股公司银行借款的增加会进一步降低其对应付票据和预收账款的使用，然而政治关联带来的银行贷款的增加并未显著减少民营控股公司对应付账款的依赖，显示出政治关联对不同商业信用模式和银行借款之间替代关系的影响可能是不对称的。交乘项

---

　　① 本章主要变量的描述性统计和相关性分析参见第 7 章和第 8 章相关内容。

表9-1 政治关联、法治、金融发展、银行借款与商业信用融资：
基于模型9-1的回归结果

方程 变量	商业信用①		应付账款②		应付票据③		预收账款④	
	系数	t值	系数	t值	系数	t值	系数	t值
截距项	−0.366	−6.937***	−0.072	−2.222**	−0.209	−7.308***	−0.086	−2.568***
PC_{t-1}	−0.002	−0.674	−0.001	−0.903	−0.003	−2.525**	0.003	1.847*
$Bank_{i,t-1}$	−0.064	−7.665***	−0.043	−8.863***	0.036	8.003***	−0.057	−10.403***
$Bank_{i,t-1} \times PC_{i,t-1}$	−0.053	−3.950***	−0.010	−1.282	−0.025	−3.491***	−0.018	−2.048**
$Law_{i,t-1}$	0.000	−0.116	0.000	−0.357	0.000	−0.383	0.001	0.455
$Bank_{i,t-1} \times Law_{i,t-1}$	−0.010	−0.520	−0.033	−2.881***	0.012	1.166	0.011	0.824
$FD_{i,t-1}$	−0.015	−2.034**	0.001	0.185	−0.020	−5.361***	0.005	1.114
$Bank_{i,t-1} \times FD_{i,t-1}$	−0.030	−0.772	0.055	2.398**	−0.022	−1.064	−0.063	−2.457**
$Growth_{i,t-1}$	0.026	3.222***	0.012	2.447**	0.007	1.681*	0.007	1.291
$ROA_{i,t-1}$	−0.228	−7.260***	−0.102	−5.321***	−0.101	−5.943***	−0.025	−1.250
$Cash_{i,t-1}$	0.177	8.859***	0.030	2.440**	0.071	6.564***	0.076	6.035***
$INV_{i,t-1}$	0.220	10.569***	0.031	2.414**	0.040	2.377**	0.162	12.352***
$LnTA_{i,t-1}$	0.021	8.317***	0.005	3.429***	0.010	7.402***	0.006	3.503***
$LnQR_{i,t-1}$	−0.050	−13.034***	−0.018	−7.522***	−0.016	−7.550***	−0.017	−6.880***
$Larg_{i,t-1}$	−0.021	−1.533	0.010	1.218	−0.010	−1.283	−0.022	−2.506**
$Asset\_Turn_{i,t-1}$	0.066	15.951***	0.048	19.067***	0.018	−2.188**	−0.000	−0.236
$LnAge_{i,t}$	−0.009	−2.868***	−0.007	−3.584***	−0.004	−2.138**	0.002	0.803
行业	控制		控制		控制		控制	
年度	控制		控制		控制		控制	
$AdjR^2$	0.445		0.383		0.221		0.239	
F值	41.432***		32.386***		15.340***		16.881***	
样本数	2 173		2 173		2 173		2 173	

注：***、**和*表示检验分别在1%、5%和10%的置信水平上（2-tailed）显著。

$Bank_{i,t-1} \times Law_{i,t-1}$的系数在栏②中已变得显著为负，而在栏③和栏④中仍不显著，且已变为正，说明在法治水平高的地区，银行借款的增加可显著减少民营控股公司对应付账款的使用，但对应付票据和预收账款的需求则没有影响。与此同时，交乘项$Bank_{i,t-1} \times FD_{i,t-1}$的系数在栏②中显著为正，在栏④中则显著为负，而在栏③中尽管为负但仍不显著，显示出在金融体系较为发达的地区，银行借款的增加不仅没有减少民营控股公司对应付账款的使用，反而进一步增加了民营控股公司对应付账款的需求，两者表现出一种互补关系。然而，银行借款的增加会降低民营控股公司对预收账款的使用，对应付票据的使用则没有影响。此外，从程度上来看，在栏④中，交乘项 $Bank_{i,t-1} \times FD_{i,t-1}$ 的系数为 -0.063，明显大于 $Bank_{i,t-1} \times PC_{i,t-1}$ 的系数 -0.018，此种结果说明金融发展融资策略的效果优于政治关联策略的效果。不过，从对应付账款的影响来看，建立在法治基础之上的融资决策是有效的，而政治关联策略和金融发展策略则都是无效的。同样，政治关联策略在减少民营控股公司对应付票据的使用上是相对有效的，而法治和金融发展策略则是相对无效的。换言之，市场化融资策略在应付票据上表现出劣于非市场化融资策略的效果。综上可知，本章假设只是得到有限的证实。

表9-2列出了模型9-2的多元回归结果。从中可以看出，在栏①、栏②、栏③和栏④中，$PC_{i,t-1}$ 的系数依次为 0.023、0.026、0.054 和 -0.006，在传统的置信水平上均不显著，说明政治关联对民营控股公司银行借款和商业信用（应付账款、应付票据和预收账款）的相对重要性没有影响。换言之，政治关联并没有显著增加民营控股公司的银行借款，从而降低其对商业信用（应付账款、应付票据和预收账款）的使用。$Law_{i,t-1}$ 的系数分别为 0.214、0.247、0.307 和 0.182，均在 1% 或 5% 的置信水平上显著，法治对民营控股公司银行借款可获得性的影响要高于其对商业信用（应付账款、应付票据和预收账款）的影响。也就是说，在法治水平高的地区，民营控股公司银行借款的增加速度快于应付账款、应付票据和预收账款的增加速度。$FD_{i,t-1}$ 的系数在栏①和栏②中显著为负，在栏③中显著为正，而在栏④中则不显著，说明在金融发展水平高的地区，民营控股公司银行借款的可获得性要低于应付账款的可获得性，但高于应付票据的可获得性，而与预收账款的可获得性则是无差异的，显示出金融发展对民营控股公司银行借款可获得性的影响低于应付账款，但高于应付票据，并与预收账款是无差异的。也就是说，在金融发展水平高的地区，民营控股公司相对更容易获得应付账款，其次是银行借款和预收账款，相对较不容易获得应付票据。

表9-2　政治关联、法治、金融发展、银行借款与商业信用融资:
基于模型9-2的回归结果

方程 变量	商业信用①		应付账款②		应付票据③		预收账款④	
	系数	t值	系数	t值	系数	t值	系数	t值
截距项	5.217	6.961***	4.709	6.170***	9.142	7.404***	6.552	5.837***
$PC_{i,t-1}$	0.023	0.631	0.026	0.688	0.054	0.891	−0.006	−0.110
$Law_{i,t-1}$	0.214	4.107***	0.247	4.595***	0.307	3.581***	0.182	2.384**
$FD_{i,t-1}$	−0.177	−1.729*	−0.326	−3.090***	0.462	2.768***	−0.244	−1.627
$Growth_{i,t-1}$	−0.071	−0.608	−0.057	−0.476	−0.262	−1.367	0.048	0.275
$ROA_{i,t-1}$	1.543	2.955***	0.990	1.862*	3.646	3.845***	1.217	1.564
$Cash_{i,t-1}$	−1.676	−5.679***	−0.945	−3.144***	−1.714	−3.473***	−1.735	−3.941***
$INV_{i,t-1}$	−1.816	−6.214***	−0.983	−3.301***	−0.414	−0.826	−3.912	−8.993***
$LnTA_{i,t-1}$	−0.174	−4.760***	−0.100	−2.696***	−0.265	−4.481***	−0.152	−2.791***
$LnQR_{i,t-1}$	−0.230	−4.115***	−0.363	−6.373***	−0.153	−1.441	−0.303	−3.640***
$Larg_{i,t-1}$	0.062	0.310	−0.162	−0.793	0.354	1.131	0.868	2.905***
$Asset\_Turn_{i,t-1}$	−0.527	−8.574***	−0.630	−10.073***	−0.468	−5.105***	−0.295	−3.231***
$LnAge_{i,t}$	−0.049	−1.115	−0.055	−1.228	0.138	1.937*	−0.222	−3.376***
行业	控制		控制		控制		控制	
年度	控制		控制		控制		控制	
$AdjR^2$	0.249		0.273		0.186		0.218	
F值	17.318***		19.487***		9.061***		14.669***	
样本数	1 921		1 921		1 380		1 910	

注: 栏①、栏②、栏③和栏④的因变量分别为 $Ln\dfrac{Bank_{i,t}}{Trade\ Pay_{i,t}}$、$Ln\dfrac{Bank_{i,t}}{AP_{i,t}}$、$Ln\dfrac{Bank_{i,t}}{NP_{i,t}}$ 和 $Ln\dfrac{Bank_{i,t}}{AA_{i,t}}$;***、**和*表示检验分别在1%、5%和10%的置信水平上(2-tailed)显著。

9.4.2　敏感性测试

为了检验本章研究结论是否稳健,我们进行了如下的敏感性测试:(1)由于应付账款、应付票据和预收账款均为存量指标,为了刻画企业商业信用融资的动态性,本章以应付账款变动额、应付票据变动额和预收账款变动额与总资产的比值及三者之和分别替代应付账款比例、应付票据比例、预收账款比例和民营控股公司获得的商业信用融资总额，对模型8-1和8-2重新进行回归。（2）在经验研究中衡量政治关联的指标除了采用虚拟变量从总经理和董事长的视角考察外，有些学者还把范围扩大到公司其他高层，以董事会中具有政治关联的董事比例这一连续变量作为替代（Chen、Li和Su，2005）。为此，借鉴已有学者的研究，本章亦把政治关联的范围扩大至涵盖公司其他高管。换言之，若公司除总经理或董事长之外的其他高管曾经或现在担任政府官员（含银行行长）或共产党组织的领导、人大代表或政协委员，我们也将其视为存在政治关联，并用具有政治背景的高管在公司全部高管中所占比例来反映企业的政治关联的强度。（3）在经验研究中用于衡量地区法治水平的指标除上市公司所在地区每百万人口中律师人数外，亦有学者利用各省法院每年经济案件的结案率（即结案数和收案数之比）来衡量一个地区的法治水平（卢峰和姚洋，2004）。为此，借鉴现有学者的研究，本章用样本期内各省法院每年经济案件的结案率作为公司所在地区的法治水平的替代，对本章模型9-1和9-2重新进行回归。（4）在法与金融的研究中，除了用金融深度（银行年末贷款总额与GDP的比值）衡量一个地区或一国的金融发展外，亦有学者用一个地区银行业的竞争（各省除四大国有银行以外的其他银行的信贷份额）和樊纲、王小鲁和朱恒鹏（2009）构造的三个地区性金融市场化指标，即"金融业的市场化"、"金融业的竞争"和"信贷资金分配的市场化"来刻画各地区的金融发展水平（Levine，1997；卢峰和姚洋，2004；夏立军和方轶强，2005）。我们借鉴学者已有研究，分别用上述指标替代本章的金融深度指标对模型9-1和9-2重新进行回归。（5）鉴于学者在研究时除了选用企业借款收到的现金这一流量指标衡量公司一定时期内从银行取得的借款外，还经常采用银行借款（短期借款与长期借款之和）这一存量指标反映企业的银行借款能力。为了检验本章研究结论对银行变量指标的选取是否敏感，我们亦用公司银行借款合计与年末总资产之比替代借款收到的现金对模型9-1和9-2重新进行回归。以上敏感性测试结果与本章研究结论没有实质性差异，这说明本章的研究结果是稳健的。限于篇幅，本章未列示敏感性测试的回归结果。

9.5 ———————————————— **本章小结** ————————————————

　　本章利用融资优势理论，在对政治关联和法治、金融发展融资策略的作用机理、适用范围和条件、实施成本进行系统分析的基础上，选取我国沪深证券交易所2003—2011年2 173个民营控股上市公司观测数据为样本，分别以公司总经理或董事长是否为现任或前任政府官员或共产党组织的领导、人大代表或政协委员衡量民营企业的政治关联，以及各省每百万人口中律师人数的自然对数和各省银行年末总贷款余额与其GDP的比值（金融深度）作为地区法治和金融发展的替代指标，实证检验了市场化融资策略（法治、金融发展）和非市场化融资策略（政治关联）的相对效果。研究结果显示，对民营控股公司而言，政治关联带来的银行借款的增加会显著降低其对商业信用的依赖。相反，法治和金融发展对银行借款和商业信用替代关系的影响则是不显著的。换言之，在法治和金融发展水平高的地区，银行借款的增加并不能减少民营控股公司对商业信用的需求。上述结果显示出，基于法治和金融发展之上的市场化融资策略在提高民营控股公司银行借款的可获得性、降低其对非正规金融使用的效果总体上要劣于政治关联策略。从商业信用的具体构成来看，政治关联在提高民营控股公司银行借款的可获得性、降低其对应付票据和预收账款的使用上是有效的，但在减少其对应付账款的依赖上则是无效的。法治在提高民营控股公司银行借款的可获得性、降低其对应付账款的使用上是有效的，但在减少其对应付票据和预收账款的使用上则是无效的。而金融发展在提高民营控股公司银行借款的可获得性、降低其对预收账款的使用上是有效的，但在减少其对应付账款和应付票据的需求上则是无效的。进一步研究还发现，政治关联对民营控股公司银行借款和商业信用（应付账款、应付票据和预收账款）的相对重要性没有影响。法治对民营控股公司银行借款可获得性的影响要高于其对商业信用（应付账款、应付票据和预收账款）的影响。而金融发展对民营控股公司银行借款可获得性的影响低于应付账款，但高于应付票据，并与预收账款是无差异的。

►第 10 章◄

研究结论、政策建议与未来研究展望

　　根据导论部分构建的研究框架，本章是对全书研究内容的总结，主要由三部分内容构成：依次为研究结论、政策建议、研究不足和和未来研究展望。

10.1 —————————— 研究结论 ——————————

　　本书利用信贷配给理论、产权理论、软预算约束理论、商业信用再分配理论、寻租理论、法与金融理论，结合我国转轨经济的制度背景，从金融歧视的逻辑视角对民营企业的融资行为及其策略选择进行了系统研究：（1）正规金融市场上的信贷配给和所有制歧视是否导致民营企业为缓解其资金供给不足问题被迫转向成本较高的商业信用？（2）在可供民营企业选择的商业信用融资模式中，具有不同交易成本和风险的应付账款、应付票据和预收账款与银行借款之间的替代关系有何不同？（3）体制内以国有企业为代表的经济体如何将其凭借特权获得的银行借款通过非正规渠道以商业信用的形式再转贷给在正规金融市场上受到信贷歧视的民营企业，从而构成民营企业非正规融资的一个重要来源，即国有企业金融漏损效应产生的动机和条件是什么？（4）为缓解因正规金融市场上的信贷配给和所有制歧视带来的银行资金供给不足问题，对商业信用存在较高融资需求的民营企业会采取何种措施来获取较为有利的商业信用模式？（5）商业信用和银行借款何者对民营企业的成长更重要，即非正规融资渠道能在多大程度上替代正规金融体系？（6）政治关联和法治、金融发展作为两种性质不同的融资策略，能否帮助民营企业克服正规金融市场上的信贷配给和所有制歧视，提高银行借款的可获得性，减少企业对商业信用等非正规融资的依赖？（7）政治关联和法治、金融发展对应付账款、应付票据和预收账款与银行借款之间的替代效应的影响存在何种差异？（8）市场化融资策略（法治、金融发展）和非市场化融资策略（政治关联）的效果有何不同，即哪种融资策略的效果更好？通过对上述问题的研究，可得出如下结论：

（1）在信贷配给、银行歧视与商业信用方面，研究结果显示，正规金融市场上的信贷配给和所有制歧视，以及经济转型期法律对私有产权保护的缺失，导致民营控股公司从银行获得的正式贷款显著低于国有控股公司。银行借款与商业信用融资显著负相关，且这种负相关性在民营控股公司中表现得更强烈，显示出民营控股公司为缓解其资金短缺使用了更多的基于隐性契约关系的商业信用。进一步研究还发现，银行借款和商业信用之间的替代效应主要来自于应付账款和预收账款；相反，应付票据与银行借款则表现出一种互补关系。同时，从程度上来看，民营控股公司的银行借款与预收账款之间的替代效应要显著高于银行借款与应付账款之间的替代效应，说明在银行资金因中国金融市场上的信贷配给和所有制歧视变得不可获得时，民营控股公司会优先选择预收账款替代银行借款，其次是应付账款，选择应付票据的可能性较低，从而在商业信用模式选择上表现出一定的融资偏好。

（2）在银行借款、金融漏损与商业信用方面，研究发现，国有控股公司的银行借款与其对外提供的商业信用显著正相关，显示出体制内的以国有企业为代表的经济体在正规金融市场上获得的银行借款并没有完全转化为产出，其中一部分则是借助非正规渠道以商业信用的形式被漏损了，从而为民营企业间接获得正规金融的支持提供了可能。通过比较研究还发现，上述金融漏损效应主要来自于应收账款和预付账款，且前者也表现出了比后者更高的金融漏损效应，并受到公司盈利能力的影响。只是盈利能力低或经营业绩差的国有控股公司的银行借款以应收票据的形式发生了金融漏损；相反，盈利能力高或经营业绩好的国有控股公司获得的银行借款与应收票据却呈现出一种替代关系。

（3）在财务报告质量、银行借款与商业信用模式选择方面，研究结果显示，高质量的财务报告能够显著增加企业应付账款的可获得性，减少其对交易成本和风险较高的应付票据和预付账款的使用。且从作用效果来看，上述高质量财务报告对商业信用模式选择的影响在新会计准则实施之后和民营控股公司中表现得更强烈。此种结果说明，高质量的财务报告不仅能够缓解企业的代理问题，而且有助于降低企业与供应商之间的信息不对称，减少企业对签约成本更高的商业信用（预付账款和应付票据）的依赖，显示出现阶段我国企业对外提供高质量的财务报告具有非常重要的现实意义。

（4）在商业信用、银行借款与公司绩效方面，研究发现，民营控股公司在正规金融市场上获得的银行借款对公司的全要素生产率有显著的正面影响，但对行业超额价值和总资产净利率的影响则分别是负面和较弱的。商业信用对民营控股公司的全要素生产率和行业超额价值的影响都是显著为负的，且在程度上超过了银行借款所带来的影响。其对总资产净利率的影响则较弱。进一步研究还发现，应付账款对民营控股公司行业超额价值的影响是恶化的，对全要素生产率和总资产净利率的影响则较弱。预收账款对民营控股公司的全要素生产率、行业超额价值和总资产净利率的影响均是负面的，而应付票据对公司经营业绩的影响整体而言则较弱。上述结果说明，商业信用还难以有效替代银行正式借款，民营企业的成长最终仍然离不开正规金融的支持。

（5）在政治关联、银行借款与商业信用方面，研究结果表明，政治关联民营控股公司在正规金融市场上获得的银行借款显著高于非政治关联民营控股公司，但通过非正规渠道获得的商业信用融资则显著低于非政治关联民营控股公司，显示出政治关联能够显著地提高民营企业银行借款的可获得性，降低其对成本较高的商业信用的依赖，说明总体而言政治关联融资策略是有效的。就商业信用的具体构成而言，政治关联所带来的银行借款的增加会显著降低民营控股公司对预收账款的使用，其次是对应付账款的使用，但与应付票据则表现出一种互补关系。

（6）在法治、金融发展、银行借款与商业信用方面，研究发现，尽管金融发展能够显著降低民营控股公司对商业信用的使用，但在法治和金融发展水平高的地区，银行借款的增加并没有明显减少民营控股公司对商业信用的需求。从商业信用的具体构成来看，在法治水平高的地区，银行借款的增加会显著减少民营控股公司对应付账款的使用，但对应付票据和预收账款的可获得性则没有明显影响。而在金融体系较为发达的地区，银行借款的增加会显著减少预收账款的使用，增加应付账款的使用，而对应付票据的可获得性则没有影响。进一步研究发现，法治和金融发展对银行借款和商业信用融资的影响是不对称的。其中，在法治水平高的地区，民营控股公司银行借款增加的速度要快于商业信用（应付账款、应付票据和预收账款）。而在金融发展水平高的地区，银行借款增加的速度则表现出低于应付账款、高于应付票据，但与预收账款增加的速度是无差异的。以上结果表明，在当前转型经济背景下，制度的缺失和政府部门过于强势及其对银行信贷决策不当干预导致法治和金融发展在缓解民营企业融资困境中所能够发挥的作用还很有限，由此也反映出我国当前尚不具备法治社会的实质和内涵，距离实现真正的法治社会尚有一段距离。

（7）在政治关联、法治、金融发展、银行借款与商业信用方面，研究结果显示，政治关联带来的银行借款的增加会显著降低民营控股公司对商业信用的依赖。相反，法治和金融发展对银行借款和商业信用替代关系的影响则是不显著的。换言之，在法治和金融发展水平高的地区，银行借款的增加并不能减少民营控股公司对商业信用的需求。上述结果显示出，基于法治和金融发展之上的市场化融资策略在提高民营控股公司银行借款的可获得性、降低其对非正规金融使用的效果总体上要劣于政治关联策略。从商业信用的具体构成来看，政治关联在提高民营控股公司银行借款的可获得性、降低其对应付票据和预收账款的使用上是有效的，但在减少其对应付账款的依赖上则是无效的。法治在提高民营控股公司银行借款的可获得性、降低其对应付账款的使用上是有效的，但在减少其对应付票据和预收账款的使用上则是无效的。而金融发展在提高民营控股公司银行借款的可获得性、降低其对预收账款的使用上是有效的，但在减少其对应付账款和应付票据的需求上则是无效的。进一步研究还发现，政治关联对民营控股公司银行借款和商业信用（应付账款、应付票据和预收账款）的相对重要性没有影响。法治对民营控股公司银行借款可获得性的影响要高于其对商业信用（应付账款、应付票据和预收账款）的影响。而金融发展对民营控股公司银行借款可获得性的影响低于应付账款，但高于应付票据，并与预收账款是无差异的。

10.2 ——————————— 政策建议 ———————————

　　通过上节对本书研究内容的全面概括总结可知，中国正规金融市场上的信贷配给和所有制歧视导致民营企业为缓解其资金短缺被迫使用了更多的商业信用，而体制内以国有企业为代表的经济体通过商业信用渠道发生的金融漏损效应则为民营企业间接获得正规金融的支持提供了某种可能，从而构成了民营企业非正规融资的一个重要来源。然而，由于金融漏损的本源是非规范的，且在资金非正规转移过程中会产生各种寻租和腐败行为，造成大量国有资产流失。如果不能通过制度对其加以规范和引导，金融漏损积累的风险将不断膨胀，从而对整个社会和经济发展构成危害（辛念军，2006；安强身，2008）。同时，商业信用的形成又与产品购销有关，灵活性通常低于银行贷款，且存在融资规模小、期限短、使用成本高的缺陷（Ge 和 Qiu，2007）。在提升民营企业经营业绩方面，其重要性低于银行借款，因此，商业信用不能有效替代银行正式贷款，通过其筹集的资金也难以很好地适应当前中国快速成长的民营企业的需要。所以，对民营企业而言，获得银行借款对其成长而言仍是至关重要的。而在本书所提出的两种可供民营企业选择的融资策略中，尽管在制度缺失条件下，政治关联策略能够给民营企业带来一系列的融资便利，减少企业对其他成本较高的非正规融资来源的需求，然而，民营企业借助政治关联增加其银行借款的可获得性对于正规金融资源的配置来说，也并非总是没有成本的。民营企业与政府官员建立政治关联的过程实际上亦是企业向政府寻租的过程，会耗费企业大量的稀缺资源。因寻租而发生的资源耗费本身并不能创造价值，只是财富在相关利益集团之间的一种转移。高昂的寻租成本决定了并非所有民营企业都具备同等的与政府官员建立政治关联的实力和条件。所以，仅仅通过政治关联这种非市场化融资策略并不能完全解决民营企业面临的贷款难问题。另外，政治关联所导致的政府官员对银行信贷决策的不当干预会破坏银行与企业之间的自由签约之精神，扭曲金融资源配置的价格机制，造成新的不公平，并导致金融资源的配置由此偏离经济目标和效率目标。企业总是处于特定的制度环境中，并通过适应所处环境以趋利避害，因而其建立政治关联意愿和程度是由其所处的制度环境决定的（Bartels 和 Brady，2003；Faccio，2006；Li、Meng 和 Zhang，2006），是对制度环境的理性反应。制度越落后，企业为克服制度障碍建立政治关联的动机越强。与此同时，法治和金融发展融资策略所表现出的弱于政治关联策略的效果背后折射出的依然是政府部门过于强势以致公权力难以受到法律制约的问题。因此，基于上述分析，本书研究的一个重要政策含义是：要改革我国现行不合理的国有垄断的金融体系，加大私有产权的法律保护力度，降低和弱化政府对金融资源配置的过度干预，努力为每个企业营造一个更加市场化的外部融资环境，并让市场在资源配置中发挥决定性作用，前提条件是必须有效约束政府的权力，而在现代社会能够约束政府权力的唯有司法制度。由此，根据本书研究揭示出的问题，特提出如下建议和措施：

（1）建立法治中国，完善法律的执行机制。任何权力主体都有扩大权力与不受监督的倾向，政府也不例外。由于政府的权力天然地大于企业和个人，因此政府的权力如果不受制约就有可能形成"掠夺之手"（陈国权，2002），并演变为一切社会问题和众多制度失效之源。而要遏制政府"掠夺之手"，减少政府对经济的随意干预，必须把政府的行为置于法律的约束之下，建立真正的法治社会。从国家层面来看，法治可以起到如下作用：第一，法治将更有效地维护私有产权和经济活动自由，从而使民营企业融资权利的保障提高到法律高度；第二，法治有助于限制政府权力的任意性，保护有限的社会资源免遭侵害，并激发社会的经济活力；第三，法治政府理念为规范政府这只"看得见的掠夺之手"提供了指导和监督原则，有助于减少政府权力滥用，也有利于政府比较优势的发挥（赵世勇，2010）。人类政治实践表明，政治民主与权力分立和制衡是防止政府专权和政府官员腐败的最重要的制度安排，同时亦是建立有限且有效政府的关键。在现代社会，政治民主与权力的分立和制衡，及由此带来的有限且有效政府的实现通常都是建立在健全和完备的法律体系之上的，并要求法律成为社会控制的主要手段。法律的优势在于它的理性，具体表现为：它是明确的、可事先预见的、普遍的、稳定的强制性规范，这为社会秩序的有序运转提供了保障；它以权利和义务双重、双向的利导机制指引和评价人们的行为，给人们以日益丰富和扩大的选择机会和自由行动；它通过规范、原则、技术等因素，使法律不仅具有对行为和社会灵活的调节功能，还具有效率化的组织功能（孙笑侠，1999）。然而，要发挥法律在经济活动中的作用，就需提高国家的法治化水平和政治民主的程度（陈国权和王勤，2007）。因此，建立相对独立的司法制度，减少政府部门的自由裁量权，把政府的行为纳入法律的框架内，让政府在司法的约束下按规则办事，应成为未来提升金融资源配置效率和深化经济改革能否取得成功的关键（赵世勇，2010；夏力和杨德才，2012）。为此，需要对我国当前不合理的法律制度做出根本性变革，提高法律在社会公共治理中的地位，并避免在法治建设中出现两个极端：一是政府颁布的限制经济人活动空间的法律太多；二是限制政府任意权力的法律太少（钱颖一，2003）。只有法治理念深入人心，成为政府官员和社会公民的共同理念，法治与有限且有效政府才能最终得以实现。此时，本书研究所揭示的正规金融市场上的信贷配给和所有制歧视、民营企业融资难问题和法治不张难以约束政府权力，以及金融体系发展滞后不适应我国经济快速成长问题都将迎刃而解。

（2）全面深化经济体制改革，处理好政府和市场的关系，建设统一开放、竞争有序的市场体系，使市场在资源配置中真正发挥决定性作用。从新制度经济学的视角来看，市场是权利交换的场所，政府最重要的职责是保护产权、维护产权的交易，保证权利交换的顺利进行（赵世勇，2010）。因此，政府的经济职能在于补充市场，而不是代替市场；政府的经济责任在于保证公平，而不是增长至上。概言之，政府对于发展的最大贡献，无疑在于提供公平竞争的制度基础，而不是毫无节制地干预市场经济运行和金融资源的配置。由于政府是由具有同样经济人理性的个体构成的，政府官员追求个人私利的行为会背离社会财富最大化的原则，而且政

195

府对经济生活的干预具有自我膨胀的倾向（夏力和杨德才，2012）。政府广泛地参与经济活动及由此形成的对市场的过度管制和干预正是政府"掠夺之手"产生的源头。政府通过简政放权退出经济，不仅有助于提高经济运行的效率，铲除腐败，实现社会公平和正义，而且还有助于从源头上遏制政府"掠夺之手"对金融资源配置效率的影响（许小年，2013）。因此，在大力加强法治建设、提高法律在公共治理中作用的同时，中国下一步改革的关键是要加快和实现政府职能的两个根本转变：一是从与民争利的发展型政府向公共利益服务型政府转变；二是从行政干预过多的全职全能型政府向让市场充分发挥作用的有限型政府转变，在政府与市场之间寻找和调整新的平衡点，逐步减少政府的发展功能和对资源的直接配置，把政府的职责和作用仅限于为产权和契约的履行提供可靠的法律保障（田国强，2012）。为此，需要对政府官员的选拔和任命机制做出根本性的变革，将过去单纯以经济增长速度和财政收入作为官员的考核指标（许小年，2013），让位于民生建设和私有产权保护，以及市场"守夜人"角色的界定上。同时，减少政府对银行信贷决策的过多干预，取消国有和民营资本的区别，废除一切不利于民营企业发展的歧视性制度和政策（张千帆，2005）。

10.3 —————— 研究不足和未来研究展望 ——————

尽管笔者为本书的研究做了大量的前期准备工作，收集和阅读了许多国内外文献，重新学习了信息经济学、制度经济学、寻租经济学和法与金融学的知识，并发表了多篇与本研究有关的论文，但由于自身知识积累和研究能力的缺陷，本书的研究不可避免地存在许多不足和未来研究需要改进的地方，突出地表现在对如下问题的研究上：

（1）虽然本书根据终极控制人的产权性质将企业分为国有和民营，并探讨了民营企业使用商业信用的原因以及体制内正规金融资源漏损效应产生的条件和可能性。然而，由于各级政府的权限、影响和面临的政治晋升压力及其所控制经济资源不同，使得不同层级的政府干预银行信贷决策的能力出现系统性差异，导致中央政府控制的公司和地方政府控制的公司的行为模式有所不同。在现代社会中，政府作为最重要的制度安排之一，地方政府官员的行为模式及其变迁同样会对辖区内银行信贷资源的配置偏好产生深刻影响。然而，本书并未将国有控股公司按其控制主体的不同进一步细分为中央政府控制的公司、省级政府控制的公司和市县级政府控制的公司，以此考察不同层级政府控制的公司银行借款可获得性及其金融漏损效应的差异，这样做是否合理有待商榷，从而也构成了本书研究的一大缺憾，成为未来研究有待解决的问题。

（2）实务中能够缓解民营企业融资困境的非正规金融除来自其他企业的商业信用外，还有民间借贷、贷款经纪、储金会、地下银行或私人钱庄和典当行。然而，受数据可获得性限制，本书仅研究了商业信用和银行借款的关系及其在促进民营企业成长中的重要性，没有考察其他非正规金融和银行借款的关系及其在缓解民营企业融资困境中的作用。该研究内容的缺失亦构成了本书未来有待探讨的问题之一。

197

（3）受笔者知识结构所限，本书各章节有关理论分析和研究假设的论证，乃至回归模型的设定和关键变量替代指标的选取均可能存在诸多不完善之处，再加上许多回归模型的推导和演绎都是建立在比较严格的假设条件之上的，现实难以满足，不可避免会对本书的研究结论造成一定的影响，有待在未来的研究中进一步强化和改进。

主要参考文献

[1]ACEMOGLU D, JOHNSON S. Unbundling institutions[J]. Journal of Political Economy, 2005, 113(5): 949-995.

[2]ALLEN F, QIAN J, QIAN M. China financial system: past, present, and future[R]. Working Paper, University of Pennsylvania, 2005.

[3]ALLEN F, QIAN J, QIAN M. Law, finance, and economic growth in China[J]. Journal of Financial Economics, 2005, 77 (1): 57-116.

[4]AYYAGARI M, DEMIRGUC-KUNT A, MAKSIMOVIC V. Formal versus informal finance: evidence from China[J]. Review of Financial Studies, 2010, 23(8): 3048-3097.

[5]BATELS L, BRADY H. Economic behavior in political context[J]. American Economic Review, 2003(93): 156-161.

[6]BIAS B, GOLLIER C. Trade credit and credit rationing[J]. Review of Financial Studies, 1997, 10 (4): 903-937.

[7]BRANDT L, LI H. Bank discrimination in transition economies: ideology, information, or incentives? [J]. Journal of Comparative Economics, 2003, 31(3): 387-413.

[8]BURKART M, ELLINGSEN T. In-Kind finance: a theory of trade credit[J]. American Economic Review, 2004, 94(3): 569-590.

[9]CAI J F. Investor protections, financial development and corporate investment efficiency[J]. Journal of Applied Finance and Banking, 2014(6): 59-92.

[10]CHARUMILIND C, KALI R, WIWATTANAKANTANG Y. Connected lending: Thailand before the financial crisis[J]. Journal of Business, 2006, (79): 181-217.

[11]CHEN C, LI Z, SU X. Rent seeking incentives, political connections and organizational structure: empirical evidence from listed family firms in China[J]. Journal of Financial Economics, 2007, 84(2): 330-357.

[12]CHOI C J, LEE S H, KIM J B. A note on countertrade: contractual uncertainty and transaction governance in transition economies[J]. Journal of International Business Studies, 1999(30): 189-201.

[13]CULL R, Xu L C. Who Gets Credit? The behavior of bureaucrats and state banks in allocating credit to chinese state-owned enterprises[J]. Journal of Development Economics, 2003(71): 533 - 559.

[14]CULL R, XU L C. Institutions, ownership, and finance: the determinants of profit reinvestment among chinese firms[J]. Journal of Financial Economics, 2005(77): 117-146.

[15]CULL R, XU L C, ZHU T. Formal finance and trade credit during China's transition[J]. Journal of Financial Intermediation, 2009, 18 (2) : 173-192.

[16]DANIELSON M G, SCOTT J. A bank loan availability and trade credit demand[J]. The Financial Review, 2004, 39(3) : 579-600.

[17]DECHOW P, Dichev I. The quality of accruals and earnings: the role of accrual estimation errors[J]. Accounting Review, 2002(77): 35-59.

[18]DEMIRGUC-KUNT A, MAKSIMOVIC V. Firms as financial intermediaries: evidence from trade credit data[R]. Working Paper, World Bank Policy Research, 2002.

[19]DU J, LU Y, TAO Z. Bank loans versus trade credit: evidence from China[R]. Working Paper, Chinese University of Hong Kong, 2008.

[20]FACCIO M. Politically connected firms[J]. American Economic Review, 2006, 96 (1)： 369-386.

[21]FISMAN R, LOVE I. Trade credit, financial intermediary development, and industry growth[J]. Journal of Finance, 2003, 58(1) ： 353-374.

[22]FISMAN R, MAYANK R. Does competition encourage credit provision? Evidence from African trading relationships[J]. Review of Economics and Statistics, 2004, 86(1)： 345-52.

[23]FRANK M Z, and MAKSIMOVIC V. Trade credit, collateral, and adverse selection[R]. Working Paper, University of British Columbia, 2004.

[24]GE Y, QIU J. Financial development, bank discrimination and trade credit[J]. Journal of Banking and Finance, 2007, 31 (2) ： 513-530.

[25]JOHNSON S, MITTON T. Cronyism and capital controls： evidence from Malaysia[J]. Journal of Financial Economics, 2003, 67(2)： 35- 82.

[26]JOHNSON S, MCMILLAN J, WOODRUFF C. Property rights and finance[J]. American Economic Review, 2002, 92 (5) ： 1335-1356.

[27]KHWAJA AI, MIAN A. Do lenders favor politically connected firms? Rent seeking in an emerging financial market[J]. Quarterly Journal of Economics, 2005(120)： 1371-1411.

[28]LAMBERT R, LEUZ C, VERRECCHIA R. Accounting information, disclosure, and the cost of capital[J]. Journal of Accounting Research, 2007 (45)： 385-420.

[29]LA PORTA R, LOPEZ-DE-SILANES F, SHLEIFER A, VISHNY R. Law and finance[J]. Journal of Political Economy, 1998, 106 (6)： 1113-1155.

[30]LI H, MENG L, ZHANG J, Why do entrepreneurs enter politics? Evidence from China[J]. Economic Inquiry, 2006, 44(3)： 559-578.

[31]MALESKY E J, TAUSSIG M. Where is credit due? Legal institutions, and the efficiency of bank lending in Vietnam[J]. Journal of Law, Economics and Organization, 2008, 25(2)： 535-578.

[32]MCMILLAN J, WOODRUFF C. Interfirm relationships and infor-

mal credit in Vietnam[J]. Quarterly Journal of Economics,1999, 114(4)：
1285-1320.

[33]MODIGLIANI F, PEROTTI E. Security markets versus bank fi-
nance： legal enforcement and investors' protection[J]. International Review
of Finance, 2000(2)： 81-96.

[34]NG C K, SMITH J K, SMITH R. Evidence on the determinants of
credit terms used in interfirm trade[J]. Journal of Finance, 1999(54)： 1109 -
1129.

[35]NILSEN J. Trade credit and the bank lending channel[J]. Journal of
Money, Credit, and Banking, 2002(34)： 226 - 253.

[36]PENG M W, HEATH P S. The growth of the firm in planned econo-
mies in transition： institutions, organizations and strategic choice[J]. Academy
of Management Review, 1996, 21 (2)： 492-528.

[37]PETERSEN M, RAJAN R. Trade credit： theories and evidence[J].
Review of Financial Studies, 1997, 10(3) ： 661 - 91.

[38]RAMAN K, SHAHUR H. Relationsihp-specific investment and earn-
ings management： evidence on corporate suppliers and customers[J]. The Ac-
counting Review, 2008, 83(4)： 1041-1081.

[39]SHLEIFER A, VISHNY R. Corruption[J].Quarterly Journal of Eco-
nomics， 1993, 108(3) ： 599-617.

[40]SMITH J K. Trade credit and informational asymmetry[J]. Journal of
Finance, 1987(42)： 863-872.

[41]STIGLTZ J E, WEISS A. Credit rationing in markets with imperfect
information[J]. American Economic Review, 1981, 71 (3)： 393-410.

[42]TSAI K S. Beyond banks： informal finance and private sector devel-
opment in contemporary China[R]. Working Paper, Johns Hopkins Universi-
ty, 2001.

[43]TSAI K S. Back-alley banking： private entrepreneurs in China[M].
NY： Cornell University Press, 2002.

[44]WALDER A. China's transitional economy： interpreting its signifi-

cance[J]. China Quarterly, 1995, 144(3)： 963-979.

[45]XIN K R, PEARCE J. Guanxi： connections as substitute for formal institutional support[J]. Academy of Management Journal, 1996, 39(6)： 1641-1658.

[46]ZHOU J Q, PENG M W. Relational exchanges versus arm's-length transactions during institutional transitions[J]. Asia Pacific Journal of Management, 2010, 27(3)： 355-370.

[47]安强身.金融漏损、效率修正与"反哺效应"[J].财经研究，2008（4）：4-15.

[48]白重恩，路江涌，陶志刚.中国私营企业银行贷款的经验研究[J].经济学（季刊），2005 （3）：605-622.

[49]蔡吉甫.法治、政府控制与公司投资效率[J].当代财经，2012（5）：62-72.

[50]蔡吉甫.双重软预算约束、银行负债与过度投资[J].河北经贸大学学报，2012（1）：44-53.

[51]蔡吉甫.财务报告质量与公司商业信用模式选择研究[J].财经论丛，2014（9）：45-52.

[52]蔡吉甫.金融漏损、银行歧视与商业信用[J].财经论丛，2013（3）：84-91.

[53]蔡吉甫.政治关系、银行贷款与民营企业商业信用筹资[J].江西财经大学学报，2013（3）：5-17.

[54]曹云祥，宫旭红.商业信用能否缓解企业信贷约束——基于企业产权异质性的实证分析[J].现代财经，2015（6）：82-93.

[55]陈蓉.我国民间借贷研究文献综述与评论[J].经济法论坛，2006（4）：157-176.

[56]陈运森，王玉涛.审计质量、交易成本与商业信用模式[J].审计研究，2010（6）：77-85.

[57]樊纲，王小鲁，朱恒鹏.中国市场化指数——各地区市场化相对进程2011年报告[M].北京：经济科学出版社，2011.

[58]方军雄.民营上市公司，真的面临银行贷款歧视吗？[J].管理世

界，2010（11）：123-131.

[59]方军雄.所有制、制度环境与信贷资金配置[J].经济研究，2007（12）：82-91.

[60]郝项超，张宏亮.政治关联关系、官员背景及其对民营企业银行贷款的影响[J].财贸经济，2011（4）：55-61.

[61]胡旭阳.民营企业家的政治身份与民营企业的融资便利——以浙江省民营百强企业为例[J].管理世界，2006（5）：107-113.

[62]胡泽，夏新平，余明桂.金融发展、流动性与商业信用：基于全球金融危机的实证研究[J].南开管理评论，2013（3）：4-15.

[63]江伟，李斌.制度环境、国有产权与银行差别贷款[J].金融研究，2006（11）：116-126.

[64]江伟，曾业勤.金融发展、产权性质与商业信用的信号传递作用[J].金融研究，2013（6）：89-103.

[65]康志勇.融资约束、货款拖欠与中国本土企业出口：机理与实证[J].世界经济研究，2013（8）：41-48.

[66]李斌，江伟.金融中介与商业信用：替代还是互补——基于中国地区金融发展的实证分析[J].河北经贸大学学报，2006（1）：26-31.

[67]李广子，刘力.债务融资成本与民营信贷歧视[J].金融研究，2009（12）：137-149.

[68]李维安，徐业坤.政治关联形式、制度环境与民营企业生产率[J].管理科学，2012（2）：1-12.

[69]李扬，刘煜辉.中国城市金融生态环境研究：理论与方法[J].比较，2005（5）：135-190.

[70]林毅夫，孙希芳.信息、非正规金融与中小企业融资[J].经济研究，2005（7）：35-43.

[71]刘凤委，李琳，薛云奎.信任、交易成本与商业信用模式[J].经济研究，2009（8）：60-72.

[72]刘仁伍，盛文军.商业信用是否补充了银行信用体系[J].世界经济，2011（11）：103-120.

[73]刘民权，徐忠，俞建拖.信贷市场中的非正规金融[J].世界经济，

2003（7）：61-73.

[74]刘民权，徐忠，赵英涛.商业信用研究综述[J].世界经济，2004（1）：66-77.

[75]刘瑞明.金融压抑、所有制歧视与增长拖累——国有企业效率损失再考察[J].经济学（季刊），2011（2）：603-618.

[76]刘小鲁.我国商业信用的资源再配置效应与强制性特征——基于工业企业数据的实证检验[J].中国人民大学学报，2012（1）：68-77.

[77]卢峰，姚洋.金融压抑下的法治、金融发展和经济增长[J].中国社会科学，2004（1）：42-55.

[78]罗党论，甄丽明.民营控制、政治关系与企业融资约束——基于中国民营上市公司的经验证据[J].金融研究，2008（12）：164-178.

[79]罗兰.转型与经济学：政治、市场与企业[M].北京：北京大学出版社，2002.

[80]钱颖一.政府与法治[J].比较，2003（5）：1-13.

[81]沈艺峰，沈洪涛.公司财务理论主流[M].大连：东北财经大学出版社，2004.

[82]施华强.中国国有商业银行不良贷款内生性：一个基于双重软预算约束的分析框架[J].金融研究，2004（6）：1-16.

[83]施华强，彭兴韵.商业银行软预算约束与中国银行业改革[J].金融研究，2003（10）：1-16.

[84]施莱弗，维什尼.掠夺之手——政府病及其治疗[M].赵红军，译.北京：中信出版社，2004.

[85]石晓军，李杰.商业信用与银行借款的替代关系及其反周期性：1998—2006年[J].财经研究，2009（3）：4-15.

[86]孙铮，刘凤委，李增泉.市场化程度、政府干预与企业债务期限结构——来自我国上市公司的经验证据[J].经济研究，2005（5）：52-63.

[87]孙浦阳，李飞跃，顾凌骏.商业信用能否成为企业有效的融资渠道——基于投资视角的分析[J].经济学（季刊），2014（4）：1637-1652.

[88]谭劲松，陈艳艳，谭燕.地方上市公司数量、经济影响力与企业长期借款——来自我国A股市场的经验数据[J].中国会计评论，2010

（1）：31-52.

[89]谭伟强.商业信用：基于企业融资动机的实证研究[J].南方经济，2006（12）：50-60.

[90]田国强.一个关于转型经济中最优所有权安排的理论[J].经济学（季刊），2001（1）：45-70.

[91]田志龙，高勇强，卫武.中国企业政治策略与行为研究[J].管理世界，2003（12）：98-127.

[92]王红领，李稻葵，雷鼎鸣.政府为什么会放弃国有企业的产权[J].经济研究，2001（8）：61-70.

[93]王彦超，林斌.金融中介、非正规金融与现金价值[J].金融研究，2008（3）：177-199.

[94]王彦超.金融抑制与商业信用二次配置功能[J].经济研究，2014（6）：86-93.

[95]王喜.市场竞争、银行信贷与上市公司商业信用[J].财贸研究，2011（3）：103-110.

[96]魏明海，柳建华，刘峰.中国上市公司投资者保护研究报告[M].北京：经济科学出版社，2010.

[97]卫武.中国环境下的企业政治资源、政治策略和政治绩效及其关系研究[J].管理世界，2006（2）：95-109.

[98]夏立军，方轶强.政府控制、治理环境与公司价值——来自中国证券市场的经验证据[J].经济研究，2005（5）：40-51.

[99]辛念军.经济增长中的金融效率——对转型期中国经济高增长与金融"低"效率悖论的解释[M].北京：经济科学出版社，2006.

[100]辛清泉，郑国坚，杨德明.企业集团、政府控制与投资效率[J].金融研究，2007（10）：123-142.

[101]徐晋，贾馥华，张祥建.中国民营企业的政治关联、企业价值与社会效率[J].人文杂志，2011（4）：66-80.

[102]杨勇，黄曼丽，宋敏.银行贷款、商业信用融资及我国上市公司的公司治理[J].南开管理评论，2009（5）：28-37.

[103]应千伟，蒋天骄.市场竞争力、国有股权与商业信用融资[J].山

西财经大学学报，2012（9）：58-64.

[104]俞鸿琳.关系网络、商业信用融资与民营企业成长[J].经济科学，2013（4）：116-128.

[105]余明桂，罗娟，汪忻好.商业信用的融资性动机研究现状与展望[J].财会通讯，2010（6）：107-111.

[106]余明桂，潘红波.金融发展、商业信用与产品市场竞争[J].管理世界，2010（8）：117-129.

[107]余明桂，潘红波.政治关系、制度环境与民营企业银行贷款[J].管理世界，2008（8）：9-21.

[108]于蔚，汪淼军，金祥荣.政治关联和融资约束：信息效应与资源效应[J].经济研究，2012（9）：125-139.

[109]张建君，张志学.中国民营企业家的政治战略[J].管理世界，2005（7）：94-105.

[110]张杰.民营经济的金融困境与融资次序[J].经济研究，2000（4）：3-10.

[111]张杰，经朝明，刘东.商业信贷、关系型借贷与小企业信贷约束：来自江苏的证据[J].世界经济，2007（3）：75-85.

[112]张军，詹宇波.金融歧视、"腐败"与中国私人企业的增长：基于转轨的理论分析与经验观察[J].世界经济文汇，2006（2）：30-44.

[113]张良.货币政策视角下的商业信用动机与企业价值——来自中国1991—2011年上市公司的经验证据[J].东南学术，2013（4）：139-149.

[114]张敏，张胜，申慧慧，等.政治关联与信贷资源配置效率——来自我国民营上市公司的经验证据[J].管理世界，2010（11）：143-153.

[115]张文路.关于信贷配给理论的文献综述[J].宁夏社会科学，2006（3）：35-40.

[116]张新民，王珏，祝继高.市场地位、商业信用与企业经营性融资[J].会计研究，2012（8）：58-66.

[117]郑军，林钟高，彭琳.地区市场化进程、相对谈判能力与商业信用——来自中国制造业上市公司的经验证据[J].财经论丛，2013（5）：

81-87.

[118]郑军，林钟高，彭琳.高质量的内部控制能增加商业信用融资吗?——基于货币政策变更视角的检验[J].会计研究，2013（6）：62-69.

索 引

索　引